经典阅读书系

青少年国学语文知识趣读

图文珍藏版

陈勇　主编

中国纺织出版社

内容提要

本书精选了大量的文化常识、幽默诗文、趣味语文等内容，通过简明的体例、精炼的文字和精美的图片将语文精妙绝伦的一面展现给读者。不仅有助于提高青少年的语言能力，还能使青少年在轻松阅读的同时，获取更广阔的文化视野、审美感受、想象空间和愉快体验。

图书在版编目(CIP)数据

青少年国学语文知识趣读/陈勇主编.—北京：中国纺织出版社，2016.6（2022.8 重印）

（经典阅读书系）

ISBN 978-7-5180-2204-5

Ⅰ.①青… Ⅱ.①陈… Ⅲ.①国学-青少年读物 Ⅳ.①Z126-49

中国版本图书馆CIP数据核字（2015）第283827号

责任编辑：胡 蓉　　特约编辑：马凤玲　　责任印制：储志伟

中国纺织出版社出版发行

地址：北京市朝阳区百子湾东里A407号楼　邮政编码：100124

销售电话：010—67004422　传真：010—87155801

http://www.c-textilep.com

E-mail:faxing@c-textilep.com

中国纺织出版社天猫旗舰店

官方微博http://weibo.com/2119887771

佳兴达印刷（天津）有限公司印刷　各地新华书店经销

2016年6月第1版　2022 年 8 月第 3 次印刷

开本:710×1000　1/16　印张:18

字数:303千字　定价:45.00 元

前言

这是一本妙趣横生、适合青少年读者阅读的语文知识读物。

这是一个喧嚣的时代，语言的爆发力是足够强悍的——不经意地说，理性地说，智慧地说，幽默地说，愤怒地说，伤心幽怨地说，满含深情地说，旁若无人地说……说话者具有什么样的身份并不重要，重要的是说的内容以及表述方式是否精彩。当内容和表达都足够精彩时，就有了自身的地位和资本，它在某种程度上已经不再属于它的主人，而成为这个时代长河中的一朵浪花。

如今，中国人说话的方式变了，短信、博客、微博、微信全方位加入话语洪流，让世界变得更加热闹。

如何表达才能足够精彩？自然离不开语文的学习。正因如此，最近，国内许多媒体纷纷开设唐诗、成语、汉字等国学语文栏目，正在形成一股国学语文热潮，这些栏目深受青少年的喜爱。

随着岁月的流逝，本书中的这些国学语文知识如同发生过的事件一样，终将浮现出来，成为社会热点，带着语文所特有的生动、有趣，让青少年追捧。

从某种意义上说，国学语文记录的就是历史，什么样的时代就有什么样的语文特点，什么样的环境就有什么样的形式。一句话，国学语文一旦形成即变成活物，被公众传播、加料、放大、颠覆。我们权且将这本书中的语文知识再度介绍给青少年，让他们娱乐、学习、领悟。

本书选入的内容多为国学精粹和常识，从青少年最喜爱的幽默诗文到文化常识。

其中既有精英的语文智慧，也有草根的真实心声；既有机警的处世之言，也有爆笑调侃的俗语俚语；既有针砭时弊的一针见血，也有温暖生活的点滴常识。这些短小精悍的语文知识，没有名言警句的严肃，更多的是幽默、轻松；没有杂文般的锋芒，但学定有得；没有刻板的说教，但能引发心灵的共鸣。这些语文知识看似没有章法，却都与青少年的生活息息相关，力图让读者在酣畅淋漓而又轻松惬意的阅读中，更多地了解国学语文的美妙，获得个人的成长，其中一些精彩的知识甚至会让青少年读者拍案叫绝。

本书可谓是高品质、大容量、口味独特、营养丰富的语文知识盛宴，书中的内容是智慧的闪光，是思想的倾泻，是人性的独白，深刻而不深奥，通俗但不庸俗。书中的内容极为丰富，或充满幽默，或富含哲理，或语意双关，或励志言情，活泼精彩的文字将创意尽兴发挥，把国学语文淋漓尽致地加以体现！

阅读此书，能引发青少年读者源源不断的思考和想象，引导他们正确地看待社会和人生。一个个闪光的知识点，一定会给他们的心灵带来感悟和震撼，让他们终生受益匪浅。

编　者

2015 年 10 月

目录

上篇 文化常识经典

第一章 哲学·思想

第二章 文史·经典

第三章　教育·科举

第四章　民俗·礼仪

下篇　国学语文精粹

第五章　幽默诗文

第六章　妙趣对联

第七章　精彩谜语

青少年国学语文知识趣读

第八章　奇言妙语

青少年国学语文知识趣读

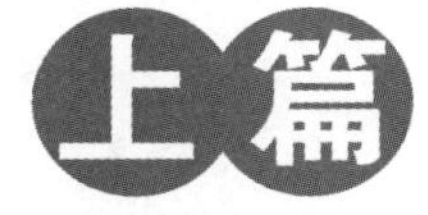

上篇　文化常识经典

哲学流派

◎ 诸子百家共有多少种

在春秋战国时期，曾经出现过林林总总的不同学术流派，被称为“诸子百家”。其实，所谓的“百家”只是一个概数，以此形容数目之多。

这一时期，一大批声名显赫的思想家，如管子、老子、孔子、孙子、墨子、孟子、庄子、荀子、邹子、韩非子等，人们不称其名，而是尊称其为“子”，故有“诸子”之说。“诸子”创立的学派，如道家、儒家、兵家、墨家、法家、农家、名家、阴阳五行家、纵横家、杂家、小说家等，又被称为“百家”。

“百家”之名，始于《庄子》中的“百家往而不返”之语，其《天下篇》提到的有11人：墨翟、禽骨鳌（墨家）、宋研（小说家）、尹文（名家）、彭蒙、慎到（法家）、老聃（道家）、尹文、惠施、桓团、公孙龙（名家）。

而《荀子》中则有“无家无所窜”之语，其《非十二子篇》提到的有12人：墨翟、它嚣、魏牟（道家）、陈仲、史蝤、宋研、慎到、田骈（法家）、惠施、邓析（名家）、子思、孟轲。

《史记·太史公自序》记司马谈“论六家之要指”，六家为阴阳、儒、墨、名、法、道家。到了《汉书·艺文志·诸子略》中，诸子开始被细分，有189家，4324篇，前者当指人数，即有189人，后者指著作。

◎ 儒家何以被称为“百家之首”

儒家是春秋战国时期最主要的学术流派，同时它也是先秦诸子中最大的学派之一，有“百家之首”之称。

儒，本意是指古代从巫、史、祝、卜中分化出来专为贵族人家相礼的人。孔子早年曾从事过相礼，精通礼、乐、射、御、书、数六艺。中年则聚徒讲学，弟子日多，约有三千人，兼通六艺的就有七十二人。因此，后世把这一学派称为儒家。

儒家奉孔子为宗师，视其言行为最高准则，以《周易》、《尚书》、《诗经》、《礼经》、《乐》、《春秋》“六经”（也叫“六艺”）为经典，后来又加入《大学》、《中庸》、《论语》、《孟子》“四书”以及《尔雅》、《孝经》等，成“十三经”。

儒家学者

儒家思想以“仁”为核心，政治上继承西周以来敬德保民的思想，倡导德治。强调维护君臣、父子、夫妇、兄弟之间的伦常秩序，注重伦理道德教育和自我修养，标榜仁义、中庸、忠恕等行为准则。这些都为后世儒家学说的完善奠定了基础。

在孔子之后，儒家开始出现分化，形成不同的派别，有所谓“八儒”及随后的濂学（以周敦颐为代表）、关学（以张载为代表）、洛学（以北宋二程为代表）、闽学（以朱熹为代表）、泰州学派（以王艮为代表）、东林学派（以东林党为主）、乾嘉学派（乾隆年间到嘉庆年间儒学的统称），等等。

儒家思想在汉武帝时成为统治思想，从此占据中国封建社会的主导地位，成为“百家之首”。之后虽受到佛、道两教以及其他思想的冲击，但直到晚清其思想统治地位才开始动摇。

在漫长的思想统治中，儒家在整理、保存、阐发和推动中华民族文化发展的过程中，作出过巨大的贡献，影响所及包括各个阶层，其某些元素甚至已经内化成我们民族性格的一部分。

◎ 墨家为何是儒家的最大反对派

墨家是战国时的重要学派，也是儒家最大的反对派，与儒家齐名，创始人是墨翟。

墨家是诸子百家中一个相当独特的学派，旗帜鲜明，组织严密。《淮南子·泰族训》曰：“墨子服役者百八十人。”墨家的首领称“钜子”，墨子就是第一代“钜子”。“钜子”可以指挥徒属“赴火蹈刀”，而墨徒则“死不旋踵”。

墨门子弟必须听命于钜子，为实施墨家的思想主张，舍身行道。他们被派往各国做官，并在各国推行自己的政治主张，若不被采纳时则宁可去职。做官的门徒要捐献俸禄，所有墨徒有财则相分，而且生活上提倡“以自苦为极”的牺牲精神。当首领的钜子要以身作则，违反纪律的都要绳之以“墨者之法”。为传播、坚守自己的主张，他们不仅讲学，还进行战守实验等。

以墨翟为代表的前期墨家在社会政治观上，主张崇尚贤人，使用能人；提出官无常贵，民无终贱；有能力的就推举，无能力的就下来；即使对待贫贱出身的人，也应一视同仁。因此，它的主张中，充满强烈的平等色彩。也正因此，墨家与儒家的“亲亲、尊尊”思想相对立。

墨家又主张统一天下的道理和说法，建立严格的等级管理秩序，使社会思想最终统一于天子：天子肯定的，全都肯定；天子否定的，全都否定，从而达到思想上的一致。

在社会生活中，墨家还主张节葬、节用、非乐，强调功利，提倡兼相爱，交相利，认为欲要治世，必先寻世乱之所由起。主张普遍的互利互爱，反对攻伐掠夺和不义之战。提出非命观念，反对命定论，强调要用强力来改变生活境遇。

后期墨家继承发挥了墨翟的思想，更注重实际功利和人为的作用，提出“义，利也”的观点，认为合义的行为就能给人以利。否认天能赏善、鬼神罚恶。

这些思想使墨家在先秦社会上产生了很大影响。但在秦汉以后，墨家却很快走向衰落，墨学逐渐淡出历史舞台，成了绝学，有部分弟子就此流入“游侠”的行列。“墨子之门多勇士”一说似亦由此而来。

◎ 道家提倡怎样的哲学思想

道家是以先秦老子、庄子关于“道”的学说为中心的学术派别。道家之名始见于汉司马谈的《论六家之要指》，称为“道德家”，《汉书·艺文志》称为道家。传统的看法认为老子是道家的创始人，庄子则继承和发展了老子的思想。

道家哲学思想的最高概括是“道”、“德”二字。认为世界万物都源于“道”，即“道生万物”：“道”是事物发展变化的规律，即“物得以生，谓之德”，“德者道之舍”；事物的发展方向是循环的；“道”存在于自然界之先、之外。在先秦诸子学派中，道家思想最富于哲学内涵，是中国传统思想文化的哲学基础。

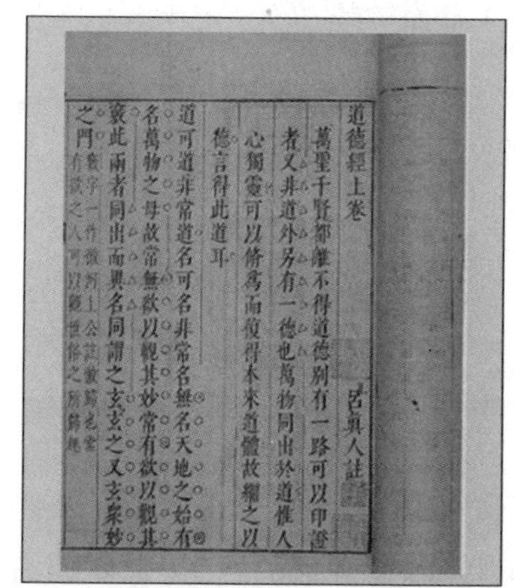
道德經上卷　呂真人註
萬聖千賢都離不得道德別有一路可以印證者又非道外另有一德也萬物同出於道惟人心獨靈可以脩爲而復得本來道體故繫之以德言得此道耳
道可道非常道名可名非常名無名天地之始有名萬物之母故常無欲以觀其妙常有欲以觀其徼此兩者同出而異名同謂之玄玄之又玄衆妙之門

道家经典著作《道德经》

在政治上，道家把社会动荡不安归咎于新兴地主阶级的兼并征战，因而对儒家礼仪德政的说教不满，对法家的变法革新也持否定态度，要求统治者“处无为之事，行不言之教”，使社会自由发展，率民走“清静无为”之路。庄子更提倡一种

"无君"的社会。

道家的经典主要是《老子》，也叫《道德经》，还有《庄子》等。道家思想不仅在历史上对社会经济、政治生活产生了影响，而且老庄的认识论方法还从哲学和艺术两个方面对中国传统思想文化产生了深远影响。

◎ 杨朱学派如何冲击君主专制制度

杨朱学派的创始人是战国时期魏国人杨朱，其基本政治主张是"贵己"和"为我"，反对墨子的"兼爱"，主张儒家的伦理政治学说。

"贵己"就是顺乎自然，《淮南子》将其概括为"全性保真，不以物累形"，性和真，即人的天性，杨朱认为人应保全自己的真性。"为我"则是"贵己"的逻辑发展。

关于杨朱的"贵己"、"为我"的政治主张，孟子指其为"拔一毛而利天下，不为也"。韩非则说杨朱"不以天下之大利，易其胫一毛"。前者表现为极端自私，不为天下谋利；后者表现为对利欲的冷漠，不谋天下之利，看来二者在不损害"自我"这一点上的认同是一致的。杨朱认为，天下治的前提是既不损己为人，又不损人为己，"人人不损一毫，人人不利天下，天下治也"。

杨朱的"贵己"主张，追求个人独立的思想，对于当时的君主专制制度有一定的冲击作用。但杨朱及其学派未见著作传世，其思想史料散见于《孟子》、《庄子》、《韩非子》、《吕氏春秋》、《淮南子》诸书中，《列子·杨朱篇》是后人的著作，不能代表杨朱的思想。

◎ 法家有哪些思想理念

法家是在"礼崩乐坏"、"主卖官爵、臣卖智力"的战国时期成长起来的政治派别，也是先秦学派中最后出现的一派。汉代司马谈的《论六家之要指》第一次为法家流派命名，并将其与儒、墨、道、名、阴阳五家同日而语："法家不别亲疏，不殊贵贱，一断于法，则亲亲、尊尊之恩绝矣。"

先秦法家

一般认为，春秋时期的管仲和子产为法家思想先驱。前期和中期法家代表人物有李悝、商鞅、申不害、慎到等。李悝所编《法经》，是中国历史上第一部较完整的法典。

在法家理论上，商鞅强调"法"，主张国君要明法令，用法律来加强统治；申不害强调"术"，主张国君千万要注意控制、驾驭臣下和人民的手段；慎到强调"势"，认为国君必须加强威势才能统治天下。韩非对商鞅之法、申不害之术、慎到之势进行了吸收和扬弃，从而形成一个新的法家学说体系。到了战国末期，法家集大成者韩非才建立了法、术、势相结合的完整法治理论体系。

在自然观方面，管仲及其后学提出，上天不会改变常规，大地不会变易法则，春夏秋冬也不替换节气，自古及今一个样，自然界有其运动变化的规律；子产提出，天道远，人道近，两者是不相关的。这是较早的天人相分思想。

韩非则继承了荀况和老子的哲学，建立了以"道"为最高范畴的朴素唯物主义哲学体系，提出"道者，万物之所以成也"，探讨了万物发展的总规律与特殊规律及其相互关系，强调人们按客观规律办事。在认识论方面，韩非提出"参验"的方法，强调用实际的功用效果来检验人们言行的是非。"参验"方法在中国古代唯物主义认识论上有重要的意义。在历史观方面，韩非主张社会制度和治世方法要随着社会的发展而变化，反对拘泥于古人的做法。

法家也有自己的朴素辩证法，韩非在中国哲学史上首先用"矛盾"来概括矛盾对立的双方，提出："不可陷之盾与无不陷之矛，不可同世而立。"（《韩非子·难一》）韩非还试图探讨人口变化与社会发展的关系，认为人口再生产的速度高于生活资料再生产的速度，人口多、财富少是造成社会争乱的根源。这些认识的提出在中国和世界思想史上都是最早的。

◎ 名家为何也叫"辩者"

名家是中国秦代以前注重辩论技巧，探讨名称概念之间、名称与实物之间关系的一种学说派别，也叫"辩者"。由于成文法的公布，"辩者"在社会上充当了类似律师的角色，他们根据法律条文进行辩护，所以，又称"刑名之家"。最主要的代表人物有惠施、公孙龙；此外，还有邓析、尹文和后期墨家的一些学者。

春秋战国之际，学术兴盛，百家争鸣，各家各派都在申说自己的学说，批驳他人的学说。随着辩论的深入，人们发现许多旧的概念不能反映新事物的内容，而新出现的概念还有待于社会的认同，于是，名实不符的问题亟待解决。到了战国中期，随着名辩思潮的发展，名家学派应运而生。

名家学派的创始者为春秋末期的邓析，他当郑国大夫的时候，正值子产执政。为了给子产出难题，他为人辩护，能将是说成非，非说成是，使执法者难以定案。子产认为他是一个大祸害，于是把他杀了。由此说明，研究辩论规律，制定辩论规则是当时的重要任务。由此形成了名辩学派。

在邓析之后，又出现了三个基本学派：宋研、尹文学派，惠施学派和公孙龙学派。

其中，公孙龙学派强调名词概念的相互区别，认为一个概念只能指一个事物，而不能既指这一事物，又指另一事物，否则就会产生逻辑混乱，如"离坚白"、"鸡三足”、“火不热”、“目不见”、“狗非犬”等，基本上都是探讨一般与个别、主观感觉与事物属性等方面的关系问题。

惠施学派则主张“合同异”，强调事物同异的相对性和事物的统一性，认为相同的事物是相互联系的，所以，是“同”，不相同的事物表面上看来不同，是“异”，但实际上也是相互联系的，也是“同”。因此，“同”也是“同”，“异”也是“同”，“同”和“异”没有本质的区别，都是一样的。他还提出大一和小一的概念，探讨宇宙的无限大和无限小问题，无论大和小，都是一。

在诸子百家中，名家以自己凌厉的论辩，细致入微的分析而著称于世。它与儒、墨、道、法、阴阳等家并列于当时地位十分显赫的“显学”中。但由于名家学派的许多命题违背常识情理，并且探讨的是抽象的名词概念和思维规律，较难为大众所接受，因此，秦以后逐渐势微。

◎ 阴阳家怎样解说事物的发展变化

阴阳家，是先秦时期形成的以“阴阳”、“五行”解说事物存在和发展变化的一种学说派别。《汉书》认为：阴阳家最早出于传说中尧舜时代执掌天文历数、预测吉凶祸福的官吏，他们长期观测天象，掌握了自然界的变化和规律，用以预测人事变化、祸福吉凶。

阴阳家以阴阳五行为思想基础，所以被称为阴阳家，或者阴阳五行家，列为“九流十家”之一。战国时期的代表人物是邹衍。

阴阳是古人对宇宙万物两种相辅相成的性质的一种抽象概括，也是宇宙对立统一及思维法则的哲学范畴。它最初指的是日光向背，后来在《易经》中被作了哲学概括，认为自然界和人类社会的一切事物都是由阴阳两面组成的，并由阴阳的对立斗争而形成事物的运动变化。

西周的伯阳父用阴阳解说地震，邹衍则用它来解说王朝的更替，并把阴阳和五行两个哲学概念结合起来，铸为一体。他认为金、木、水、火、土五种性能的相生相克体现着阴阳两个方面的相辅相成，由此推动着社会的变化和王朝的更替。

阴阳家的思想中还包含了若干天文、历法、气象和地理学等具有一定科学价值的知识。阴阳五行说曾盛极一时。汉初时，阴阳家还存在，到了武帝罢黜百家后，部分内容融入儒家思想体系，部分内容则为原始道教所吸收，作为独立学派的阴阳家便不复存在了。

阴阳家的著作，现在已大都湮没不存，仅在《管子》、《吕氏春秋》、《礼记》等书中，保留了《四时》、《轻重己》、《五行》、《水地》、《度地》、《月令》等篇。阴阳家中集大成者邹衍的著作也大都流失，但他的一些言论却散见于《史记》等典籍之中。

◎ 纵横家，早期的外交家

纵横，即合纵连横，先秦学派之一，以从事政治外交活动为主，《汉书·艺文志》列其为“九流”之一。

战国时期，群雄并起，争夺霸主之位，为了适应诸侯兼并的战争形势，形成了一个以政治游说为特点的谋士集团，即纵横家。《韩非子·五蠹》篇认为：纵，就是联合各个弱国去攻击一个强国；横，就是事奉一个强国去攻击众多弱国。

战国后期，秦国强大，地处西部；齐、楚、燕、赵、韩、魏六国弱小，地处东部南北各地。中国人以南北为纵，以东西为横。六个弱国联合，从地理位置讲是南北联合，所以，称“合纵”；强秦拉拢弱国，从地理位置讲是东西联合，所以，称“连横”。“合纵”理论最先由魏相公孙衍所倡导，以苏秦为代表；“连横”计策最早为张仪所实施。

战国纵横家苏秦

纵横家之祖为鬼谷子，战国时人，因隐于鬼谷而得名。相传鬼谷子曾有苏秦、张仪、孙膑、庞涓四大弟子。其后习鬼谷纵横术者甚多，著名者如甘茂、司马错、乐毅、范雎、蔡泽、邹忌、毛遂、郦食其、蒯通等，均为风云人物。

纵横家的智谋、思想基本上是当时处理外交问题的最好办法。首先在游说的过程中，纵横家对现实要有最明确的认识，确定连横的对象，然后知其诸侯为人而定说辞，其游说之法，或抑或扬，或抑扬相合，或先抑后扬，或先扬后抑，诸法只要对症必会有收效。

其次，在游说过程中，须察言观色，相机而动。察其对己之关系，是同是非，同则继续，非则补遗，而后或以利诱，或以害说，探其实情，此为游说最主要的方法之一。

最后，是以揣摩之术察其内心，然后快速作出决断。纵横家的人物皆为雄辩之士，他们中的大部分人出身微贱，却能以三寸之舌搅动整个战国底盘，重新布局谋篇。

秦始皇统一六国后，兼并战争结束，“合纵连横”学说也就偃旗息鼓了。但作为一种社会思潮，它的长处在于“言其当权事制宜，受命而不受辞”，倘若“邪人为之，则上诈谖而失其信”，就不足称道了。

纵横家的论著，今存《鬼谷子》13篇、《战国策》33篇，另有《苏子》31篇、《张子》10篇。这些著作言论无不精妙，有些已从单纯的外交领域走进了更广泛的社会生活，对今天的世界格局也有一定的借鉴意义。

◎ 兵家主张以武力统一国家

兵家是战国时期的一个学术流派，主张运用武力通过战争来达到统一国家的目的，故称。

兵家原出古司马之职，是“王官之武备”。就思想渊源而言，兵家实出于道家，因为道家最讲“沉机观变”，而兵家则讲究用谋出奇。此外，兵家的观风云气色又与术数相近，二者互相出入；而其权谋机变，又与纵横家相类。

《汉书·艺文志》中，兵家不入《诸子略》，而别立《兵书略》。《汉志》说，上古以木为弧矢，“以威天下”；其后则金为刃、革为甲，“以师克乱而济百姓”；到了春秋战国时期，“出奇设伏，变诈之兵并作”。

兵家主要代表人物，春秋末有孙武、司马穰苴；战国有孙膑、吴起、尉缭、魏无忌、白起等；汉初有张良、韩信等。

今存兵家著作有《黄帝阴符经》、《六韬》、《三略》、《孙子兵法》、《孙膑兵法》、《吴子》、《司马法》等。

这些学说虽有异同，然其中包含丰富的朴素唯物论与辩证法思想，使之在后世得到了长足发展，涌现出了许多兵学名家和兵学名著。

◎ 杂家：兼儒墨，合名法

杂家，为战国末至汉初兼采各家之学的综合哲学学派，其特点是“采儒墨之善，撮名法之要”。杂家虽只是集合众说，兼收并蓄，然而通过采集各家言论，贯彻其政治意图和学术主张，所以也可称为一家。就其无统一宗旨而言，本不该称家，但为归类起见，视其为一家，并名以“杂”，属于“九流”之一。

杂家出于古时的“议官”。他们兼儒墨、合名法，杂采众家之长，阐明自己的观点，为自己的政治理想和人生目标服务。也有学者指出，推其渊源，杂家出于道家，其学说以道家为本，兼采诸家。

《汉书·艺文志》载有杂家著作“二十家，四百三篇”，今大多不存，现存杂家代表著作有《吕氏春秋》和《淮南子》。

《吕氏春秋》又称《吕览》，是战国末秦相吕不韦组织门客共同编写的著作。该书编写的目的是指导秦国兼并六国，统一天下，并能长治久安。

《淮南子》又称《淮南鸿烈》，西汉淮南王刘安及其门客所编纂。全书原有内21篇，外33篇，今只流传内21篇。书中糅合各家，而明显倾向道家，编纂初衷亦是为皇帝提供治国之道。

杂家为先秦学术思想的融合作出了贡献，对汉代早期的政治也有重要影响。

◎ 农家的主张反映了农民的什么理想

农家为战国时期的一个学术流派，“九流十家”之一。据称，农家出于古时的“农稷”之官。他们注重农业生产，旨在播百谷、劝耕桑，以使人民丰衣足食。农家又分为两派：一派专门探讨种谷树木之事，关注的是人伦日用；另一派由人伦日用而进入政治。

农家学派在社会政治方面主张推行耕战政策，奖励发展农业生产，代表农民的利益和要求；同时他们还注重研究农业生产问题，探讨和总结农业科学和农业生产技术。

许行是农家的代表人物，楚国人，约与孟子同时代，其生平事迹可见于《孟子·滕文公上》。许行假托神农氏之言，主张"贤者与民并耕而食"、"市贾不二"，提倡人人平等劳动、物物等量交换，要求社会"均平"合理。

古时耕种图

他的主张反映了古代社会农民的一种理想，在当时产生了较强的影响，连儒家门徒陈相、陈辛兄弟二人也都弃儒学农，投入许行门下。许行有学生数十人，他们生活极为俭朴，皆穿粗布衣服，以打草鞋、织席子维持生活。

农家著作有《神农》、《野老》、《宰氏》、《董安国》、《尹都尉》、《赵氏》等，均已佚。农家没有一部完整著作保存下来，其思想和活动多散见在诸子著述中。虽星星点点，但仍然值得重视，尤其对于现在解决农业问题，有很多可资借鉴之处。

◎ 小说家只是一个著述的流派吗

小说家为战国时期的一个学术流派，属"十家"之一，不入"九流"。当时，小说家只是一个著述的流派；并无独立系统的学术思想，但在后世则长足发展，广有影响。

小说家出于古时的"稗官"。小说家的著作，是街谈巷议、道听途说者创作的。这些作品多是故事传说、遗闻轶事，而且大多有补于政教。因此，孔子说"虽小道亦可观矣"。但孔子又说："致远恐泥，是以君子弗为也。"这就是说，如果失去了政教意义，只是搜奇猎艳、传奇语诞，就失去了意义，所以，君子不为。

《汉书·艺文志》著录小说家15家、1380篇作品。其中包括《鬻子说》、《伊尹说》、《青史子》、《虞初周说》等。虞初是西汉小说家，曾将《周书》改写为《虞初周说》（亦称《周说》，已佚），被视为小说家的鼻祖。张衡《西京赋》也云："匪唯玩好，乃有秘书，小说九百，本自虞初。"

◎ 黄老之学是否本源于道

黄老之学是道家的一个支派，形成于战国时期，由齐国稷下学宫的一些学者倡导，以黄帝、老子为祖师，故称之为"黄老之学"或"黄老学派"。

黄老之学本源于道，但又将儒、墨、名、法，特别是儒家的仁义思想和法家的法治思想引入了道家学说。它的基本宗旨是自然无为，讲究人的行为、治国方策要顺应自然。

黄老之学把“道”视为宇宙法则，认为道无形无象、虚无空廓，眼看不见，手触不及，耳听不到，鼻嗅不着，但却决定着天地万物运动变化的轨迹，是天地万物运动变化的法则，什么东西都不能脱离它。

在社会政治思想上，黄老学派认为，道作为法则，在宇宙中犹如度量衡，天地万物都要在它面前接受检验，都要按照它的要求动行静止。人与天地万物一样，也要遵循大道；除了要遵守自然法则以外，还须遵守社会法规和道德规范。社会法规主旨在律人，而道德规范主旨在诱导人。正因为如此，治理国家才要文武兼用，德刑并行。

黄老之学是在人们动极思静、乱极思安的情况下，应时而生、逢时而盛的。它在一定程度上弥补了道家学说的缺陷，引导人们更客观、更全面地看待事物，在这一点上对后人颇有启示。

但是，黄老之学并没有兴盛多久。到汉武帝“独尊儒术”时，黄老之学退出了统治思想领域。不过，此后每个朝代初期战乱之后需要与民休养生息的时候，黄老之学就又会被提倡。此外，黄老之学后来还发展出了另一个方向，形成了以黄帝、老子为神仙的原始道教。

◎ 宋学是如何发展变化的

宋学，又名新儒学，是经学的一个流派。“宋学”名称成于清代。

“宋学”的兴起与“汉学”的衰微相关。西汉武帝时，罢黜百家，独尊儒术，五经于是成为经世致用的法典，成为儒生们探索和研究的重要对象。

但是，由于文字的更迭、衍变，加之秦时的焚书坑儒事件，很多古代经典都已散佚，一些儒学宗师不得不重新辑补、校正、训释，从而形成了汉学训诂的独特研究方法。

但这一研究方法又有其固有的缺憾，即墨守成规、故步自封，非常繁杂琐碎，往往注释一两个字，就要写上洋洋三五万言，以致不少学者虽白首而不能通一经。这种情况一直持续到两宋时期，宋学的兴旺终使儒学迎来了转机。

汉学治经，从章句训诂入手，着眼于细微处，以达到通经的目的。宋学则不然，它摆脱了章句的束缚，反从经的要旨、大义、义理入手，即从宏观方面着眼，来理解经典的含义，达到通经的目的。由于宋学有别于原始儒学，给人焕然一新之感，所以，被后人称为新儒学。

到了清代，受政治环境的影响，考据学再兴，汉学又尊，一些经学家对宋代理学家空疏解经的弊病大肆攻击，呼之为“宋学”，以示与“汉学”相区别，“宋学”一说遂著。

宋学流派很多，南宋时，其分支理学兴起，成为占主导地位的学派。宋学大家中，开山祖师是周敦颐；理学的开创人物则是邵雍。宋学发展时期的代表人物是张载和“二程”；理学的集大成者则是朱熹。

宋学整合了佛道两家的思想，是从学问变为人生信仰的一种尝试。然而，由于多谈性理，解经空疏，到了清代，随着考据之学大盛，它的地位不再稳固，然而它的影响却没有消失，直至晚清、近代，仍有不少学术大家为其忠实的信徒。其间的联系可谓从未断隔过。

◎ 经学就是对儒家经典的解读

所谓经学，就是解释或阐述儒家经典之学。

儒家经典，是中国封建政权法定的、以孔子为代表的儒家学说。在中国封建社会中长期传播，历代封建地主阶级、知识分子和官僚对儒家经典加以阐发和议论，形成经学。

经学主要有如下两个特点。

一是“唯上”，就是皇帝怎么讲，就怎么解释。经学家每每揣摩皇帝的意旨言事。

二是“唯经”，即书上怎么写，就按照书上的去解释。

“唯经”是从，“唯上”是听，导致窒息学术，禁锢思想。封建主义的经学，名为研究，实为注疏，而且越来越烦琐，陷入了死胡同。

经学肇端于孔子删定经书，形成于汉初推崇儒术、设立五经博士，并全盛于两汉。此后各代经学，都显示出各自的特色：魏晋经学玄学化；南北朝经学南、北殊异；隋唐经学走向统一；宋代经学衍化为理学并影响元、明、清三代经学；明清之际古文经学兴盛；乾嘉时发展为汉学；晚清则今文经学活跃。

◎ 董学是谁的思想学说

所谓董学，就是西汉董仲舒提出的一些思想学说。

西汉时期，儒学逐渐宗教化，道教正式诞生，佛教也已传入中国，这些足以表明汉代对宗教的需求及适宜的宗教发生环境已经形成。正是在这种情况下，由董仲舒代表的汉代经学家开始热衷于构建国家的宗教理论。

董仲舒指出，《春秋》所体现的道，就是崇奉上天而效法上古。上天，是百神的大君主。崇奉上天不周到，再怎么崇拜百神都是没有益的。明白提出了宗教的特性，从而确立了国家宗教。

他又说，接受天命的君王，天道会在他身上得到大大的彰显。因此，委屈百姓从而伸张君王，委屈君王而伸张上天，就是《春秋》所表现的大义。从中可看出董仲舒的君权神授和神道设教观念，一方面抑制地方诸侯势力，从而树立天子的权威；另一方面用天道来制约天子的权力，使之奉行儒家仁政。

在西汉当时的社会历史条件下，董仲舒借重国家宗教观念和《易传》的“圣人以神道设教”思想来表达他的政治理想，是值得重视的人本内容。

◎ 魏晋玄学是否“玄之又玄”

玄学是魏晋时期的一种学术思潮，因盛行于魏晋时期，故亦称“魏晋玄学”。所谓玄学，并不是指一种“玄之又玄”、

"神秘莫测"的学问，而是指中国古代以解说、阐述、发挥三玄(《老子》、《庄子》和《周易》)为主要形式，以探求事物之所以产生、之所以存在、之所以变化的根据为主旨的一种学说。

魏晋谈玄之风盛行

东汉王朝瓦解后，统治思想界的儒学失去了以往的魅力，人们对荒诞的谶纬之学、烦琐的汉代经学以及为统治者服务的纲常伦理深感厌倦，于是转而寻找新的精神归属，正是这一特定背景，让玄学走到了前台。

玄学思想的骨架是老庄思想，但又糅合了儒家经义。其中心论题是本末有无——宇宙最终存在的根据；目的在于解决名教与自然的关系问题，从而调和儒道。

玄学的代表人物有魏晋时期的何晏、王弼、嵇康、郭象等。其发展又可分为四个阶段：正始玄学、竹林玄学、西晋玄学、东晋玄学。

正始玄学出现于曹魏正始年间，属玄学的开创阶段。代表人物是何晏、王弼。主张贵无，以老子学为主；竹林玄学，以阮籍、嵇康为代表，主张超越名教而顺其自然，以老子、庄子学说为特征，是贵无向崇有的过渡时期；西晋玄学，以郭象为代表，主张独化，自生，崇有，以庄学为主；东晋玄学，张湛是其代表。张湛综合崇有、贵无学说，把世界和人生视为无常，主张采取"肆情任性"的纵欲主义人生观。

东晋以后，玄学与佛学趋于合流，张湛《列子注》，显然受佛学影响：般若学各宗，则大都用玄学语言解释佛经。于是佛学渐盛，玄学渐衰。

◎ 理学为何受到历代统治者的推崇

理学，产生于北宋，盛行于南宋与元、明时代，理学家们认为，合乎自己愿望的事物就是"理"，就是一种自然。在这一点上，"理"与老庄学派的"道"有点相近。

理学认为，"理"不仅是自然界的最高原则，同时也是人类社会的最高原则。很多理学家将"理"规定为宇宙万物本原，认为自然界及人类社会一切都是从"理"而来，这个"理"是自己存在的，是永恒的，它"不为尧存，不为桀亡"，不生不灭，不增不减。

封建的伦理纲常也是"理"，"父子君臣，天下之定理"，实际上就把封建伦理关系神圣化、绝对化、永恒化。所以，理学为宋以后的历代统治者所推崇，成为占统治地位的哲学思想，强迫人们信奉。

理学流派纷纭复杂，主要包括以周敦颐、程颢、程颐、朱熹为代表的客观唯心主义和以陆九渊、王守仁为代表的主观唯心主义。前者认为"理"是永恒的、先于世界而存在的精神实体，世界万物只能由“理”派生；后者提出“心外无物，心外无理”，认为主观意识是派生世界万物的本原。

◎ 道学提倡“道统”说吗

道学又称“程朱理学”，为理学的一派。其代表人物是宋代二程、朱熹，因其思想体系的核心是“理”，故称程朱理学。该学派肇端于北宋的周敦颐，奠基于二程，完成于南宋的朱熹，是理学中最大的学派，影响极为深广。

“道学”之名始于北宋，然而早在唐代时，就已有了“道统”的说法。韩愈在《原道》中云：“尧以是传之舜，舜以是传之禹，禹以是传之汤，汤以是传之文、武、周公，文、武、周公传之孔子，孔子传之孟轲，轲之死一不得其传。”就讲述了历圣相传的道统，且自汉代以来的儒学都已非圣贤真传。

韩愈为文有其特定的背景，当时佛、道二教盛行，唐宪宗一度还要迎佛骨入朝。韩愈的文章有为儒家说话，与佛、道二教抗衡之意。

北宋时，大儒们如法炮制，亦抛开汉唐烦琐的考据注疏，要直接上承孔孟德千载不传的道统，如此一来，开辟了儒学发展的一片新天地。这一时期的学者名家辈出，如周敦颐、邵雍等。

程颢、程颐早年受业于周敦颐，接受其道德性命之学。他们又自家体会出“天理”二字，认为“天下只是一个理”，就是君臣、父子、夫妇等人伦道德之理。他们以“理”为最高范畴，建立了自己的思想体系。在理学的发展过程中，二程以洛阳为中心，形成了一个学派，即洛学。

到了南宋，朱熹集诸儒之大成，对北宋以来的理学思潮进行了一次全面总结，使儒学的发展达到顶峰。

朱熹殁后，由于其思想体系的内在矛盾和社会历史条件的变化，程朱学派在发展中发生分化。一部分人继承和发展了朱熹的心性学说，统理于心，把朱熹哲学发展为心学；一部分人批判朱熹的理学体系，改造其理气论和格物致知说，发展成以气为本的哲学。

明清之际，王夫之等人全面地批判总结了朱熹哲学，陆世仪、张履祥等人批判改造了朱熹的心性说，李光地、陆陇其等人坚持正统理学，但无重要发展。之后，程朱理学逐渐退出学术舞台，“道学”二字也成了古板迂腐的代名词。

◎ 陆王心学怎样与理学分庭抗礼

心学，作为儒学的一门学派，最早可推溯至孟子，而北宋程颢开其端，南宋陆九渊则大启其门径，而与朱熹的理学分庭抗礼。至明朝，由王阳明首度提出“心学”二字，至此，心学开始有了清晰而独立的学术脉络，故心学又被称为“陆王学派”。

宋代陆九渊主张，既然气聚合为人时，理成为人的本性、精神，那么，人心也就是理，并且因为整个宇宙都是气的或聚合或消散的状态，那么，这个理也就到处贯通。

从这个意义上说，心学反对程朱学派以理为宇宙本原，而把宇宙本体安置于人心之中，提出心即理、心外无物、心外无理的命题。因此，只要心中能够树立一个大的志向，或者说，是一个基本原则，那么，就可以不受外界事物的干扰和引诱。

到了明代，王守仁认为，人心中都有天生的良知，所以，儒学最基本的任务就是把心中的良知推广到每一件事物上。他和陆九渊一样，认为不必要一件一件地去考察事物，要认识天理，只要考察自己的心就可以了。在方法论上，他反对程朱理学的支离烦琐，提倡反本归心，简易直截。

陆王心学强调人的精神自觉，直认本心，否定传统经典文献以及圣贤的绝对权威，客观上冲破了理学的思想禁锢，开创了思想界的新局面。尤其是在对心学的论证过程中，阐明了心物关系、心理关系，即主、客体关系。如果套用西方哲学，就是典型的唯心主义，但其讨论的不是物质和意识，而是探讨了“人在世上安身立命的根本”这一古老的哲学命题。

陆王心学反对理学、冲击圣贤以及高扬心性的思想具有思想解放的积极因素，对后世产生了巨大影响，流行数百年，直到近世还为革新派人士所青睐。但发展到后来，理论上走向了空谈心性，实践上则任性废学，导致没落。明清之际的学者批判心学，别开新径，陆王心学遂退出了学术舞台。

◎ 明清实学：儒学发展的新形态

明清实学，是明朝正德以后到清朝鸦片战争前夕，儒学发展的一种新形态。

明清实学摒弃宋明理学空谈心性的空疏的学风，提倡“崇实黜虚”，在一切社会领域和文化领域中，突出一个“实”字，强调经世致用，而成为那个时代的精神。

明清实学大致可以分为实体实学、经世实学、科学实学、考据实学和启蒙实学五大类。

实体实学，是就明清实学的基础而言的。它包括以气这一物质实体为本的本体论，以实践（力行）为基础的认识论，以“性气相资”为基本内容的自然人性论，以“实功”为主要修养方法的道德论，以利欲为基础的理欲（包括义利）统一说等内容。其主要代表有罗钦顺、王廷相、崔铣、杨慎、吴廷翰、黄宗羲、王夫之、颜元、戴震等。

经世实学，是就明清实学的社会政治内容而言的。它既包括对社会弊病的揭露和批判，也包括对拯救时弊方案的构思与实施。其主要代表人物有张居正、顾炎武、黄宗羲、吕留良、全祖望、章学诚、龚自珍、魏源等。

科学实学，是就明清实学的科学内容而言的。它既包括中国古典科学，也包括从欧洲输入的西学，其代表人物有李时珍、徐光启、宋应星、方以智、梅文鼎等。

考据实学，是就明清实学的经学研究而言的。明中叶以后，随着实学思潮的兴起和发展，在经学研究领域里，出现了汉学和子学的复兴，以子学研究代替独尊经学，以专事训诂名物的汉学代替以己意解经的宋学。其代表人物有方以智、传山、顾炎武、毛奇龄、戴震、汪中、焦循、阮元等。

启蒙实学，是就明清实学的市民意识而言的。主要反映在哲学、文学艺术等领域。其主要代表人物有王艮、何心隐、李贽、汤显祖、黄宗羲等。

明清实学，是中国儒学发展的逻辑结果。其理论价值在于，它不但对宋明理学所讨论的范畴和命题进行了总结性的批判，而且还提出了一些反映市民阶层利益和要求的新范畴、新命题，成为中国近代启蒙思想的理论先驱。

哲学名著

◎ “群经之首”《周易》

《周易》是儒家重要典籍，又称《易》、《易经》，有“群经之首”和“大道之源”之称。“周”有二义：一指周朝、周文王；一指周遍、周密；“易”有三义：一是变易；二是不易，三是简易。合起来，即指周朝探讨宇宙人生变易法则的书。

《周易》原本是一种占筮用书，古代用蓍草行筮，须经十八次反复演变才能形成一个卦象，所以，《易经》最初又称作《易象》。实际上，《易经》是一部披着神秘的占筮外衣的哲学奇著，是中国也是世界文化宝库中一颗神奇的明珠。

《周易》包括经、传两部分，经是狭义上的《易经》，共记六十四卦和三百八十四爻，并有卦辞、爻辞作说明。传即《易传》，是对经的解释，共十篇，亦称“十翼”，以示辅助之义，传为孔子所作。

《周易》的思想价值，体现在它神秘的形式中蕴含着较为丰富的逻辑思维和朴素的辩证观念，体现了朴素的哲学思想，如吉凶、得失、祸福等的对立统一，以及否极泰来、亢龙有悔的物极则反等。表达了宇宙万物对立统一的关系，对统治者的管理和人生的把握起着积极的指导作用。

周易八卦图

除了哲学，《周易》还涉及天文、地理、历数、乐律、兵法、炼丹、医卜、堪舆（风水）等方面的内容，其中不乏对自然现象的科学认识，甚至现代科学也汲取了《周易》的精华。

由于周人占筮的范围很广，包括祭祀、战争、生产、商旅、婚姻、水旱等，所以，《周易》所录存的旧筮辞，广泛地反映了当时的社会现实，具有不可忽视的史料价值。

汉代以来，《周易》被儒家奉为经典，对《周易》的众多阐释研究，形成了“易学”的诸多流派，如象数派、义理派等。宇宙和社会充满着神秘，而人生也需要神秘，所以，《周易》就成为人们进入神秘、破解神秘、享受神秘的金钥匙。

◎《大学》，科举考试的必读书

《大学》是儒家经典《礼记》中的一篇，“四书”之一。旧说为曾子所作，实为秦汉时的儒家作品，这是中国古代讨论教育理论的重要著作。经北宋程颢、程颐竭力推崇，南宋朱熹又作《大学章句》，最终和《中庸》、《论语》、《孟子》并称“四书”。宋、元以后，《大学》成为学校官定的教科书和科举考试的必读书，对古代教育产生了极大的影响。

古人的教学，设立有小学和大学。小学指的是小人之学，教儿童识文断字；大学指的是大人之学，教成童经籍和六艺等修身、齐家、治国、平天下的学问。

《大学》论及的内容较广泛，《大学》包括经一章、传十章，主要论述个人的道德修养及其功用。《大学》提出了“三纲领”和“八条目”，强调修己是治人的前提，修己的目的是治国平天下，说明治国平天下和个人道德修养的一致性。《大学》开头就说：“大学之道，在明明德，在亲民，在止于至善。”这就是后人所说的《大学》“三纲领”。

《大学》认为统治者治理国家，要修明天赋之德，要使臣民日新其德，要在行为方面达到至善。这是大学的“三大纲领”。

《大学》还说：“古之欲明明德于天下者，先治其国。欲治其国者，先齐其家。欲齐其家者，先修其身。欲修其身者，先正其心。欲正其心者，先诚其意。欲诚其意者，先致其知。致知在格物。”格物、致知、诚意、正心、修身、齐家、治国、平天下，后世称之为《大学》的“八条目”，即探索事物的道理、获得真正的智慧、真诚意念、端正内心、修养自身、管好家族、治理国家、平定天下。这是古人的人生必修课。

因为我们老祖先的思维模式是觉悟，所以，认识世界的方法千差万别。宋明时代程、朱学派与陆、王学派论争之焦点，就在于“致知”与“格物”，极大地丰富了人们的哲学思想和认识途径，意义深远。

◎《中庸》对古代教育有什么影响

《中庸》原来也是儒家经典《礼记》中的一篇。经宋儒抽出后，成为“四书”中的一书。宋、元以后，《中庸》成为学校官定的教科书和科举考试的必读书，对古代教育产生了极大的影响。

关于《中庸》的作者，司马迁、郑玄、

程氏兄弟和朱熹等人士均认为是孔子的孙子子思。但书中有秦统一后增补的文字。据考证应是秦汉时儒家的作品。

《中庸》重点阐发孔子的中庸思想。中，中正，中和，不偏不倚；庸，平常，常道，日用。首见于《论语·雍也》，孔子："中庸之为德也，其至矣乎。"

《中庸》强调"以诚为本"，把"诚"说成是世界的本体，是一种完美的"至善"境界。子思说："诚者，天之道也。"

"尊德性、自诚明"是《中庸》提倡的又一种美德。即如果要切实了解一切事物，必须通过学习，把"诚"体现出来。而要达到这一境界，必须"博学之，审问之，慎思之，明辨之，笃行之"。后来的宋明理学家把它简称为"学、问、思、辨、行"五字。

中庸之道作为中国思维或者模式的标志，对于缓和人与人之间、人与社会之间、人与自然之间日益恶化的矛盾，推进和谐社会早日来到的当今社会来说，仍然有着不可估量的意义。

◎《论语》为什么是"四书之首"

《论语》是孔子及其弟子的语录结集，结集工作是由孔子的门人及再传弟子完成的，为儒家经典"四书"之首，现存二十篇，四百九十二章。

《论语》的成书经历了记录和编订的过程。记录的时间相对较早，而且是杂出众手。其中一些记录可能是孔子的弟子所作，大部分则出于其再传弟子。编订的时间当在孔子去世70余年后的战国初期，参与者以曾参门人为主。

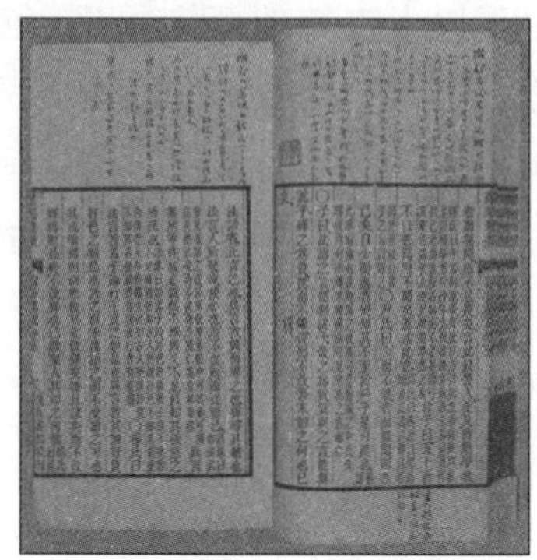

《论语纂注》，清赵顺孙撰

《论语》在汉代有三种不同的本子，即《古论语》、《齐论语》、《鲁论语》。《古论语》其书为古文，出自孔子家壁中，有二十一篇；《齐论语》是齐国学者所传，有二十二篇。以上两本早已亡佚。《鲁论语》是鲁国学者所传，共二十篇，就是现在通行的《论语》。

《论语》一书反映了孔子的思想，中心是讲做人的道理。他提出了"为政以德"的主张，认为人要爱人，统治者要爱百姓，就是仁政、仁德，否则我们人类就跟禽兽没有差别；为了实现仁爱、仁德，天下就必须建立或者恢复周公所建立的礼制，叫作克己复礼。因为如果大家都自私，就不会爱别人，社会就充满了战争和动荡；要实现克己复礼，就得知道什么该做，什么不该做。

该做的就是义，义的意思是适、合礼，不义就是不该做的；那要怎么知道什么是义什么是不义呢？就得靠教化，教化最好的手段就是音乐。通过音乐的熏陶和感染，便能知道什么合义不合义，这就是乐或者乐教。仁义礼乐四字是儒家创始人孔子的政治思想核心。仁义是目的，礼乐是手段。礼辅助仁，乐成就义。

《论语》的思想融政治、道德与教育为一体，而中心是做人的道理，其中许多名言至今仍受到广泛认同和推崇，充分展示了东方哲人特有的识见和智慧。

◎《孟子》如何“拟圣而作”

《孟子》是记述儒家重要代表人物孟子及其学生言行的著作，为儒家经典“四书”之一。全书共7篇，3万余字，在这有限的篇幅中，却提炼了孟子儒家思想的精华，言简意赅，形象生动。

关于《孟子》的作者，一般认为是孟子及其门人弟子。司马迁《史记·孟子荀卿列传》称，孟子游说诸侯不成，“退而与万章之徒序《诗》、《书》，述仲尼之意，作《孟子》七篇”。

南宋孝宗时，朱熹将《孟子》编入《四书》。元、明以后又成为科举考试的内容，更是读书人的必读书。东汉赵岐的《孟子注》和宋代朱熹的《孟子集注》以及清代焦循所撰《孟子正义》，都是研究和学习《孟子》的重要资料。

与《论语》一样，《孟子》也是以记言为主的语录体散文，但又有明显的发展。《论语》的文字简约、含蓄，《孟子》则有许多长篇大论，气势磅礴，议论尖锐、机智而雄辩。

《孟子》“拟圣而作”，它既吸收了《论语》中的精华，也承袭了《大学》、《中庸》的一些特点。在《孟子》一书中，反映最突出的是仁义思想。仁是儒家学说的中心，孔子常讲仁很少讲义，孟子则仁义并重，他有句名言，即“舍生取义”，即宁可牺牲生命也不可放弃道德原则。他认为，通过长期的道德实践，可以培养出一种坚定的无所畏惧的心理状态，这就是所谓的“浩然之气”。这种气“至大至刚”，能够主动扩张，充塞于天地之间。

《孟子》还总结了各国治乱兴亡的规律，提出了一个富有民主性精神的著名命题：“民为贵，社稷次之，君为轻。”认为如何对待人民这一问题，对于国家的治乱兴亡，具有极其重要的意义。

与《论语》不同，《孟子》在提出“修齐治平”的观点后，进一步提升了“仁爱”在现实生活中的地位。“民为贵，社稷次之，君为轻”，“得道者多助，失道者寡助”体现了君民之爱；“老吾老以及人之老，幼吾幼以及人之幼”，“人人亲其亲、长其长，而天下平”体现了人与人之间的关爱……这种仁爱，不仅拉紧了彼此的情感纽带，也大大减少了各种利益之间的纠纷和摩擦。

《孟子》还是一部优秀的散文集，其语言高度形象化，精练准确，如“王如施仁政于民，省刑罚，薄税敛，深耕易耨；壮者以暇日修其孝悌忠信，入以事其父兄，出以事其长上，可使制梃以挞秦楚之坚甲利兵矣”、“庖有肥肉，厩有肥马，民有饥色，野有饿莩，此率兽而食人也。兽相食，且人恶之；为民父母行政，不免于率兽而食人，恶在其为民父母也？”等均给人以明白晓畅，含蓄出众之感。

孟子这些文学上的成就，对后世影响也很大，唐宋时的散文大师，几乎都以孟子的文章为典范。所以，《孟子》一书，也是一部优秀的古代散文集。

◎ 《荀子》反映了荀况怎样的思想

《荀子》是战国后期赵国人荀况的主要著作，包含了荀况的哲学、伦理、政治、人生等各方面的思想主张，同时又是一部著名的古代教育著作。

《荀子》全书始于《劝学》，终于《尧问》。今存32篇，除少数篇章外，大部分是他自己所写。他的文章擅长说理，组织严密，分析透辟，善于取譬，常用排比句增强议论的气势，语言富赡精练，有很强的说服力和感染力。

《荀子》一书仿《论语》体例写成，全面反映了荀况的思想。

“人性论”是荀子思想的逻辑起点。荀子认为人的本性是恶的，人性善是受圣人制定礼仪，进行教化的结果（《性恶》）。

在天道观方面，认为天没有意志，只不过是生长万物的自然界，不能决定人事的吉凶、祸福。提出人应该顺应自然，但也可以改变自然，即所谓“制天命而用之”的人定胜天的思想（《天命》）。

荀子很重视礼，认为礼在调节人际关系中起着重要作用。他宣扬儒家的王道思想，主张以德服人，反对强力压人。王道的具体内容是礼义和仁政。在礼的教化中，荀况又极重视闻见、知、行三个方面。

他继承了儒家“为政以德”的传统，认为治国应该“平政爱民”。他将君主比作舟，庶民比作水，认为“水则载舟，水则覆舟”。虽然他主张治国要用王道或礼义教化，但主张礼法兼用，刑罚必不可少。

在教学方法上，荀子则指出学生必须主动学习，要从“求诸己”入手，而教者必须察言观色，待学生先问而后告知，反对不问而告与问一告二的教法。这与孔子的“不愤不发，不悱不启”意思相似。

在《劝学篇》中，荀子认为，学习的方法在于“积累”与“专心”，圣贤之所以为圣贤，是因为在于积善不息。只要专心致志，虚一而静，便可最终达到大清明的境地，即所谓的锲而不舍，金石可镂。

荀子的学说继承了儒家学说并有所发展，而且取百家之长，因而有些论点和儒家传统说法不合，故受到后人指责和非议，如唐代韩愈就说荀学是“大醇而小疵”，宋代程朱理学则扬孟抑荀。清代末年，梁启超、章太炎等则对荀子的学说重作评价。

◎ 《老子》为什么是“道教圣经”

《老子》是先秦时期的道家典籍，也是后来道教的经典，有“道教圣经”之称。相传为老聃（老子）所著。又名《道德经》，分《道经》和《德经》两篇，共八十一章，五千余字。

《老子》建构了人类理想社会最完整的道德体系，认为“道生一，一生二，二生三，三生万物”，“道”乃“夫莫之命（命令）而常自然”，因而应该“人法地，地法天，天法道，道法自然”。“道”为客观的自然规律，独立不改，周行而不殆，因此，要尊道而贵德。

《老子》书中还包括了大量的朴素辩证法观点，如认为一切事物均具有正反两面，“反者道之动”，并能由对立而转化，“正复为奇，善复为妖”，“祸兮福之所倚，福兮祸之所伏”。又认为世间事物均为“有”与“无”之统一，“有无相生”，而“无”为基础，“天下万物生于有，有生于无”。这些观念对于人们认识世界、把握人生、管理社会都有一定的启迪。

此外，书中也有大量的民本思想，“天之道，损有余而补不足，人之道则不然，损不足以奉有余”；“民之饥，以其上食税之多”；“民之轻死，以其上求生之厚”；“民不畏死，奈何以死惧之？”这些学说后来也成为历朝起义革命的思想依据。

长沙马王堆汉墓帛书《老子》甲、乙本是最古的本子。甲本应该是刘邦称帝以前的抄本，乙本则在刘邦称帝以后，刘盈、刘恒即位以前。此外，还有项羽妾本、河上丈人本等。明代《正统道藏》搜集的《道德经》本文和汉、魏、唐、宋、金、元、明的注本，多达41种。

◎《庄子》为何是先秦诸子文章的典范之作

《庄子》为庄周及其后学的著作集，道家经典之一。据《汉书·艺文志》著录，《庄子》52篇，今本33篇，其中内7篇，外15篇，杂11篇。

《庄子》全书以内篇为核心，内篇的《齐物论》、《逍遥游》和《大宗师》集中反映了庄子的哲学思想。《庄子》强调天道无为，万物一齐。认为一切事物都在变化，而道是先天地而生的，本来没有边界差别。所以，圣贤政治要效法道体，无为而治，反对一切压迫人性的社会制度，摒弃一切扰乱人心的文化知识。应该通过心斋、坐忘的修炼，进入逍遥无为的大自在境界。这种观念，对魏晋的玄学和佛教的禅宗、全真道的修炼，都有极其重要的影响。

另外，书中也有不少辩证的因素，尤其对社会黑暗面的揭露、批判，不遗余力，十分深刻。

庄子的文章，想象力丰富，文笔变化多端，并采用寓言故事形式，富有幽默讽刺的意味。

在先秦诸子散文中，《孟子》与《庄子》是最富于文学性的。《庄子》汪洋恣肆、意出尘外的文风，诡谲神秘、奇妙瑰丽的论说，使其成为先秦诸子文章的典范之作。

◎《商君书》，商鞅派法学思想的汇编

《商君书》是战国时期商鞅一派法家著作的汇编，又名《商子》。《汉书·艺文志》著录29篇，今存24篇。

《商君书》反映商鞅的政治和哲学思想，侧重记载了法家革新变法、重农重战、重刑少赏、排斥儒术等言论。

《开塞》篇提出了社会发展的四个阶

段："上世亲亲而爱私，中世上贤而说仁，下世贵贵而尊官，今世强国事兼并，弱国务力守。"所以，在当今之世，首要的任务是生存，但要生存就必须增强国力，实行"以力服人"的"霸道"，而不能实行儒家主张的"王道"。基于这样的认识，商鞅遂提出"不法古，不循今"的主张，即变法要根据现在的具体情况，不能因循守旧。

《商君书》也提出了重农重战的思想。如《农战》说："国之所以兴者，农战也。"《靳令》说："农有余粮，使民以粟出官爵，官爵必以其力，是农不怠。"朝廷让人民拿剩余的粮食捐取官爵，农民就会卖力耕作。《算地》说："故圣人之为国也，入令民以属农，出令民以计战。……胜敌而革不荒，富强之功，可坐而致也。"国家富强的功效就在农、战两项。

此外，《商君书》中还有重刑少赏、重本抑末等内容，反对儒术。其中，"本"是指农战，"末"是指商业和手工业。

◎《韩非子》为何代表了法家理论的最高成就

《韩非子》又叫《韩子》，是战国末期法家韩非的著作。20卷，55篇，《汉书·艺文志》著录55篇，与今本同。

作为法家的代表人物，韩非在书中重点宣扬了法、术、势相结合的法治理论，使先秦法家理论的发展达到顶峰，不仅为秦统一六国提供了理论指导，同时也为以后建立封建专制制度提供了理论根据。他首先提出了矛盾学说，用矛和盾的寓言故事，说明"不可陷之盾与无不陷之矛，不可同世而立"的道理。

《韩非子·说林下》图

韩非的文章说理精密，文风犀利，议论透辟，推证事理切中要害。当时思想界以儒家、墨家为显学，崇尚法先王，主张复古，他却坚决反对复古，主张因时制宜。由于力倡法治，韩非子还提出了重赏、重罚、重农、重战等政策。他还提倡君权神授，为历代封建王朝的治国理念提供了借鉴。

此外，《韩非子》还反映了韩非的其他思想观点。《解老》、《喻老》两篇，是中国最早注释和解说《老子》的著作，集中表述了他的哲学观点；《五蠹》把历史发展分为上古、中古、近古三个阶段，认为时代不断发展进步，社会生活和政治制度都要发生变化，复古的主张是行不通的；《显学》则记述了先秦儒、墨显学分化斗争的情况。

书中记载了大量脍炙人口的寓言故事，蕴含着深隽的哲理，给人们以智慧的启迪，具有较高的人生意义和文学价值。

◎《公孙龙子》，名家唯一传世的著作

《公孙龙子》，又名《守白论》，《汉书·艺文志》中收录了《公孙龙子》14篇，但留存下来的仅有6篇。此书也是名家唯一传世的著作。

公孙龙，字子秉，战国末年赵国人。善于辩论，曾与儒家的孔穿、阴阳家的邹衍进行过辩论。本书是针对社会上名不副实的现象所作。

《公孙龙子》首篇《迹府》是后人编辑的有关公孙龙的简介，其余5篇是公孙龙的作品。其中《白马非马论》和《坚白论》体现了名辨思想的核心内容，主要研究了概念的内涵和外延，事物的共性和个性所具有的内在矛盾是其主要内容，并且夸大这种矛盾，再否认两者的统一，最后自然会得出违背常理的结论。即白马不是普通所说的马，颜色中的白色和质地的坚硬也是可以人为地分裂开来论述的。

《指物论》还着重论述了指与物的关系。“指”即事物的概念或名称，“物”是具体的事物，二者的关系也就是物质与意识的关系。《通变论》既提出了“类”和“变”的思想，也提出了“二无一”、“鸡三足”、“青以白非黄”等论辩命题。《名实论》提出了正名理论，强调“彼”之名必须专指彼之实，“此”之名必须专指此之实，初步阐述了任何一类事物都具有其确定的属性和属于其确定范围的逻辑思想。这5篇构成了一个完整的学说体系。

◎《孙子兵法》包含了哪些哲学思想

《孙子兵法》，亦称《孙子》，是世界上现存最早的兵书。《孙子兵法》现有日、法、俄、英、德等多种外文译本，它的影响已远远超出了军事领域。该书的内容包含着丰富的朴素唯物主义和军事辩证法思想。

春秋时期，人们大都认为战争的胜负是无法预知的，要预知只能祈求鬼神，借助巫觋。孙武则提出“胜可知”。他把“知己知彼”看作指导战争取得胜利的先决条件。“知彼知己者，百战不殆。”他不仅论述了“胜可知”，而且还探讨了“胜可为”与“不可为”的问题，也就是探讨了如何发挥指挥者的主观能动性，以夺取胜利的问题。

《孙子兵法》在论述战略、战术的指导原则中，包含了丰富的军事辩证法思想。它不仅丰富了人类的朴素辩证法思想宝库，而且至今还在启迪着人们，在中国哲学史上占有一定地位。

◎《墨子》，墨翟言行的写照

《墨子》是战国末期墨家后学汇编该派的著作而成的一部作品，是墨子言行的写照，又称《墨经》或《墨辩》。《汉书·艺文志》载该书71篇，今仅存53篇。

《墨子》分两大部分：一部分记载墨子的言行，阐述墨子的思想，主要反映了前期的墨家思想；另一部分含《经上》、《经下》、《经说上》、《经说下》、《大取》、《小

取》6篇，着重阐述墨家的认识论和逻辑思想，还包含许多自然科学的内容。

墨子思想的根本是自苦利人，主张兼爱、非攻、尚贤、尚同、薄丧、短丧、非乐、天志、明鬼、非命。其中以兼爱为核心；节用、尚贤为基本点。

兼爱、非攻——这包含平等与博爱的意思。墨子要求君臣、父子、兄弟都要在平等的基础上相互友爱，“爱人若爱其身”，并认为社会上出现强执弱、富侮贫、贵傲贱的现象，是因天下人不相爱所致。

天志、明鬼——宣扬天志鬼神是墨子思想的一大特点。墨子认为天之有志——兼爱天下之百姓。因“人不分幼长贵贱，皆天之臣也”，“天之爱民之厚”，君主若违天意就要受天之罚，反之，则会得天之赏。墨子不仅坚信鬼神其有，而且尤其认为它们对于人间君主或贵族会赏善罚暴。天赋人权与制约君主的思想，是墨子哲学中的一大亮点。

《墨子·耕柱》图

尚同、尚贤——尚同是要求百姓与天子皆上同于天志，上下一心，实行义政。尚贤则包括选举贤者为官吏，选举贤者为天子国君。墨子认为，国君必须选举国中贤者，而百姓理应在公共行政上对国君有所服从。墨子要求上面了解下情，因为只有这样才能赏善罚暴。墨子要求君主能尚贤使能，即任用贤者而废抑不肖者。墨子把尚贤看得很重，以为是政事之本。他特别反对君主用骨肉之亲，对于贤者则不拘出身，提出“官无常贵，民无终贱”的主张。

节用、节葬——节用是墨家非常强调的一种观点，他们抨击君主、贵族的奢侈浪费，尤其反对儒家看重的久丧厚葬之俗。认为君主、贵族都应像古代的大禹一样，有着自苦为极的精神，在个人物质生活方面，只取最低的标准。墨子要求墨者在这方面也能身体力行。

此外，《墨子》书中还包括了机械、数学、物理、几何、光学等方面的内容，并有较完整的逻辑思想体系。墨翟把这些知识和思想教给弟子，使之在知识掌握的深度和广度上都大大超过了当时其他各家，也使墨翟成为中国最早见诸史料的科技教育家和逻辑家。

◎《吕氏春秋》，先秦思想文化的总结

《吕氏春秋》是一部杂家著作，又名《吕览》，署名吕不韦，实为其门客集体编撰，成书于秦始皇八年（公元前239年）。其共二十六卷，一百六十篇，分为八览六论十二纪。

相传《吕氏春秋》初成之时，吕不韦不知价值如何，便把“稿本”挂在首都咸阳的辕门上，吸引天下文人墨客前来斧

正，声称有能增删一字者赏给千金。

书在辕门挂了很久，也招来了很多贤士，不知是因为这书编得实在是好还是人们畏惧吕不韦的权势，竟没有人能增删书中一字。由此，便引出了“一字千金”的成语。

《吕氏春秋》“兼儒墨，合名法”。该书兼收并蓄，细大不捐，是先秦思想文化之总结，以儒家思想为主流，以道家思想为基础，旁采名、法、墨、兵、农、阴阳诸家之长，初步形成了包括政治、经济、哲学、道德、军事等各方面内容的理论体系，同时保存了医学、音乐、天文历法及农业等多方面的宝贵资料。

在自然观方面，《吕氏春秋》提出太阳是产生大地、阴阳、万物的本原；在认识论方面，吸收了宋尹学派的别宥思想和《管子》的静因之道的方法；在历史观方面，提出知道现在就认识古代，知道古代就可以认识未来，古今前后本来就是一体；在政治思想方面，提倡尊敬人民与约束君王，认为君王如有能够替人民着想的，天下百姓一定会归顺他。又继承和发挥了儒家公天下和道家的贵公思想，提出天下不是君主一个人的天下，乃是天下人的天下，所以，要限制君主的权利。

形式上，该书体例统一，语言生动，常用寓言故事说理，富有较强的逻辑性。其中的一些寓言，如刻舟求剑等，至今脍炙人口，其哲理意义颇能给人以启迪。

◎《春秋繁露》是怎样解释《公羊春秋》的

《春秋繁露》是汉代大儒董仲舒研究解释《公羊春秋》的著作，十七卷，八十二篇。或以为是后人辑录董仲舒遗文而成书，关于书名，有人认为“繁”是“多”的意思，“露”是“润”的意思。

《春秋繁露》是对《春秋》大义的引申与发挥。在此书中，董仲舒以《公羊春秋》为依据，以阴阳、五行为骨架，宣扬天人合一、天人感应的神学理论，认为天有意志，是宇宙万物的主宰，是至高无上的神。天造出万物，所以自然现象和社会现象往往会神秘感应。天会通过阴阳、五行之气的变化来体现其意志，主宰社会与自然。天子便是代替天并按天的意志来统治人民，即君权神授。

天不但为人世安排秩序，还密切注视人间万象。如果人间违背天理伦常，君主有了过失而不省悟，天便会降下灾异警告，即是谴告。反之，如果君主治理天下太平，百姓安居乐业，天就会出现符瑞。统治者必须调整自己的政策，才能使符瑞出现。正是天不变道亦不变，所以，一定要有伦理纲常来安定社会，和睦家庭。

可以说，这是一套神秘的神学政治理论。但在论述具体时政时，董仲舒主张减轻对农民的剥削与压迫，节约民力，保证农时，还是有相当的现实性的。

◎《淮南子》的主题是什么

《淮南子》，又名《淮南鸿烈集》。鸿，指意广大；烈，指意光明，意即包含光明宏大之理，二十一卷，西汉皇室贵族淮南王刘安招致宾客，在其主持下编著。成书年代大约在景帝、武帝之间。

刘安，汉高祖刘邦少子淮南厉王刘长之子，刘长死后，袭父爵为淮南王。其人素有野心，屡图谋反，后阴谋败露自杀。史载"安为人好书鼓琴，不喜弋猎狗马驰骋，亦欲以行阴德，拊循百姓，流名誉，招致宾客方术之士数千人"。

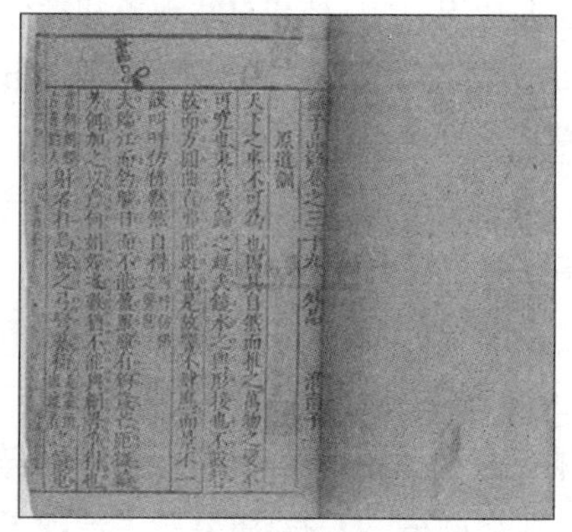

《淮南子》书影

《汉书·艺文志》将《淮南子》列为杂家，载《淮南子》内二十一篇，外三十三篇，今只流传内二十一篇。全书博奥深宏，孔、墨、申、韩之说间杂其中，尤以老子思想最为突出，因此，有人认为是汉初黄老思想的继续。

《淮南子》之通篇主题为"道"，既讲自然之道，也讲治世之道，提出了"漠然无为而无不为"，"漠然无治而无不治"的政治理想。提出法制要与时势变易，礼制要与风俗转化；衣服器械，各要方便自己的使用；法度制令，各要合乎自己的方便。只要有利于百姓，不必去效法古人；只要适合于事情，不必去遵循旧制。所以，变革古制未必可去贬低，而遵循风俗也未必值得赞美。

在最后一篇《要略》中，概括全书以阐明宗旨，"言道"与"言事"，即掌握自然界的规律与考究社会历史变化规律，此外，还综述了各家思想及其产生的历史背景和思想渊源，具有很高的价值。唐代刘知己称其"牢笼天地，博极古今"，近代梁启超则盛赞"其书博大而有条贯，汉人著述中第一流也"，"为两汉道家之渊府"。

◎《论衡》，东汉著名的无神论作品

《论衡》是东汉时期著名的无神论作品，作者王充。"衡"本指称量物体的工具，"论衡"的意思就是评定当时言论价值的天平。该书大约作成于汉章帝元和三年（公元86年），全书三十卷，共八十五篇，其中《招致篇》有录无文。

王充作《论衡》有其特殊的时代背景：两汉之际，谶纬盛行，迷信的氛围浓厚。《论衡》的问世是为了批判神秘主义和世俗迷信。

《论衡》总结了前人特别是汉代自然科学的成就，继承了古代唯物主义传统，批判了"天人感应"论和谶纬之学，建立起了唯物主义哲学体系。

在自然观方面，王充在书中认为，天是自然之天，天地间万物是由"元气"交感变化而产生的，宇宙万物的运动变化和事物的生成是自然无为的结果；人也是自然的产物，有生即有死，“人死血脉竭，竭而精气灭，灭而形体朽，朽而成灰土，何用为鬼？”而且今人与古人气禀相同，古今不异，没有根据说古人总是胜于今人，没有理由颂古非今。

他驳斥谶纬家们的“灾异”、“祥瑞”说，认为这些都不过是巧合，只有末世才会特别注意。在认识论方面，他反对先验论，认为感觉经验是认识的源泉，认识要受事实的验证。在社会历史观方面，王充反对“君权神授”说和崇古非今，主张人为，提倡进化。

这种自然无为的朴素唯物主义和无神论，是中国古代哲学思想的一大进步。但由于《论衡》一书“诋訾孔子”，“厚辱其先”，反叛于汉代的儒家正统思想，故遭到当时以及后来的历代封建统治阶级的冷遇、攻击和禁锢，将它视为“异书”。

据说王充作《论衡》，一直没有流传到北方，汉末蔡邕到江南的时候得到了一部，“叹其文高，度越诸子”。等他回到北方的时候，“诸儒觉其谈论更远”，认为他去江南肯定得到了“异书”。后来终于在隐蔽处搜到了《论衡》，别人拿走了一部分，蔡邕还叮咛：“惟我与尔共之，勿广也。”

其后，《论衡》又直接影响到了后世的无神论作品，如范缜的《神灭论》、熊伯龙的《无何集》等。章太炎评论王充说：“汉得一人焉足以振耻，至今亦鲜有能逮者。”

◎《神灭论》，古代无神论的哲学名篇

《神灭论》为古代无神论哲学名篇，南朝范缜作于萧齐永明年（483～493年）中。

范缜，南朝齐梁间思想家，字子真，南乡舞阴（今河南泌阳北）人。他出身寒微，幼年丧父，少孤家贫，却养成了一种朴实直爽，“好危言高论”，不畏权贵的品格。后与萧衍、沈约、谢朓同为萧子良“西邸”文士，曾任宁蛮主簿、尚书殿中郎、宜都太守、晋安太守。

南北朝时，佛教盛行，宣扬宿命论，以致为祸国民。范缜便以偶然论观点痛斥因果报应论，反对宣扬佛教。

在佛教徒看来，人的富贵贫贱都是命中注定的，是前世积善行恶的因果报应；范缜却坚决否认这种说法。

有一次，竟陵王萧子良问范缜：“您不相信因果报应，可是人为什么会有富贵贫贱的不同呢？”范缜回答说：“人生好比树上开的花，同时开放，随时飘落，有的落在殿堂的漂亮坐垫上，有的则翻过篱墙落入粪秽之中。落在席垫上的人，就如殿下您，落入粪秽之中的人就是我呀。这完全是自然现象，毫无因果可言。”范缜的回答使竟陵王在众多宾客面前无言以对。

《神灭论》的基本思想主要体现在“形神相即”、“形质神用”，认为人的精神和形体是互相结合的统一体：“神即形也，形即神也”，精神就是形体，形体就是精神。“形存则神存，形谢则神灭”，形体

存在则精神存在，形体凋谢则精神消灭，形是神的基础。

他把人的形体与精神，用刀刃与锋利的关系作譬：形体是精神的本质，精神是形体的功用；精神对于体质，犹如锋利之于刀刃；形体对于精神，犹如刀刃之于锋利。没有听说过刀刃没了而锋利还存，又怎能容忍形体灭亡而精神仍在？

《神灭论》严厉驳斥“神不灭”的谬说，不仅从理论上揭穿了神学谎言，而且也谴责了当时封建帝王和世家大族佞佛所造成的社会危机，《神灭论》指出，佛教流行，伤风败俗，危害政治。应该破除佛教，实行无为政治，可以全生、匡国、霸君。

◎《原道》提出了“复古崇儒，攘斥佛老”的思想

《原道》为古代哲学名篇，是韩愈复古崇儒、攘斥佛老的代表作。韩愈不仅是文学家，也是思想家。收入《韩昌黎集》中的《原道》、《原性》、《原人》、《与孟尚书书》、《谏迎佛骨表》，就是他政治思想和哲学理论的代表作。

《原道》观点鲜明，有破有立，引证今古，从历史发展、社会生活等方面，层层剖析，宣扬“圣人立教”的观点，论述了儒家的道统，并竭力排斥佛、道，指斥它们破坏伦常关系，是国无宁日的祸根。开启了宋学的先声。

他说：博爱就叫作仁，行为合乎社会等级为“义”，由此而进步就是道，内心充满而无须等待外力就是德。道和德都是随着仁和义走的，所以，仁与义是个固定的名称，道与德却是虚位，可以受纳种种不同内容。因此，他所说的道与老子和佛教说的道，是有区别的。

此外，他也继承了孔子“唯上智与下愚不移”的观点和董仲舒的人性思想，提出了性情三品说。在教育方面，他肯定人非生而知之，提倡勤奋学习和独立思考；还说“弟子不必不如师，师不必贤于弟子”。

◎《复性书》是反佛的产物

《复性书》，唐代思想家、文学家李翱所作。

李翱，陇西成纪（今甘肃秦安县）人，贞元进士，历官国子博士、庐州刺史、中书舍人、户部侍郎、山东南道节度使等，曾从韩愈学古文，是韩愈倡导复兴儒学运动的重要合作者。

《复性书》全文分上、中、下三篇。上篇论证“性”和“情”的关系，以及“性”和“情”在“圣人”和“百姓”间的区别，并自谓得到了儒家性命之道的真传；中篇用问答的形式，提出成为圣人的修养方法；下篇强调道德修养的必要性。

《复性书》是反佛的产物。李翱认为，排佛只用粗暴手段收不到效果，而应当“以佛理论心”，用佛教的方法来修养儒家的心性，建立一套成圣人的理论。因此，他把《中庸》的性命学说和佛教的心性思想结合，形成了一套学说。

他认为，人性皆善，“百姓之性与圣

人之性弗差”。但性善情恶，性往往被喜、怒、哀、惧、爱、恶、欲七情蒙蔽。只有除去情欲，善性才能恢复，进而超凡入圣。去情复性的方法是教人“忘嗜欲”，排除物欲的干扰，加强内心修养，以达到所谓空寂安静的“至诚”境界，这就是“灭情复性”。

李翱的观点体现了融合佛教、道教的思想倾向，这种立论方法到了宋朝就成了理学的先驱，到南宋时，朱熹就是像李翱这样融会各家而形成了儒学的新成就——理学。

◎《二程全书》第一次将“理”作为宇宙本体

《二程全书》是中国北宋程颢、程颐全部著作的汇集，是重要的理学著作。近代学者王孝鱼以清代涂宗瀛所校《二程全书》为底本，参照明清其他刻本，经校勘、标点，由中华书局于1981年出版，计87. 5万字。

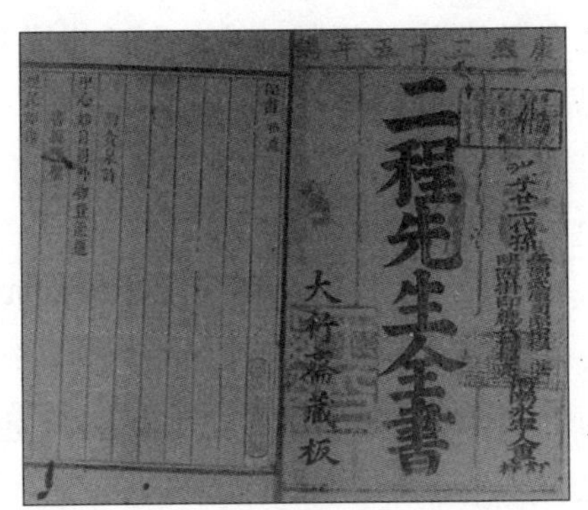

《二程全书》书影

《二程全书》包括《遗书》、《外书》、《文集》、《易传》、《经说》、《粹言》6种，其中程颐的著作居多。

书中第一次把“理”作为宇宙本体，阐述了天地万物生成和身心性命等问题，奠定了以“理”为中心的唯心主义哲学体系。其中，程颢的识仁、定性，程颐的性即理、主敬、体用一源等许多重要哲学概念和命题，是哲学史上第一次提出，为后世所沿用，对宋、明哲学产生了重大影响。

◎《朱子语类》，朱熹与弟子问答的语录汇编

《朱子语类》是南宋理学大家朱熹与其弟子问答的语录汇编。朱熹著述甚丰，著作的汇集本有《朱子遗书》、《朱文公文集》，但学者均以为《朱子语类》编排精当，最全面系统地反映了朱熹的思想。

朱熹授徒，循孔子“教学相长”、“诲人不倦”之法，鼓励弟子提问。而在师徒一问一答之间，尽得儒学性命道德之精微、天人事物之蕴奥，较之朱氏之经传，语言更详明晓畅。朱门弟子记录其师谈经、论事、明理之言，遂成“语录”，有“池录”、“饶录”等，各本互有出入，又因翻刻不一，错讹间出。

景定四年（1263年），黎靖德集诸本之大成，以类编排，删除重复的1150余条，分为26门，遂成定编，于咸淳二年（1266年）刊为《朱子语类大全》140卷，即今通行本《朱子语类》。

此书编排次第，首论理气、性理、鬼神等世界本原问题，以太极、理为天地之始；

次释心性情意、仁义礼智等伦理道德及人物性命之原；再论知行、力行、读书、为学之方等认识方法；又分论《四书》、《五经》，以明此理，以孔孟周程张朱为传此理者，排释老、明道统。最后是对宋代与前代君臣人物以及政治、经济、法制、科举等制度的评论。《朱子语类》内容丰富，析理精密，基本代表了朱熹的思想。

◎《陆子全书》反映了陆九渊的哪些思想

《陆子全书》是宋代理学家陆九渊著作、书札、语录的合集，由其后人、弟子编定刊行。全书共36卷，包括书札17卷，奏表1卷、记1卷，杂著、语录各2卷，奏表、记、序赠、讲义、策问、诗以及拾遗、谥议、年谱各1卷，祭文、墓志铭合3卷，程文3卷，并附录有关序论、与朱熹论辩的书札及《宋元学案》按语。

陆九渊政治上并不显要，学术上也无师承。他融合孟子“万物皆备于我”和“良知良能”说以及佛教禅宗“心生”、“心灭”等论点，以“发明本心”为主旨，提出“心即理”说，独自建立了所谓的“心学”。

他断言天理、人理、物理都在吾心之中，心是客观世界的本源、唯一的实在，“宇宙便是吾心，吾心即是宇宙”。他认为，心与理完全合一，“人皆有是心，心皆具是理”。人心会被物欲蒙蔽，致使天理不明，因此，人们首先应该“明理”。

但“明理”用不着探求外物，甚至连读书都是多余的，因为读书只在于印证“此心之良，人所固有”、“六经皆我注脚”。在反省内求的时候，要用“易简”、“直捷”的方法，要用“剥落”或“减担”的功夫。克制了物欲，才能“存心”、“养心”，进而达到“放心”。

他说：“古之教人，不过存心、养心、求放心。”在伦理思想上，他用心学来论证封建纲常的合理性，认为人的本心就是仁义礼智之心，就是善；同时，伦理纲常根源于人心，充满天地之间，而且亘古不变。

陆九渊的“心学”创建后，一度成为与朱熹理学并立的有影响的学派。陆九渊的学说后来由明代王守仁继承和发展，称为陆王学派。

◎《近思录》为什么是理学入门书

《近思录》是宋代的一部理学入门书。南宋孝宗淳熙二年（1175年），吕祖谦从浙江到福建与朱熹会晤，两人在寒泉精舍一起读周敦颐、张载、二程的著作，觉得“广大闳博，若无津涯”，怕初学者不易把握其要义，于是精选620条，辑成《近思录》，共分14卷。“近思”二字，取自《论语》：“博学而笃志，切问而近思，仁在其中矣。”

朱熹要把《近思录》当作学习四子著作的阶梯，四子著作又为学习《六经》的阶梯，以改正厌恶卑近而好高骛远的毛病。

《近思录》依据朱、吕二人的理学思想体系来编排，从宇宙生成的世界本体到孔子颜回乐处的圣人气象，循着格物穷理，存养而意诚，正心而迁善，修身而复礼，齐家而正伦理，以至治国平天下及古圣王的礼法制度，然后批异端而明圣贤道统，全面阐述了理学思想的主要内容。

该书囊括了北宋五子及朱吕一派学术的主体，在理学史上具有重要地位，在确立儒家道统，传播理学思想上起到了重要作用。钱穆说：“后人治宋代理学，无不首读《近思录》。”清人江永称：“凡义理根源，圣学体用，皆在此编。”“盖自孔曾思孟而后，仅见此书。”

◎ 《传习录》包含了王守仁哪些哲学思想

《传习录》是王守仁的言论和论学书信集。王守仁著述多达38卷，但《传习录》最能反映他的心学思想。书名“传习”一词，源出自《论语》“传不习乎”。

《传习录》包含了王守仁的主要哲学思想，是研究王守仁思想及心学发展的重要资料。全书分为上、中、下三卷。

上卷是同徐爱讲论《大学》宗旨，阐述了他“格物致知说”和“心与理一”、“知行合一”的思想，为门人徐爱、陆澄、薛侃所辑。

中卷是与友人论学的书信，这些书信反映了他“致良知”、“知行合一”、“心物合一”、“天人合一”、“天地万物为一体”等思想。由门人南大吉所辑，后经钱德洪改编。

下卷是与门人的谈话，并记载了他所提出的四句教。

嘉靖三十七年（1558年），胡宗宪将三卷合一刊刻，统称《传习录》。其中上卷是得到过王守仁本人亲自审阅的。中卷的论学书信都是出自他的亲笔。下卷虽未经其本人审阅，但也比较具体地解说了他晚年的各种思想。

◎ 《焚书》为什么取“书出则被焚禁”之意

《焚书》及《续焚书》是李贽最重要的著作，集中反映了李氏批判传统、倡导“童心”的“异端”思想。

该书对数千年来一直占统治地位的儒家传统说教，以及束缚人们思想的程朱理学提出了大胆的怀疑和批判。反对把孔子当作偶像崇拜，指出“孔夫子亦庸众人类”，“六经、《语》、《孟》乃道学之口实，假人之渊薮”，并非“万世之至论”。

书中还揭露那些假道学不过是些“口谈道德而心存高官”、欺世获利、患得患失，“被服儒雅，行若狗彘”的伪君子。

李贽主张男女平等，大胆肯定了历史上的才女卓文君，并且极端地认为“天下尽道之交”，把人与人之间的关系视为交换关系。在文学体式中，他重视小说、戏曲，称《西厢》、《水浒》为“古今至文”，把它们和“六经”、《语》、《孟》并提。

李贽深知，自己的观点不为统治者所容，书出则必被焚禁，故名曰《焚书》。但书出后，却并未被焚，虽遭明清两代封建统治阶级禁毁，但仍流行不绝。20世纪初，

《焚书》又重新印行，甚至启迪了20世纪“五四”时期的吴虞等进步思想家。

◎《日知录》包含了顾炎武哪些哲学思想

《日知录》是明清之际思想家顾炎武的代表作。体裁为读书笔记，积30余年而成；书名取自子夏的“苟日知，日日知”。全书32卷，包括言经义、论政事、论世风、论礼制、论科学、论艺文、论名义、论古事真妄、论史法、论注书、论杂事、论兵与外交、论天象、论地理、论杂事考证等15部分。

顾炎武的哲学思想基本上是倾向于唯物主义的，他认为宇宙本原是气，“盈天地之间者皆气也”。在认识论上，他注意到了理性与感性知识之间的关系，认为“形而上者谓之道，形而下者谓之器”，“非器则道无所寓”。

顾炎武像

《日知录》更为突出地反映了顾炎武的学术思想。他继承了明季学者反理学的思潮，不仅反对陆王心学，也与程朱理学迥异其趣。他摒弃“性与天道”的空谈，提倡“博学于文”、“行己有耻”的为学之道。

他主张经世致用，并终生笃行，以“国家治乱之原，生民根本之计”为怀，大声疾呼“保天下者，匹夫之贱有责焉耳矣”。

顾炎武经世致用的学术旨趣、朴实考据的治学方法，以及他在诸多领域的学术成就，开启了清代朴学的先路，促成了乾嘉汉学的鼎盛，对清代学术文化的多方面成就产生了影响。

◎《大同书》描绘了一个怎样的理想世界

《大同书》，清末思想家康有为所著，成于光绪二十八年（1902年），中华民国二年（1913年）曾在《不忍》杂志上发表甲、乙两部，后又不断修改。中华民国二十四年（1935年）由弟子钱定安整理，中华书局出版。

在我国历史上，有很多思想家持有“大同”这一理想。《礼记》载，孔子曾不无感叹地说：我虽没能赶上古代的太平世界，但心中很是向往。之后，他对弟子描画了一个无限美好的大同世界：“……老有所终，壮有所用，幼有所长，矜寡孤独废疾者，皆有所养，男有分，女有归……”

到了近代，康有为倡导变法维新。创“孔子托古改制”说，认为孔子的“大同”是乌托邦。康有为以西学观念升华了孔子的思想境界，他还著下洋洋数十万言，这就是《大同书》。

全书分入世界观众苦、去国界合大

地、去级界平民族、去种界同人类、去形界保独立、去家界为天民、去产界公生产、去乱界治太平、去类界爱众生、去苦界至极乐十部。

书中糅合了中国古代儒家经典《礼记·礼运篇》中的“大同”、“小康”以及近代西方进化论、空想社会主义诸学说，提出了大同思想。康氏的大同思想建立在资本主义大工业基础上，“凡百举动，皆有机器”，“机器日新，足以代人之劳”，“一人之用，可代古昔百人之劳”，“农耕皆用机器化料”。

在大同世界中，人权平等，如有人敢提倡“独尊”，“成一人之尊”，“反判平等之理”，大家就共同除掉他。人们的物质生活水平是很高的，衣食住行都很美满。同时，科学、文化、教育以及道德风尚都高度发展，整个社会形成“竞美”、“奖智”、“崇仁”的良好风气。

康有为的大同之世，绝不是向原始社会倒退，而是在人本主义旗帜下，设计一个高度工业化的社会前景，构想一幅高度文明的社会蓝图，远远超过了洪秀全所描绘的农业社会主义的设想，反映了中国资产阶级乌托邦的历史进步性。

文学体裁

◎ 诗是如何产生的

诗在世界各民族的文学发展史中，是产生最早的一种文学样式。在我国，几千年来，诗一直是文学史的主流。

那么，诗是怎样产生的呢？原来在文字没形成之前，我们的祖先为把生产斗争中的经验传授给别人或下一代，以便记忆、传播，就将其编成了顺口溜式的韵文，这就是诗最初形成的原因。当时诗起着记事的作用。据闻一多先生考证，诗与志原是一个字。“志”上从“士”，下从“心”，表示停止在心上，也就是记忆。文字产生以后，有了文字的帮助，不必再死记了，这时把一切文字的记载都叫“志”。志就是诗。在心为志，发言为诗。

从典籍中可知，诗最初是一种乐歌，与音乐、舞蹈为一体，能够让人载歌载舞。诗富有节奏韵律，并发展出了各种各样的形式。

现存节奏韵律最简单的诗体是《吴越春秋》上所引的一首古歌：“断竹，续竹；飞土，逐肉。”周秦以来，诗歌的节奏韵律逐渐由简入繁，出现了三言、四言、五言、六言、七言以及“杂言”不等的句式。

在秦汉以前，四言是最为流行的句式，魏晋以后，五言和七言成为最流行的体式。由于四声（平、上、去、入）的应用，诗人开始讲究行文声律，诗作抑扬顿挫，铿锵悦耳，平仄参差十分讲究，即“格律”。

到了唐代，诗的格律规定越发严格、缜密，无论是字数、句数还是平仄、押韵都有详细严谨的规定，诗也开始有了近体诗、古体诗之分。

◎ 古体诗有何特点

古体诗，是与近体诗相对而言的诗体。近体诗形成前，除楚辞外的各种诗歌体裁，都可以称为古体诗，也称古诗、古风。

古体诗格律自由，不拘对仗、平仄，押韵较宽，篇幅长短不限，句子有四言、五言、六言、七言体，也可杂用长短句，随意变化，为杂言体。

四言诗出现较早，《诗经》中收集的上古诗歌以四言诗为主，魏晋四言诗名篇有曹操的《观沧海》、陶渊明的《停云》。

五言和七言古体诗作较多，简称五古、七古。五古最早产生于汉代。《古诗十九首》都是五言古诗。唐代及其以后的古体诗中五言的也较多。而七古的产生可能早于五古。在唐代大量出现，唐人又称七古为长句。

杂言诗，就是诗句长短不齐，有一字至十字以上，一般为三、四、五、七言相杂，而以七言为主，所以，习惯上归入七古一类。《诗经》和汉乐府民歌中杂言诗较多。唐宋时代的杂言诗形式多种多样，如李白的《将进酒》、《蜀道难》，杜甫的《茅屋为秋风所破歌》都是典型的杂言诗。

由于古体诗形式灵活，便于传达感情，因此很受诗人青睐。不少文人墨客都是古体诗高手，如李白、杜甫、刘长卿等，佳作迭出，为后人津津乐道。

◎ 近体诗有何特点

近体诗，是与古体诗相对的，也叫“今体诗”，是对唐代形成的律诗和绝句的通称。

唐代将周、秦、汉、魏不讲究格律的诗称为“古体”或“古风”，将齐梁以来开始流行的格律诗称为“近体诗”、“今体诗”。相对于古体诗，近体诗句数、字数和平仄、用韵等都有严格规定。

具体来说，在句数上，近体诗没有古诗的参差变化，它具有一种整齐的美感，律诗分八句，超过八句属长律、排律；绝句分四句，句式分五言、七言，又称五律、五绝、七律、七绝。

近体诗包括绝句（五言四句、七言四句）、律诗（五言八句、七言八句）、排律（八句以上）三种，以律诗的格律为基准。最基本的格律包括字数、句数平仄、用韵和对仗（绝句不要求对仗）等方面，主要有三点。

一是每句必须平仄相间，也就是说，七言句当中，第二、四、六字的平仄必然是间隔开的，如第二个字是平声，第四个字必然是仄声，第六个字则又是平声，反过来一样。同联的两句必须平仄相对，即每联的对句（即后一句）和出句（即前一句）在平仄上必须相对。联与联之间必须平仄相粘，即下一联出句的平仄必须和上一联对句类型相同，平粘平，仄粘仄。

二是除首尾二联外，必须要对仗。

三是要用一韵到底的平声韵。

◎ 骚体有什么主要特征

先秦文学中的骚体是韵文体裁的一种，得名于屈原作品《离骚》。由于后人常以“骚”来概括《楚辞》，所以，“骚体”又可称为“楚辞体”。汉代司马相如的《长门赋》、《大人赋》，班固的《幽通赋》，张衡的《思玄赋》等作品与《离骚》体裁相似，所以，亦被称为“骚体赋”。这样，“骚体”又包括了与《离骚》相近的一些赋。“骚体”一般篇幅较长，句式灵活参差，多六、七言，以“兮”字作为语助词。

骚体诗主要有以下特征：一是句式上的突破。屈原创造了一种以六言为主，掺进了五言、七言的大体整齐而又参差灵活的长句句式，这是对四言的重大突破。二是章法上的革新。屈原“骚体”不拘于古诗的章法，放纵自己的思绪，或陈述，或悲吟，回环照应，脉络极分明。三是体制上的扩展。屈原以前的诗歌大多只是十多行、数十行的短章。而他的《离骚》则长达三百七十二句，奠定了中国古代诗歌的长篇体制。

骚体赋在内容上侧重于咏物抒情，且多抒发哀怨之情，近于《离骚》的情调。在形式上也与楚辞接近，常用带有“兮”字的语句。

◎ 赋、比、兴，我国古典诗歌的重要表现手法

赋、比、兴是《诗经》最重要的表现手法，也是我国古典诗歌的重要表现手法。

赋，据朱熹说：“赋者，敷陈其事而直言之也。”就是陈述铺叙，直截了当的描写。包括一般陈述和铺排陈述两种情况。大体在《国风》中，除《七月》等个别例子，用铺排陈述的较少；大、小《雅》中，尤其是史诗，铺陈的场面较多。汉代辞赋的基本特征就是大量铺陈。

比，朱熹解释说：“比者，引物连类。”也就是说，比就是比喻，它使人或物的形象更加鲜明突出。如《氓》用桑树从繁茂到凋落的变化来比喻爱情的盛衰；《鹤鸣》用“它山之石，可以为错”（错，磨物的工具）来比喻治国要用贤人；《硕人》连续用“荑荑”喻美人之手，“凝脂”喻美人之肤，“瓠犀”喻美人之齿等。

兴，朱熹解释说：“兴者，先言他物以引起所咏之辞。”也就是说，兴是借助其他事物作为诗歌发端，有引起联想，烘托、渲染气氛的作用；同时还兼有比喻、象征的意味，显得虚灵微妙。如嫁女诗《周南·桃夭》，以“桃之夭夭，灼灼其华”起兴，使人从桃花盛开联想到新嫁娘的美貌；又如送别诗《邶风·燕燕》，以“燕燕于飞，差池其羽”起兴，使人从燕子飞翔时的参差不齐联想到送别时的依恋之情。

赋、比、兴手法的运用，增强了作品的形象性，使《诗经》具备了动人的艺术魅力。

◎ 乐府诗来源于民歌

在古代，乐府是指音乐官署。“乐府”这个名字是在西汉时出现的，汉惠帝时设

有“乐府令”，汉武帝时开始建立乐府。乐府的任务是制定乐谱，搜集民歌和训练音乐人才。乐府的机关很大，有八百人。

皇帝为了听到各地民间的好音乐，常派乐府官员去各地搜集民歌。搜集的时候连歌词也搜集来，称为“乐府歌辞”或“乐府诗”。随着时间的变迁，当时搜集的乐谱已经失传，而乐府诗却凭借文字记载保存了下来。这些诗是从各地搜集来的，有些是劳动人民自己创作的，有的诗反映了人民的疾苦，有的反映了对爱情的追求，对当时及后代诗人的创作有很大的影响。

其后，“乐府”引申为民歌的代称。凡是合乐的诗，都称为乐府，于是，宋人长短句的词、元人的散曲小令，也可称为乐府。例如，宋朝苏轼的词集称为《东坡乐府》，元朝张可久的散曲集子称为《小山乐府》。而乐府的名义，还扩大到词、曲的范围。

◎ “歌行体”是何种诗歌体裁

“行”是乐曲的意思；“歌”与“行”名称虽不同，但并无严格的区别，后来就有了“歌行”一体。

“歌行”是我国古代诗歌的一种体裁，属乐府诗一类。汉魏以后乐府诗名为“歌”和“行”的很多，就是“歌行”体。

歌行体为南朝宋鲍照所创，鲍照模拟和学习乐府，经过充分的消化吸收和熔铸创造，不仅得其风神气骨，自创格调，而且发展了七言诗，创造了以七言体为主的歌行体。初唐刘希夷《代悲白头吟》与张若虚的《春江花月夜》是这种体裁正式形成的标志。

以“歌”命名的，如白居易的《长恨歌》、岑参的《白雪歌送武判官归京》、杜甫的《茅屋为秋风所破歌》等；以“行”命名的，如白居易的《琵琶行》、杜甫的《兵车行》等；以“歌行”命名的，如高适的《燕歌行》。

歌行篇幅可短可长；保留着古乐府叙事的特点，把记人物、记言谈、发议论、抒感慨融为一体，内容充实而生动；声律、韵脚比较自由，平仄不拘，可以换韵；句式比较灵活，以七言为主，其中可以穿插三、五、九言的句子。

◎ 律诗的格式是怎样的

律诗属中国近体诗的一种。它发源于南朝齐永明时沈约等讲究声律、对偶的新体诗，至初唐沈佺期、宋之问时正式定型，而成熟于盛唐时期。初唐四杰写了很多律诗，对律诗的成长发展起了重要作用。

律诗要求诗句字数整齐划一，每首分别为五言、六言、七言句，简称五律、六律、七律，其中六律较少见。

通常的律诗规定每首八句。如果仅八句，则称为小律或三韵律诗；超过八句，则称排律或长律。通常以八句完篇的律诗，每两句成一联，计四联，习惯上称第一联为破题（首联），第二联为颔联，第三联为颈联，第四联为结句（尾联）。每首的二、三两联（即颔联、颈联）的上下句必须是对偶句。排律除首尾两联不对偶外，中间各联必须上下句对偶。小律对偶要求较宽。

律诗要求全首通押一韵，限平声韵；第二、四、六、八句押韵，首句可押可不押，律诗每句中用字平仄相间。上下句中的平仄相对，有“仄起”与“平起”两式。

另外，律诗的格律要求也适用于绝句。唐代律诗在定型化过程中和定型后，都存在变例，有些律诗不完全按照格式写作，如崔颢的《黄鹤楼》，即前半首为古体格调，后半首才合律。律诗的这种变化被称为拗体。

◎ 绝句的格式是怎样的

绝句，又叫“绝诗”，或称“截句”、“断句”，近体诗体裁之一，一篇四句，有五言、七言之分，也有少数六言作品。

“绝句”的名称起于南朝，梁陈时已较普遍地用绝句泛指四句短诗，押韵平仄较自由，即古绝句。

至于格律化的绝句，又称“律绝”，须依守近体诗格式。五、七言绝句应起源于古诗，随诗歌格律发展，而成为绝句，唐代达到极盛。王昌龄、王之涣、李白、杜牧、李贺、李商隐都是绝句的名家。宋朝以后，王安石、苏轼、陆游同样擅长绝句。

◎ 何谓回文诗

回文诗，又名回环诗，指正读、倒读都能成诗的一种诗体。

回文诗在我国有着悠久的历史，其首创者是十六国时期前秦的女诗人苏蕙。据史籍记载，苏蕙的丈夫窦滔任安南将军，镇守襄阳。窦滔携带宠姬赵氏赴任，苏蕙不肯同行，窦滔一怒之下竟断绝了和苏蕙的书信往来，苏蕙伤感之余，织了一幅《回文璇玑图》给窦滔，窦滔看了以后很感动，于是赶走赵氏，迎回苏蕙。唐代的女皇帝武则天在《璇玑图序》中称它“五色相宜，纵横八寸，题诗二百余首，计八百余言。纵横反复，皆成章句”。后来有人为之寻绎，得诗更多。

有人认为，回文是一种文字游戏，应予以否定，其实不然。回文作为一种修辞格，与其他修辞形式一样，只是一种表现手段。它们都是为一定的内容服务的。

◎ 诗话是一种什么文学体裁

诗话是评论诗人和诗的作品。狭义的诗话是指诗歌的话本，即关于诗歌的故事，随笔体，如欧阳修的《六一诗话》；广义的是指诗歌的评论样式，崛起于北宋，是中国古代诗歌体制特别是唐代律诗高度发展的产物，改变了中国古代文学批评原有的格局。

诗话，就内容而言，是诗歌的故事；其方式为漫谈；体裁为随笔、小品文；目的是助兴、消遣。它兼容并蓄，融诗品、诗式、诗格、诗论、诗说、诗本事于一炉。北宋时，诗话成为一种文学批评的专著形式。

写诗话之风，宋朝最盛，明清两代次

之。最著名的有宋代欧阳修的《六一诗话》和清朝袁枚的《随园诗话》等著作。

“诗话”还是古代说唱艺术的一种。宋、元时印行的《大唐三藏取经诗话》是现存最早的一部作品，它的特点为韵文与散文并用。

◎ 词是如何产生及定型的

词是一种配合音乐歌唱的新型格律诗体，它以其美妙的韵律，丰富的色彩，委婉的情调，不仅能作为一种重要文体与五七言诗抗衡，而且还以比诗更高的艺术魅力吸引着当代读者。

诗词同源，古已有之。清代著名理论家汪森指出：“自有诗，而长短句即寓焉。《南风》之操，《五子之歌》是已。周之《颂》三十一篇，长短句居十八……是非词之源乎!”他认为《诗经》中长短句相杂的诗就是词的雏形，有诗就有词。这种提法的出发点，一方面注意了长短句这一特征，另一方面也为了纠正不少人把词视为“小道”的传统偏见，提高了词的地位。

隋唐时期，从西域传入的音乐逐渐和汉族的传统音乐融合，产生了燕乐，与传统的“雅乐”相对而言，被称为“俗乐”，当时的词，就是和这种新兴乐曲相配的歌词。

约从盛唐开始，由乐定词，并开始讲究声律平仄，如李白的《清平乐》和《敦煌曲子词》中的一些民间作品。至中唐作词已渐成风气，刘禹锡、白居易、王建等人填的一些小词，以及当时不少民间词，不仅句度参差，而且声律错落，标志着词体形式已经诞生了。

到了宋代，经过长期不断的发展，词进入了全盛时期。词的特点在于它是长短句，有小令和慢词两种，一般分上下两阕。有人认为词按字数分：五十八字以内为小令，五十九至九十字为中调，九十一字以外为长调。

◎ 词牌的由来

词牌，就是词的曲调名称。据统计，词牌有1000余个。早期的词，曲调与内容差不多是一致的，如白居易的《忆江南》三首。到了后来，曲调、内容才分开，词牌只标明曲调，不再作为题目。

词牌的由来，主要有以下几种。

一是取于原本的乐曲名称。如“清平乐”，它是汉代乐府中清乐与平乐两种乐调的总称；“菩萨蛮”相传是唐朝宣宗大中初年，女蛮国使者梳着高高的发髻，戴着金冠，满身佩挂珠宝，像菩萨般来大唐帝国进贡。当时的教坊，谱成“菩萨蛮”曲来款待使者，后来“菩萨蛮”也就成了词牌。

二是截取词中名句命名。如“忆秦娥”，李白用这个格式写出了第一首词，词中有“箫声咽，秦娥梦断秦楼月”的句子，词牌“忆秦娥”由此得名。“蝶恋花”是从南梁简文帝词句“翻阶蛱蝶恋花情”而来。

三是原来就是词的题目。如“浪淘沙”咏淘金人的劳动生活，“踏歌词”是一种和着脚步歌唱的曲调。“抛球乐”说的是抛绣球等。

四是直接用词的字数来命名。如“十六字令”全词共十六个字。“百字令”全词共一百个字。

五是以人名、事物名或故事为背景来命名。如“沁园春”，据说东汉明帝女儿沁水公主有座园林，名为“沁园”，后被外戚窦宪仗势夺去，有人作词咏此事，词牌“沁园春”也就诞生了。“念奴娇”因唐明皇有个歌女名念奴而得名。“浣溪沙”亦作“浣溪纱”，以春秋时西施浣纱的故事为背景而得名。

◎ 赋的主要特点是什么

“赋”通常是指赋体文章，是汉魏六朝重要的文学样式之一。作为一种文体，它兼有韵文和散文两种体制的特点。

南朝刘勰《文心雕龙·诠赋》说：“然赋也者，受命于诗人，拓宇于楚辞也。”这就是说，赋是由《诗经》、《楚辞》发展而来的。《诗经》是赋的远源，《楚辞》是赋的近源。

赋还有一个渊源，就是战国时代游士的“设辞”。游士们为了在各国君主面前表现自己的主张和才能，达到说服对方的目的，往往随意编造故事，以夸张的对话体来展开论辩，这就是“设辞”。战国后期，荀子的《赋篇》和旧题为屈原的《卜居》、《渔父》，以及宋玉的《对楚王问》、《风赋》等，在精神实质上也受到了设辞的影响。

赋的主要特点在于铺陈事物，即刘勰在《文心雕龙·诠赋》中所说的“铺采摛文，体物写志”。从汉赋到唐宋的赋都是如此，可以说，这个特点贯穿了整个赋史。例如，司马相如的《上林赋》，其内容就是细腻夸张地描写上林苑的水势、山形、虫鱼、鸟兽、草木、珠玉、宫馆等景物和皇帝在苑中进行田猎、宴乐等情况，真可谓极尽铺陈夸张之能事。

从形式上看，诗、骚和赋都是押韵的，这是三者的共同点。但是一般来说，诗以四言为主；骚一般是六言，或加兮字成为七言；赋则字数不拘，但多数以四言、六言为主。典型的汉赋多夹杂散文句式，诗、骚则基本上没有散句。诗、骚在句与句之间，特别是段与段之间，偏重内在的联系，极少用连结的词语。而赋则与散文一致，多用连结的词语。

汉代著名的赋家有：贾谊、枚乘、司马相如、东方朔、王褒、扬雄、班固、张衡、赵壹、蔡邕、祢衡等。

汉以后赋产生了两个发展倾向：一是向骈文方向发展；二是进一步散文化。南北朝时，骈俪之风日盛，古赋变为骈赋（俳赋）。唐宋时，骈赋又变为律赋，徒具形式，而价值日下。在这种情况下，又出现了文赋，突破格律樊笼，成为骈散结合的自由体裁，取得较高成就，如杜牧的《阿房宫赋》、苏轼的《赤壁赋》等，就与普通的文学散文差别不大了。

◎ 散文是如何产生及定型的

散文是文学的基本样式之一，散文和诗歌一样，在我国文学史上有着悠久的历史。

我国古代散文的雏形可以追溯到殷商时期的甲骨卜辞，《易经》中的卦、爻辞已经有了文学意味，《尚书》中一些生动的叙事说理和比喻笔法，可视为我国散文的开端。春秋战国时期，随着社会的变革，散文逐渐勃兴，出现了《左传》、《国语》、《战国策》等优秀历史散文和《论语》、《墨子》、《孟子》、《庄子》、《荀子》、《韩非子》等优秀诸子散文。

汉朝时，散文的品种更加繁多，而且文质相生，异彩纷呈。这个时期，贾谊、晁错等作家针砭时弊、笔锋犀利的政论散文，司马迁、班固的秉笔直书、爱憎分明的史传散文，形成了中国古代散文的又一个黄金时代。

魏晋南北朝时，散文走向骈化，骈体文成为官方文章正体，散文受到压抑变得无足轻重。但骈文片面追求形式，文风轻浮奢华，虽有妙文奇句，但终难取得令人叹服的成就。在骈文显露出种种弊端之后，到中唐时，韩愈、柳宗元等掀起了一场反骈复古的运动，使散文得以重新振兴。

到了宋代，人们开始把那些与骈文对立的文章称为散文。明清时期，散文一词流行起来，常与骈文对举。到了近代，散文才专指一切用散体写的文学作品，以区别于讲求韵律的诗歌。

◎ 骈文是怎样的一种文体

骈文也称"骈体文"、"骈俪文"或"骈偶文"，这种文体，起源于秦、汉，形成于魏、晋，在南北朝时期极盛一时。而"骈文"一词的出现，则始于中唐文人柳宗元，他在《乞巧文》中称这种文体为"骈四俪六"，简称为骈文。骈的意思是指两马并驾一车。

骈文全篇主要是双句（即俪句、偶句），讲究对仗和声律，崇尚夸饰和用典。因为它能根据汉语文字的特点组成整齐美观的对偶句式，辞藻华美，色彩鲜丽，又注重声韵的和谐，再加上多用典故，使文章不那么直露，因此，这种文体对我国文学的发展曾起过一定的积极作用。

南北朝时期的骈文，比之前朝，在形式技巧上显得更加紧密。不但要求把对偶句分类归纳为言对、事对、正对、反对等类型；而且随着"四声八病"说的提出，在声律上要求平仄配合，并且在文句的字数上也渐渐趋向于"骈四俪六"。

起初，这种文体大都是由四四相对和六六相对的形式组成，如"勇冠三军，才为世出；弃燕雀之小志，慕鸿鹄以高翔"(丘迟：《与陈伯之书》)，继而发展到四字六字相间的形成，如"老当益壮，宁移白首之心；穷且益坚，不坠青云之志"（王勃：《滕王阁序》）。世称之为四六文。四六文盛行于唐宋，后人作骈文大多采用这种方式，因此，人们习惯上也将骈文称为四六文。

骈文注重形式技巧，有的文人往往为了声韵的和谐，而走入了形式主义、唯美主义的死胡同，造成了文风的萎靡和形式的僵化。因此，自唐宋以后，骈文在文学发展史上逐渐归于平淡。

◎ 散曲是什么样的诗歌体裁

散曲，元人称为“乐府”或“今乐府”，是元代的一种新兴诗歌体裁。由于这种诗歌样式在元代最为兴盛，故后人常以元曲与汉赋、唐诗、宋词并称。

散曲是在宋、金时代民谣俚曲的音乐基础和发达的说唱艺术的影响下逐渐形成的。宋金是散曲的萌芽、发生时期；金末散曲已经成熟，元好问开始散曲创作是散曲正式成为诗歌形式的重要标志。至元代，散曲进入繁荣时期。

散曲有小令和套数的分别，小令如同词的小令，单独一阕，自成格局；套数则是集合同一宫调的小令，在内容上可以连贯，铺叙一段故事或情节，如同诗词中的联章。如《西江月》、《四块玉》、《天净沙》等是小令，如马致远的《秋思》、关汉卿的《侍香金童》等是套数。

元代散曲作家，可分前后两期，前期著名作家有关汉卿、马致远等，他们随物赋形、曲折尽意地抒发自己的感慨，风格质朴自然；后期作家以张可久和乔吉为代表，散曲创作总的趋势是讲究格律辞藻，逐渐走向典雅工丽。

◎ 什么是诸宫调

诸宫调，是指宋金元代流行于民间的叙述体说唱文学形式。它取同一宫调的若干曲牌联成短套，首尾一韵，中间插以简短的说白，再用不同宫调的许多短套，联成长篇，讲唱长篇故事，故称诸宫调，或称诸般宫调。

这一曲种形成于北宋神宗年间，相传为北宋人孔三传首创。它的语言通俗生动，在艺术上超越了以往的各种说唱艺术，获得了人们的喜爱。南宋以后，诸宫调便十分流行了。

宋金诸宫调的内容相当丰富，涉及烟粉、灵怪、朴刀、杆棒、神话、历史传说等内容。诸宫调所用的伴奏乐器，宋时主要用鼓、板、笛；金、元时，有加用弦乐器和其他打击乐器，又因为它用琵琶等乐器伴奏，故又称“弹词”或“弦索”。后来的明、清人又称诸宫调为“口弹词”或“弹唱词”。

◎ 传奇是何种小说体裁

“传奇”是小说体裁之一。在中国小说里，传奇一般是指唐代、宋代文人写的短篇小说而言。唐代以前，我国的短篇小说大多写鬼怪故事。到了唐代，小说创作跨入了一个新阶段，作家们创作的小说着力描写人物和刻画个性，故事曲折动人，叙述婉转，文辞华艳。它们虽以现实人生为描写对象，但富有浓厚的浪漫色彩。

因为这些唐代宋代的传奇小说大多成为宋元时代的戏文、诸宫调、元人杂剧、明清戏剧改编的题材，所以，这些说唱本子和戏剧也被称为“传奇”。

所谓的“传奇性”，也是指此而言的。是指文学作品具有曲折离奇的故事情节，以及比较浓厚的浪漫主义色彩等。

◎ 什么是笔记小说

所谓"笔记小说"，就是兼有"笔记"和"小说"特征的、带有散文化倾向的小说创作形式。简单说，"笔记小说"泛指一切用文言写的志怪、传奇、杂事、逸闻、传记、随笔之类的著作，内容广泛驳杂，举凡天文地理、朝章国典、草木虫鱼、风俗民情、学术考证、鬼怪神仙、艳情传奇、笑话奇谈、逸事琐闻等皆涵盖其中，可谓包罗万象。

"笔记"在记叙上获得了一种散文化的记叙空间，作者可以叙述，也可以表达别人及自己的思考以及观点，而"小说"则是一种带有故事性的叙述和创作，二者的相互交叉，使其优势十分明显。

笔记小说历代都有表现，较为成熟的是魏晋、唐、宋时期。《搜神记》、《世说新语》、《太平广记》等，都是这方面的代表。清代纪晓岚的《阅微草堂笔记》和蒲松龄的《聊斋志异》，又达到了笔记小说的相当高度。

笔记小说可分为志人小说和志怪小说。东晋干宝的《搜神记》是志怪小说的代表作，南朝宋代刘义庆的《世说新语》是志人小说的代表作。

◎ 什么是志怪小说

所谓志怪，就是记录怪异事件，主要指魏晋时代产生的一种记述神仙鬼怪故事的小说，也可包括汉代的同类作品。

志怪小说的内容很庞杂，大致可分为三类：炫耀地理博物的琐闻，如东方朔的《神异经》等；记述正史以外的历史传闻故事，如托名班固的《汉武故事》等；讲说鬼神、怪异的迷信故事，如东晋干宝的《搜神记》等。

志怪之所以在魏晋南北朝兴盛，一方面是它继承了古代神话传说的文学传统，另一方面，有其现实的社会原因。魏晋南北朝时期，社会动荡，战争频繁，灾祸和死亡时时威胁着每一个人，于是宗教迷信思想得到了最适宜的时机而流行起来，这些都反映在志怪小说的创作中。

◎ 章回小说是如何发展起来的

章回小说是我国古典长篇小说的主要形式，它是在宋元时期"讲史话本"的基础上发展起来的。

所谓"讲史"，就是艺人们讲述的一些历史故事，这些故事一般都很长，表演者们没法一次讲完，只好将其分为若干次来讲。每讲一次，就相当于后来章回体小说中的一回。在每次讲说以前，艺人要用题目向听众揭示主要内容。这就是章回体小说回目的起源。我们可以从章回体小说中经常出现的"话说"和"看官"等词中，看出它和讲史话本之间的继承关系。

"回"的意思就是"次"。通常我们听艺人讲说故事，往往到了紧要关头，他就会说"欲知后事如何，且听下回分解"。下回，即下一次。

宋元两代，是章回小说的孕育期，经过长期的发展，首批章回体小说在明朝初年开始出现。其中著名的有《三国志通俗演义》、《水浒传》等。这些小说都是在民间长期流传，经过说话艺人补充内容、逐渐丰富，最后由作家加工改写而成的。明代中叶以后，章回体小说的发展更加成熟，出现了《西游记》、《西厢记》、《金瓶梅》等著名作品。

由于社会生活日益丰富，这些章回体小说的故事情节更趋复杂，描写也更为细腻。它们在内容和讲史上已没有多少联系，只是在体裁上还保持着讲史的痕迹。

章回小说的特点是：分回标目，段落整齐，首尾完整，篇目一般较长。

◎ 话本有何特点

宋人小说中最出色的不是志怪或传奇，而是白话短篇小说，世称“话本”，也就是市井小说，即说书人所用的底本。

宋元说话艺术分为小说、讲史、说经等。小说家的话本称为小说，均为短篇故事。按题材又分为灵怪、烟粉、传奇、公案、朴刀、杆棒、神仙、妖术八类。

话本早在唐代已有，敦煌出土的敦煌卷中，便有少量的话本，如《韩擒虎话》、《庐山远公话》等。今人所传宋人白话短篇小说，以《京本通俗小说》为代表，其中如《碾玉观音》、《错斩崔宁》、《拗相公》、《冯玉梅团圆》等八种，便代表了宋人短篇小说的面貌。

明代白话短篇小说流行，有冯梦龙所采辑的《三言》：包括《警世通言》、《喻世明言》、《醒世恒言》，以及凌濛初所采辑的《拍案惊奇》初刻本、二刻本两部，以上五种，每种均收录四十篇短篇小说，共两百篇。后有个抱瓮老人从两百篇中，选出四十篇，命名为《今古奇观》，尤为脍炙人口。

◎ 元杂剧是如何产生及定型的

元人杂剧是13世纪前半叶在宋杂剧、金院本、诸宫调等基础上融合音乐、说唱、舞蹈、美术等艺术形式而成的戏曲艺术形式。它主要以中国北方流行的曲调演唱，故又称北杂剧、北曲等。

元人杂剧每出包括四个套曲，每一套曲称为一折，因此，元人杂剧的基本架构为每本四折。一折又可以分几场，有的杂剧还有“楔子”，它的位置不固定，安排在第一折之前的，称开场楔子；置于各折之间的，称为过场楔子。楔子只用一支或两支单曲，不用套曲演出。每一折都用同一宫调的若干曲牌组成套数，且要求用韵相同。

每出戏由一人主唱，就是说，每个剧本，只为一种角色（行当）安设唱腔。由女主角主唱叫“旦本戏”，由男主角主唱叫“末本戏”。

元杂剧剧本前多有题目正名，整出戏要求用北方音乐演唱。元杂剧的剧本由曲词、宾白、科范组成。曲词的主要作用是抒情，一般由一个主要演员歌唱，是元杂剧的主体。宾白是剧中人物说白，主要用于交代情节。科范简称“科”，是对演员的主要动作、表演和舞台效果的提示。元杂剧的角色大致分为末、旦、净、杂四类，正末、正旦是元杂剧中主唱的角色。

元杂剧分为前后两期，以大德年间为界。前期是高度繁盛的时期，活动的中心在大都，主要作家有关汉卿、王实甫、马致远、白朴等，后期活动的中心南移，主要作家有秦简夫、郑光祖、乔吉等。

元杂剧按题材可分为婚恋戏、公案戏、水浒戏、历史戏、神仙道化戏、教化戏六类。在当时非常繁荣，知名作家的作品有500种之多。

◎ 南戏的演变情况是怎样的

南戏是“南曲戏文”的简称，它是在宋杂剧的基础上，结合唱赚、宋词及里巷歌谣等多种艺术形式而成的戏曲形式，宋元时代流行于南方，用南方的语言和南曲来演唱，和北方杂剧、院本对称，故称。

一般认为，“南戏”是中国戏曲最早的成熟形式。南宋时南戏风行一时。在元代南北统一之后，南戏逐渐北上，出现了南北戏剧艺术交流的局面。

到了元末明初，南戏更加成熟，在创作上达到了新的高峰，当时产生了“五大南戏”：《荆钗记》、《白兔记》、《拜月亭记》、《杀狗记》、《琵琶记》。在戏曲史上产生了重大的影响，为推动戏曲发展发挥了重要作用。

在明成化、弘治以后，南戏进一步发展演变为“传奇”，对明、清两代的戏曲影响很大。剧本有一百七十多种，但是全本留传的仅有《小孙屠》、《张协状元》、《宦门子弟错上身》等。

南戏的体制比杂剧自由灵活，没有固定的出数，长短自由；一出也不限于一个调，还能换韵；各种角色都可以唱，还有对唱、合唱等多种形式；题目则在剧本前面，演出时还有副末“开场”，报告剧情梗概。

◎ 评点是怎样的一种文体

评点意即评论圈点（诗文），是我国古代文学批评的常用形式。评点时，评论家即兴、随意地将自己的意见批在书眉或内文中，或圈点出自认为精彩的词句，然后公之于世。

在文章不同位置做批注，名称也不同，在书眉上落笔称“眉批”，在内文中下评语称“行批”，在文末称“总批”。

据说评点始于宋代，如刘辰翁曾评点《世说新语》。宋代后，评点的形式流行开来，评点的对象十分丰富，诗词歌赋、戏曲小说，无不可评。如《红楼梦》即有“脂评”（脂为脂砚斋），对唐诗、宋词的评点更是数不胜数。

文学典籍

◎《诗经》，我国最早的一部诗歌总集

《诗经》是我国最早的一部诗歌总集，也是儒家最早传习的经典之一。最初只称《诗》，或举其整数称《诗三百》，汉代儒生始称《诗经》。

《诗经》收集了从西周初年到春秋中叶约500多年间的诗歌305篇，大部分为民间歌谣，小部分是贵族创作的，深刻地反映了周代社会的全貌。

现存的《诗经》是汉朝毛亨所传下来的，所以，又叫“毛诗”。据说《诗经》中的诗，当时都是能演唱的歌词。

《诗经》的内容，按作品的性质和乐调的不同，分为“风”、“雅”、“颂”三类。“风”即“国风”，包括周南、召南、邶风、鄘风、卫风、王风、郑风、齐风、魏风、唐风、秦风、陈风、桧风、曹风、豳风，称为十五国风，大部分是黄河流域的民歌，小部分是贵族加工的作品，共160篇。

“雅”是周王畿地区的乐歌，分为“大雅”、“小雅”，意同后世的大曲小曲，共105篇，基本上是贵族的作品，只有小雅中的一部分来自民间。

“颂”是朝廷宗庙祭祀的舞曲歌辞，包括周颂、鲁颂和商颂，共40篇。

“国风”部分是《诗经》的精华所在，其中很多作品是当时人民口头创作的，反映了人民对压迫的抗议，体现了他们追求自由和幸福的理想。

《诗经》的句式，以四言为主，其间杂有两言至八言不等。二节拍的四言句带有很强的节奏感，构成了《诗经》整齐韵律的基本单位。同时，还常用重章叠句和双声叠韵，使诗歌可以围绕同一旋律反复吟唱，而且在意义表达和修辞上，也有很好的效果。

早在春秋时期，《诗经》就已广泛流传。当时的士大夫常在外交场合引用《诗经》中的句子来表达自己的意见、愿望，孔子也以其为“六艺”之一教育弟子。汉初，《诗经》被奉为儒家经典，立于学官。

作为儒家经典，《诗经》的作用和影响远远超出了文学领域，被用以进行道德教化等。此外，《诗经》中还保存了上古社会的许多史料，反映了当时的社会生活、典章制度、风俗习惯以及社会各阶级、阶层的精神风貌。《蒹葭》、《采薇》、《关雎》等都是《诗经》中的名篇。

◎《说苑》对后世的笔记小说有什么影响

《说苑》是西汉刘向根据皇家藏书和

民间图籍，按类编辑的先秦至西汉的一些历史故事和传说。全书原二十卷，后仅存五卷，大部分已经散佚，后经宋代曾巩搜辑，复为二十卷，每卷各有标目。

《说苑》取材广泛，采获了大量的历史资料。有些史料可与现存典籍互相印证；有的也与《史记》、《左传》、《国语》、《战国策》、《荀子》、《韩非子》、《管子》、《晏子春秋》、《吕氏春秋》、《淮南子》等有出入，足资后人分辨、考证。此外，《说苑》中还收录了一些已经散佚的古籍。

《说苑》以对话体为主，故事性很强，叙事意蕴讽喻。作者在叙事的同时，夹有议论，借题发挥儒家的政治思想和道德观念，带有一定的哲理性。

《说苑》一般以第一则或前数则为一卷的大纲，杂引前人言论陈说本卷主旨，以下便用大量历史上的实例加以证明。

《说苑》除卷十六《谈丛》外，各卷的多数篇目都是独立成篇的小故事，有故事情节，有人物对话，文字简洁生动，清新隽永，有较高的文学欣赏价值，对魏晋乃至明清的笔记小说也有一定的影响。

◎《楚辞》，我国诗歌发展的源头之一

《楚辞》是继《诗经》之后出现的一种新诗体，公元前4世纪在楚地兴起。在兴起之初，它并没有一个固定的名称。楚国诗人在作品中或者自称为诗，或者自名为诵（颂），或者因袭乐章之名，称为九辩、九歌等。“楚辞”之名始见于汉初的《史记·酷吏列传》，以后沿用不变，就固定为这种文体的名称。

西汉末年，经文学家刘向等人整理，收录了屈原的《离骚》、《九歌》、《天问》、《九章》、《远游》、《卜居》、《渔父》、《招魂》，宋玉的《九辩》，景差的《大招》，贾谊的《惜誓》，淮南小山的《招隐士》，东方朔的《七谏》，严忌的《哀时命》，王褒的《九怀》，刘向的《九叹》等16篇诗歌，合为一编，取名为《楚辞》。于是，《楚辞》又成了仅后于《诗三百篇》的一部古代诗集。东汉王逸又为《楚辞》作《章句》，并附入己作《九思》，全书遂成17卷，成为现在流传的本子。

因屈原的《离骚》为《楚辞》的代表作，故也称这种诗体为“骚体”。它在形式上突破了《诗经》的四言体，以其自由舒展的语句，丰富了中国诗歌的表现力。屈原作为《楚辞》的主要作者，写出了诸如《离骚》这样辉煌的诗篇。屈原在诗中直抒胸臆，驰骋高远，使《离骚》成为我国最早的一首长篇抒情诗，屈原自己也由此成为中国历史上第一个抒发个人激情的伟大的浪漫主义诗人。

《楚辞》和《诗经》以其巨大的艺术魅力被人们并称为“风骚”，构成中国诗歌发展史上的两大源头，对后世文学影响十分深远。

◎《世说新语》的文学成就

《世说新语》是南北朝时期的一部记述东汉末年至东晋时豪门贵族和官僚士

大夫的言谈逸事的书。编撰者是南朝宋临川王刘义庆，南朝梁刘孝标为其作注。

全书原为八卷，刘孝标注本分为十卷，今传本皆作三卷，分为德行、言语、政事、文学等三十六门，每门收有若干则故事，共一千二百多则，每则文字长短不一。记述了自汉末到刘宋时名士贵族的逸闻轶事，主要为有关人物评论、清谈玄言和机智应对的故事，可以说是魏晋风流的一部故事集。

其语言也极具特色，主要特点是高度的准确、简洁，文字清丽，笔调含蓄，用词精当，寥寥几句就表达出比较复杂的情愫，描绘出人物的品性、才能、风范。

比如，在《尤悔篇》里，桓温说："作此寂寂，将为文（晋文帝司马昭）景（晋景帝司马师）所笑。"接着又说："既不能流芳后世，亦不足复遗臭万年耶！"这短短几十个字，就生动地刻画出了那个权臣野心勃勃的心理。此外，书中还运用大量对比、比喻等修辞手法，极富形象性。

关于《世说新语》，鲁迅赞其"记言则玄远冷隽，记行则高简瑰奇"。《世说新语》除了有文学欣赏的价值外，人物事迹、文学典故，也多为后世作者所取材引用，对后来的笔记小说影响极大。后世许多成语便出于此书，如"难兄难弟"、"拾人牙慧"、"咄咄怪事"、"一往情深"，等等。

◎《文心雕龙》，古代文论领域成书的始祖

《文心雕龙》是我国古代文学批评理论巨著，它是古代文论领域成书的始祖。南朝齐、梁时期的文学理论家刘勰撰。"文心"谓"为文之用心"，"雕龙"指精细如雕龙纹般地进行研讨。"文心雕龙"，即文章写作精义。全书共十卷，五十篇，分上下两编，各二十五篇。

《文心雕龙》一书全面而系统地论述了写作上的各种问题，尤为难得的是，对应用写作也多有论评。全书包括总论、文体论、创作论、批评论四个部分。

从《原道》至《辨骚》的五篇，是全书的总论，其核心则是《原道》、《征圣》、《宗经》三篇，要求一切要本之于道，以圣人为师，研究圣人的著作即儒家经典。从《明诗》到《书记》的二十篇，以"论文序笔"为中心，对三十多种文体源流及作家、作品逐一进行研究和评价，是文体论。其中《诸子》、《论说》等篇意义较大。

从《神思》到《物色》的二十篇（《时序》不计在内），以"剖情析采"为中心，重点研究有关创作过程中各个方面的问题，是创作论。《时序》、《才略》、《知音》、《程器》四篇，则主要是文学史论和批评鉴赏论。

中国古代文学理论批评史上的许多问题在这几部分中都有所涉及。而创作论与批评论更是全书的精华所在。这部著作以骈文成体，颇具文采。由于其深远的影响和卓越的理论成就，成为学术界研究的热点，以至研究团队有了"龙学"的美誉。

◎《诗品》是怎样品评诗歌的

《诗品》是一部品评诗歌的文学批评名著。"品"是"品第优劣，区分高下"的意思。《诗品》论述的对象主要是五言诗，大约作于南朝齐中兴二年（502年）至梁天监十二年（513年）前后。

齐梁之际，文学思潮浮靡讹滥，《诗品》之作，正是感于创作与批评两方面的"淆乱"，欲为创作立高标，为批评树标准的。钟嵘仿照班固《汉书·古今人表》和刘歆《七略》的品论方法，把两汉至梁代的诗人分为上、中、下三品，其中上品十一人，中品三十九人，下品七十二人。每品又依时代先后次序排列，一一予以品评。

钟嵘在《诗品》中除了品评之外，还在序中提出了关于诗歌创作的重要理论，即"吟咏情性"。提出诗歌自然和谐的标准、诗的"滋味"说，倡导"直寻"，强调诗的"自然英旨"，反对专事用典，饶有滋味的诗篇在内容和形式上的体现，便是"干之以风力，润之以丹彩"，他的主张为诗歌的健康发展摆正了方向。

此外，对作家作品的风格渊源进行了分析，提出了较为系统的看法。《诗品》的评论言之切切，时能一语中的，为历代所推崇。但言辞颇为尖锐激烈，有些地方有失偏颇；对作家的分品也有不妥之处，如将曹操贬为下品，陶潜、鲍照等抑于中品，等等，都是引起后世非议之处。虽如此，钟嵘的《诗品》对后代的诗话影响仍然十分深远。许多学者将《诗品》和刘勰的《文心雕龙》并称，称它们为文论史上的"双子星座"。

◎《玉台新咏》收录了哪些诗歌

《玉台新咏》是徐陵在南朝梁中叶时选编的一部诗歌总集。书中收录东周至南朝梁代的诗歌，共769首，计有五言诗8卷，歌行1卷，五言四句诗1卷，其中大多为自汉至梁的作品。

据近代人考证，此书系专为梁元帝萧绎的徐妃排忧遣闷而编。本书编纂的宗旨是"选录艳歌"，即主要收男女闺情之作。或写闺怨，或抒弃妇之哀情，虽多脂粉气，然也有些在文学史上有重要影响的情诗，如《古诗为焦仲卿妻作》，虽是情诗，但却有反封建礼教、争取婚姻自由的积极的思想意义。在艺术上，结构严谨，层次清晰，详略得当，语言朴实无华却生动形象。

在编纂体例上，《玉台新咏》有三个特色：首先是按题材或主题归类，其次是对所录作家作品按时间顺序进行编排，最后，它收录了在世人物之作。

总体来说，《玉台新咏》中虽有一些格调不够高尚的作品，但是表现真挚爱情和妇女痛苦的作品也不少，如《上山采蘼芜》、《羽林郎》、《陌上桑》等，都反映了一定的社会现实。这表明了《玉台新咏》所录并非全为艳情诗。

《玉台新咏》所选诗篇又有可资考证、补阙佚的，如所收曹植的《弃妇诗》，庾信的《七夕诗》，为他们的集子所阙的，如班婕妤、鲍令晖、刘令娴等女作家的作品，也依赖此书得以保存和流传。

作为继《诗经》、《楚辞》后的一部具有代表性的诗歌总集，《玉台新咏》保存了大量汉魏六朝的诗歌资料，由于成书较早，对校正其他古书的纰漏也有一定的参考价值。

◎《文选》，我国现存最早的诗文总集

《文选》是我国现存最早的一部诗文总集，由南朝梁武帝的长子萧统组织文人共同编选。萧统死后谥“昭明”，所以，他主编的这部文选称作《昭明文选》。

《文选》是应运而生的。据《隋书·经籍志》记载，自晋至隋，诗文总集共有二百四十九部，早于《文选》的有挚虞的《文章流别集》、李充的《翰林论》、刘义庆的《集林》等，但它们均已亡佚。因而《文选》就成为所能见到的最早的也是影响最大的诗文总集。

据《梁书·昭明太子传》记载，萧统生而聪睿，5岁即遍读《五经》。长大后被立为皇太子，其东宫藏书3万卷，引纳文士，相与商榷吟和，一时名才并集。后未及即位而卒，谥“昭明”，世称“昭明太子”。

萧统博览典籍，雅好文学，信佛能文。鉴于文学作品数量众多，他认为有必要进行品鉴别裁、芟繁剪芜，遂与门下文士编成《文选》。

《文选》共收录作家一百三十位，上起子夏（《文选》所署《毛诗序》的作者）、屈原，下到去世于526年的陆倕。编排“凡次文之体，各以汇聚”，先以体裁分类，再按时间先后排序。大致划分为赋、诗、杂文3大类，又分列赋、诗、骚、诏、册、令等38小类。其中以楚辞、汉赋和六朝骈文占有相当比重，诗歌则多选对偶严谨的颜延之、谢灵运等人作品。

全书的分类，体现了萧统对古代文学发展、尤其是对文体分类及源流的理论观点，反映了文体辨析在当时已经进入了非常细致的阶段。但由于分类过于碎杂，因而也遭到后世一些学者如章学诚、俞樾等人的批评。

隋、唐以来，开始有了“文选学”这一名称。当时，“文选学”与“五经”并驾齐驱，盛极一时，凡士子必须精通《文选》。时至北宋年间，民间尚传谣曰：文选烂、秀才半。宋代有“文章祖宗”之说。延至元、明、清，有关《文选》的研究亦未尝中辍，是今人研究梁以前文学的重要参考资料。

◎《搜神记》，我国现存最早的笔记志怪小说集

《搜神记》是我国现存最早的笔记体志怪小说集，可谓是灵怪之祖。晋干宝撰，《隋书·经籍志》著录为30卷，今本凡20卷，系后人缀辑增益而成。

干宝（283—351），字令升，新蔡人。初为著作郎，以平杜瞍功，封关内侯，是一个有神论者，他在《自序》中称：“及其著述，亦足以发明神道之不诬也。”就是想通过搜集前人著述及传说故事，证明鬼神确实存在。

《搜神记》内容十分丰富，其中保留

了相当一部分西汉传下来的历史神话传说和魏晋时期的民间故事，主角有鬼，也有妖怪和神仙，杂糅佛道。大多篇幅短小，情节简单，设想奇幻，极富浪漫主义色彩。

《搜神记》对后世影响深远，如关汉卿的《窦娥冤》，蒲松龄的《聊斋志异》，神话戏《天仙配》等许多传奇、小说、戏曲，都和它有着密切的联系。

◎《乐府诗集》是怎样收录乐府诗的

《乐府诗集》是上古至唐五代乐章和歌谣的总集，宋人郭茂倩编。郭茂倩生平不详。此书现存一百卷，主要辑录汉魏到唐、五代的乐府歌辞兼及先秦至唐末的歌谣，共五千多首。

《乐府诗集》搜集广泛，各类有总序，每曲有题解，作者在题解中写道："征引浩博，援据精番，宋以来考乐府者无能出其范围。"另外，题解还对乐曲的起源、性质、演唱配器等均有详尽说明。它是继《诗经·风》之后一部总括我国古代乐府歌辞的著名诗歌总集。

《乐府诗集》把乐府诗分为郊庙歌辞、燕射歌辞、鼓吹曲辞、横吹曲辞、相和歌辞、清商曲辞、舞曲歌辞、琴曲歌辞、杂曲歌辞、近代曲辞、杂歌谣辞和新乐府辞等十二大类；其中又分若干小类。它所收录的诗歌多数为优秀的民歌和文人以乐府旧题为题所作的诗歌，对今天的研究者了解乐府歌诗源流有着重大意义。

《乐府诗集》中保存了不少业已失传的著作中的一些珍贵史料，对文学史和音乐史的研究均有重要的参考价值。但《乐府诗集》也存在着缺点，比如把某些文人诗列入乐府题目之中；由于它重在曲调，因此，所录歌辞往往和关于曲调的叙述不太一致；此外，在分类上也不是很科学。

◎《容斋随笔》是怎样的一部笔记小说

《容斋随笔》是南宋史学家洪迈写的一部笔记小说。洪迈（1123—1202），字景庐，鄱阳（今江西鄱阳）人。曾为翰林学士，龙图阁学士。他涉猎经史，考阅典故，著作甚多。

《容斋随笔》是洪迈花四十年光阴写出的不朽名著，又称《容斋五笔》，因为该书包括5部分：《随笔》、《续笔》、《三笔》、《四笔》、《五笔》，文字总量达50万字。

《容斋随笔》之所以被称为"随笔"，是因为洪迈读书每有心得，便随手记录下来，历数十年的集腋成裘而撰写成书。《容斋随笔》内容博大精深，涉及领域极为广泛，自经史百家、文学艺术、人物评价到历代典章制度、医卜星历、掌故志怪等，无不有所论说，而且其考证辨析之确切，议论评价之精当，皆高人一筹。各篇短小精悍、多姿多彩，可读性极强。

宋代的笔记体著作数以百计，洪迈的《容斋随笔》堪称同类作品中的佼佼者。《四库全书总目提要》推《容斋随笔》为南宋笔记小说之冠，甚至有人赞誉此书是补《资治通鉴》之不足、集中国数千年历史文化之精粹的珍品。

◎《菜根谭》，一部论述为人处世之道的语录体文集

《菜根谭》是明代还初道人洪应明所著的一部论述修养、人生、处世、出世的语录体文集，该书之所以名《菜根谭》，据说是作者把菜味比作世味，认为种菜的人只有厚培菜根才会有味，也有人认为是“咬得菜根则百事可为”。

《菜根谭》成书于明万历年间，而真正流传于世则是在清乾隆时期。清乾隆五十九年，遂初堂主人游古刹时，在残卷弃书中拾到一本明代洪应明著的《菜根谭》。通读之后，他深感此书关于性命之学，令人警醒，于是校正付印，公之于世。

《菜根谭》由上下两卷和《菜根谭续遗》三部分组成，共536条。该书将儒家的中庸、道家的无为、佛家的出世和作者自身生活的体验熔于一炉，形成了一套出世入世的法则，表现了中国古人对人性、人生和人际关系的独到见解。

《菜根谭》采用语录体，书中不乏嘉言格论，深入浅出，发人深省，是一部有益于人们陶冶情操，磨炼意志，奋发向上的通俗读物，是中国历史上有关修身养性的不可多得的经典著作。

◎《花间集》是怎样收录词作的

《花间集》是我国文学史上第一部文人词部集，五代后蜀人赵崇祚编辑。集中搜录晚唐至五代十八位词人的作品，共五百首，分十卷。

十八位词人，除温庭筠、皇甫松、和凝三位与蜀无关外，其余十五位都曾活跃于五代十国之一的西蜀。他们是韦庄、薛昭蕴、牛峤、张泌、毛文锡、顾复、牛希济、欧阳炯、孙光宪、魏承班、鹿虔扆、阎选、尹鹗、毛熙震、李珣。这批西蜀词人刻意模仿温庭筠艳丽香软的词风，以描绘闺中妇女日常生活情态为特点，互相唱和，形成了花间词派。

填词风气，在晚唐、五代时期已十分普遍。唐代文人为避乱纷纷入蜀，填词风气也由中原带入西蜀。因此《花间集》中词作多才子佳人眉眼传情，当筵唱歌，辞藻极尽软媚香艳之能事。但也有一部分作品除外，如鹿虔扆的《临江仙》抒写的是“暗伤亡国”之情。

《花间集》在词史上是一块里程碑，标志着词体已正式登上文坛，也确立了宋以来“词为艳科”的词学传统。

◎《沧浪诗话》，最负盛名的诗话著作

《沧浪诗话》是一部诗歌理论著作，是宋代最负盛名、对后世影响最大的一部诗话。作者严羽，南宋人，字丹丘，一字仪卿，自号沧浪逋客，《沧浪诗话》之名就因

其号而来。

《沧浪诗话》分为五部分:《诗辨》、《诗体》、《诗法》、《诗评》和《考证》,另附《答吴景仙书》一文。是一部以禅喻诗,论述古今诗歌艺术风格与创作的诗歌理论著作。

该书基本的观点是:“学诗者以识为主”,“识”的内涵就是当时人常用的“禅”和“悟”,由有“识”而得“悟”,又由妙悟而通禅道,以达到“言有尽而意无穷”的境界。

严羽反对当时以才学、议论、文字写诗的弊病,以为诗歌创作需要特殊的才能,诗歌本身具有特殊的趣味,和才学、议论没有必然的关系。他推崇汉魏、盛唐诗歌,以为汉魏诗歌语言、理趣、意兴都结合得非常完美;唐诗既有意兴而且还有理趣。

《沧浪诗话》全书系统性、理论性较强,对诗歌的形象思维特征和艺术性方面作了探讨,对中国古代诗歌的发展有一定贡献。但其脱离生活和某些唯心色彩的弊病,对后世也有不良影响。

◎《太平广记》,一部大型的文言小说总集

《太平广记》是一部大型文言小说总集,中国北宋四大部书(《册府元龟》、《文苑英华》、《太平广记》、《太平御览》)之一,由李昉、扈蒙、李穆等奉宋太宗之命编纂。因为它编成于太平兴国三年(978年),所以定名为《太平广记》。全书五百卷,目录十卷,取材于汉代至宋初的野史小说及释藏、道经等和以小说家为主的杂著,属于类书。

书中最值得重视的是杂传记九卷,《李娃传》、《柳氏传》、《无双传》、《霍小玉传》、《莺莺传》等传奇名篇,多数仅见于本书。还有收入器玩类的《古镜记》,收入鬼类的《李章武传》,收入神魂类的《离魂记》,收入龙类的《柳毅传》,收入狐类的《任氏传》,收入昆虫类的《南柯太守传》等,也都是同类作品中现存最早的本子。

《太平广记》引书较广,有些篇幅较小的书几乎全部收录,失传的书可据以辑集,有传本的书也可据其异文互校。书中引文比较完整,分类较细,也便于按题材索检资料。

《太平广记》对于后世文学的影响很大。宋代以后,唐人小说单行本已逐渐散佚,话本、杂剧、诸宫调等多从《太平广记》一书中选取题材,转引故事,加以敷演;说话人常以“幼习《太平广记》”为标榜。

◎《唐诗三百首》的选诗标准是什么

《唐诗三百首》是一部辑录唐代诗歌的选集。编者是清代乾隆年间的蘅塘退士孙洙,字临西,江苏无锡人。孙洙有感于《千家诗》选诗标准不严,体裁不备,体例不一,希望以新的选本取而代之,成为合适的、流传不废的家塾课本。故成《唐诗三百首》。

《唐诗三百首》共六卷，或作八卷。选入唐代诗人七十七位，计三百一十首诗，其中五言古诗三十三首，乐府四十六首，七言古诗二十八首，七言律诗五十首，五言绝句二十九首，七言绝句五十一首，诸诗配有注释和评点。

选诗标准是“因专就唐诗中脍炙人口之作，择其尤要者”。既好又易诵，以体裁为经，以时间为纬。书中所收作者中，包括帝王、士大夫、僧、歌女、无名氏等，但大多数是唐代重要诗人，并重点突出了杜甫、王维、李白、李商隐等人，其内容大致反映了唐代的社会生活和诗歌风貌。

◎《全唐文》，唐五代文的总集

《全唐文》，为唐五代文总集。清人董诰等编，成书于嘉庆十九年（1814年），当时曾设“全唐文馆”，由董诰任总裁，阮元、徐松、陈鸿犀等参与编选，编校者有100多人。

此书共一千卷，共收文章18488篇，作者3042人。编次以唐及五代诸帝居首，其次是后妃、诸王、公主；再次为各朝作者，释道、闺秀、宦官、四裔附编书末。每人之下皆附有小传，简明扼要。

此书以清内府所藏旧抄本《唐文》为底本，并采辑《四库全书》、《永乐大典》、《文苑英华》等书编纂而成。搜罗宏富，卷帙浩繁，较为全面地反映了唐五代文的成就。但该书在编纂、考订上还有不少缺点，包括文章漏收、误收、重出，作者弄错，题目和正文的讹脱，小传记事不确，采用的书不注出处，等等。

◎《全宋词》，收录齐备的宋词总集

《全宋词》是一部宋词总集，由今人唐圭璋编。全书共辑两宋词人1330余家，词作19900余首，残篇530余首。

《全宋词》采录广泛、搜求务尽，举凡宋人文集所附、词选所选、笔记所载，以及类书、方志、金石、题跋、花木谱等书中所载之词，俱一并采录，即使断句零章，也予以摭拾。上继《全唐诗》中的五代词，下迄宋亡。凡唐五代词人入宋者，俱以为唐五代人；凡宋亡时年满20者，俱以为宋人，仅入元仕为高官如赵孟頫等人除外。体例上按词人年代先后排列，不再按“帝王”、“宗室”等分类排列。同时，每一作者均附以小传。

《全宋词》收录齐备，考订较为精审，改正了不少前人承谬踵误之处，为研究宋词的重要参考书。但此书仍没有囊括全部宋词。今人孔凡礼从明抄本《诗渊》及其他书中辑录遗佚，编为《全宋词补辑》，收录词人140余人（其中41人，已见《全宋词》），词作430余首。

◎《西厢记》，曲词警人的言情传奇小说

《西厢记》全名《崔莺莺待月西厢记》，是元代著名杂剧作家王实甫所作的杂剧作品，也是一部优美动人的言情传奇小说。王实甫，大都（今北京）人，他一生

写作了14种剧本，《西厢记》是其代表作。这个剧一上舞台就惊倒四座，博得男女青年的喜爱，被誉为“西厢记天下夺魁”。

《西厢记》的故事，最早起源于唐代元稹的传奇小说《莺莺传》，而董解元的《西厢记诸宫调》则是王实甫创作的《西厢记》的直接蓝本。全剧五本二十一折，突破了一剧四折的体例，在杂剧创作史上是一个创新。

《西厢记》叙述书生张珙与同时寓居在普救寺的已故相国之女崔莺莺相爱，在婢女红娘的帮助下，两人在西厢约会，莺莺终于以身相许。后来张珙赴京应试，得了高官，归来求亲，有情人终成眷属。

剧本反封建倾向鲜明，突出了“愿普天下有情人都成眷属”的主题思想。在艺术上，剧本通过错综复杂的戏剧冲突，来完成莺莺、张生、红娘等艺术形象的塑造，使人物的性格特征生动鲜明，加强了作品的戏剧性。

《西厢记》的曲词华艳优美，富于诗的意境，可以说每支曲子都是一首美妙的抒情诗。曹雪芹在《红楼梦》中，通过林黛玉的口，称赞它“曲词警人，余香满口”。

◎《三国演义》，我国第一部长篇章回体小说

《三国演义》是中国古代第一部长篇章回体小说，是历史演义小说的经典之作。由明代小说家罗贯中以三国的历史和杂记为背景，在广泛汲取民间传说和民间艺人创作成果的基础上，加工再创作而成。

《三国演义》描写的是从东汉末年到西晋初年之间近一百年的历史风云。全书反映了三国时代的政治军事斗争，反映了三国时代各类社会矛盾的渗透与转化，概括了这一时代的历史巨变，塑造了一批叱咤风云的英雄人物。

在对三国历史的把握上，作者表现出明显的拥刘反曹倾向，以刘备集团作为描写的中心，对刘备集团的主要人物加以歌颂，对曹操则极力揭露鞭挞。尊刘反曹是民间传说的主要倾向，在罗贯中时代隐含着人民拥护明君、憎恶暴君的普遍愿望。

《三国演义》通过记叙惊心动魄的军事和政治斗争，运用夸张、对比、烘托、渲染等艺术手法，成功地塑造了一批鲜明丰满的人物形象。全书写了四百多个人物，其中家喻户晓的就有几十个，而曹操、诸葛亮、关羽等形象最为出色。通过对不同人物的塑造，在一定程度上反映了人民群众的爱憎感情、道德观念和理想愿望。

小说还表现了忠、孝、节、义等封建伦理观念及迷信思想。此外，小说情节曲折生动，引人入胜；艺术结构既宏伟而又严密；小说的语言“文不甚深，言不甚俗”，具有独特的风格，是历史演义小说的典范。

◎《水浒传》，我国第一部古典长篇白话小说

《水浒传》又名《忠义水浒传》、《江湖豪客传》，是我国第一部古典长篇白话小

说，作于元末明初。关于作者历来有争议，一般认为是施耐庵所著，一说施耐庵作、罗贯中编辑。现在一般认可前一种说法。

《水浒传》插图

《水浒传》取材自发生于北宋末年宋徽宗宣和年间（1119~1126年）的宋江起义的故事。宋江起义因声势极盛，在民间产生许多奇闻异说，流传中不断得到无名作者的加工增饰。施耐庵就是在长期以来的民间传说、民间说话艺术和元杂剧水浒戏的基础上加工写定成书的。

全书以农民起义的发生、发展过程为主线，通过各个英雄被逼上梁山的不同经历，描写出他们由个体觉醒到走上小规模联合反抗，到发展为强大的农民起义队伍的全过程，表现了“官逼民反”这一封建时代农民起义的必然规律，塑造了农民起义领袖的群体形象，深刻反映出北宋末年的政治状况和社会矛盾。

作者站在被压迫者一边，歌颂了农民起义领袖们劫富济贫、除暴安良的正义行为，肯定了他们敢于造反、敢于斗争的革命精神。

作为中国古代优秀的长篇小说，《水浒传》有着高度的艺术表现力、生动丰富的文学语言、引人入胜的故事及众多鲜活生动的人物形象。比如，在故事情节上，它起伏跌宕，变化莫测，“拳打镇关西”、“智取生辰纲”、“武松打虎”、“血溅鸳鸯楼”、“江州劫法场”、“三打祝家庄”等情节家喻户晓。

小说对人物的塑造更是可圈可点。如写武松、林冲、卢俊义三人，他们武艺高强，都是梁山泊的头等好汉。三人都受过官府的陷害，被充军发配，但三人的表现却迥然不同。

林冲、卢俊义在充军的路上受差人任意摆布，忍气吞声，又都是受骗被捆在树上低头受死。武松则相反。第一次充军孟州，一路上是两个差人服侍他。二次充军恩州，押解他的两个差人被人收买，再加上蒋门神的两个徒弟，合谋在半路上害死他，结果都被他轻而易举地收拾了。他还不解恨，一气奔回孟州，又杀了张都监、张团练和蒋门神等人。

三人的不同是因为，林冲和卢俊义，一个是八十万禁军教头，一个是北京首富，有身份有地位有家室，只是不幸遭受冤枉，遂一心盼着刑期满后能重振雄风。因抱存幻想，故而在公人面前一忍再忍。而武松无家室之累，久走江湖，因此性情强悍，无所畏惧，加上他不断被人暗算，所以有强烈的报复之心。

除了上述三人外，小说中其他人物的

塑造也各有特色，如鲁智深的粗中有细，李逵的憨直、刚强等。由于内涵深刻，对人物的刻画又成功到位，《水浒传》顺理成章地有了摄人心魄的强大力量。

◎《西游记》，艺术成就最高的古典神魔小说

《西游记》是一部古典神魔小说，为中国“四大名著”之一，著者吴承恩，写于明代中叶，是在民间流传的唐僧取经故事的基础上，经过丰富的想象而创作的神话小说，在世界文学史上，它也是浪漫主义的杰作。

《西游记》的出现，开辟了神魔长篇章回小说的新门类，是一部思想性和艺术性都臻于一流的伟大作品，其善意的嘲笑、辛辣的讽刺和严肃的批判巧妙结合的特点直接影响着讽刺小说的发展。同时，它也是明代神魔小说的代表作。

《西游记》最值得称道的是孙悟空、猪八戒和唐僧这三个艺术形象的成功塑造。

孙悟空和猪八戒两个形象，既表现出了动物本身的特点，又有人类的思维感情，而这二者又达到了和谐的统一。在动物的特点上，孙悟空尖嘴缩腮，轻便灵活，活泼好动，聪敏机智；猪八戒则肥头大耳，行动笨拙，好吃懒做，反应迟钝。而在人性上，孙悟空不怕困难、积极乐观、见义勇为，对师傅更是忠心耿耿；猪八戒心地善良，但却有见异思迁、安于现状、贪图美色、贪小便宜的毛病。两个形象的对比更加突出了其各自的特征。

而对唐僧形象的塑造，既歌颂了人的善良、执着的品格，又讽刺了那些恪守宗教信条和封建礼教，迂腐顽固、轻信谗言、颠倒是非的人。这也是《西游记》与以往传统取经故事的不同。

除了人物的成功塑造外，《西游记》中还大胆创造了神奇绚丽的神话世界，上到天宫，下到龙王府，描绘出令人神往的广阔世界，外加风情各异的异域风光，极具浪漫主义色彩。

在中国文学史上，《西游记》无疑是一部艺术成就最高的神魔小说。

◎《红楼梦》为何被列为“古典四大名著”之首

《红楼梦》是成书于清代乾隆年间的一部章回体古典长篇小说，曾用名有《石头记》、《情僧录》、《风月宝鉴》、《金陵十二钗》。作者曹雪芹。

《红楼梦》是一部中国封建社会末期的百科全书，蕴含着一个时代的历史容量。小说以贾、林的爱情悲剧及贾、薛的婚姻悲剧为经线，纵向剖析了造成悲剧的深刻社会根源；同时，以贾府的兴衰为纬线，通过贾、王、史、薛四大家族间卫道者与叛逆者之间的矛盾冲突，横向展示了由众多人物构成的广阔的社会生活环境，囊括了多姿多彩的世俗人情。

《红楼梦》之所以成为“中国小说文学难以征服的顶峰”，不仅仅是因为它具有很高的思想价值，还在于它非凡的艺术

成就。《红楼梦》完全打破了传统小说的单线结构，它以贾宝玉为中心人物，以贾与林、薛的爱情婚姻纠葛为贯穿线索，但是又把这中心人物和事件放进错综复杂的环境中，与生活环境中的各种线索齐头并进，它展现的各种情节就像现实生活那样，是多层次、全方位的，使读者更易融入其中。

《红楼梦》插图

由曹雪芹“披阅十载，增删五次”的《红楼梦》被认为是“中国四大名著”之首，并在现代产生了一门以研究红楼梦为主题的学科“红学”。《红楼梦》的艺术成就，以及作者展现的对烹调、医药、诗词、绘画、建筑、戏曲的丰富知识和精到见解，都得到了举世的公认。

◎《窦娥冤》，我国古代悲剧的代表作

《窦娥冤》，全名《感天动地窦娥冤》，元代杂剧作品，刊行于明万历十年，是关汉卿的代表作，也是我国古代悲剧的代表作。

《窦娥冤》全剧为四折一楔子，它的故事源于《列女传》中的《东海孝妇》及《太平御览》中邹衍下狱的故事。

剧情是楚州贫儒窦天章因无钱进京赶考，无奈之下将幼女窦娥卖给蔡婆家为童养媳。窦娥婚后丈夫去世，婆媳相依为命。蔡婆外出讨债，被赛卢医骗到郊外，企图谋害，恰遇张驴儿父子相救，并胁迫她们婆媳嫁给他父子二人。在遭到窦娥的坚拒后，张驴儿便想毒死蔡婆以要挟窦娥，不料意外害死其父。

张驴儿诬告窦娥杀人，官府严刑逼讯婆媳二人，窦娥为救蔡婆屈打成招，自认杀人，被判斩刑。在临刑之时，窦娥指天发下三条誓愿：一要在刀过头落后，颈血飞溅丈二白练之上；二要六月降雪，掩盖她的尸体；三要当地大旱三年。后来果然全都应验。三年后，其父窦天章任廉访使至楚州，见窦娥鬼魂出现，于是重审此案，使窦娥冤情终得昭雪。

作品成功地塑造了窦娥这个悲剧主人公形象，使其成为元代被压迫、被剥削、被损害的妇女的代表，成为元代社会底层善良、坚强进而走向反抗的妇女的典型。

◎《长生殿》寄托了作者什么理想

《长生殿》是清初剧作家洪昇（1645—1704）所作的剧本，是一部传奇作品，初名《沉香亭》，继称《舞霓裳》，最

后定名为《长生殿》。

剧情取材于唐代诗人白居易的长诗《长恨歌》和元代剧作家白朴的剧作《梧桐雨》。全剧五十出。

剧本讲的是唐玄宗和贵妃杨玉环之间的爱情故事。唐玄宗继位以来，寄情声色，宠幸贵妃杨玉环，终日游乐，不理朝政，朝中大权由杨贵妃的哥哥杨国忠把持。

七月七日，杨贵妃与唐明皇在长生殿上情意绵绵，密誓永不分离。不久，安禄山因与杨国忠争权，发兵叛乱。闻得兵变，唐玄宗和随行官员仓皇逃离长安。在四川马嵬坡，军士哗变，要求处死罪魁祸首杨国忠和杨玉环。唐玄宗无奈，令杨玉环上吊自尽。

安禄山叛乱平息后，唐明皇日夜思念杨贵妃。后来，道士杨通幽运用法术架起一座仙桥，让唐明皇飞升到月宫，与杨贵妃相会，实现了他们在长生殿上立下的"生生死死共为夫妻"的盟誓。

《长生殿》重点描写了唐朝天宝年间皇帝昏庸、政治腐败给国家带来的巨大灾难，导致王朝几乎覆灭。剧本虽然谴责了唐玄宗的穷奢极侈，但同时又表现了对唐玄宗和杨玉环之间的爱情的同情，间接表达了对明朝统治的同情，还寄托了对美好爱情的理想。

这部剧本以宫廷生活为主线，穿插社会政治的演变，情节跌宕起伏，加之人物唱腔丰富，因此一经演出，立刻引起轰动。京城中几乎家家能唱其中的唱段。另外值得一提的是，剧作家洪昇因《长生殿》而成名，也因《长生殿》被革职回乡，结果酒醉落水而亡。

◎《桃花扇》抒发了作者何种情怀

《桃花扇》是清初作家孔尚任经十余年苦心经营，三易其稿写出的一部传奇剧本，在清圣祖康熙三十八年完成。

全剧共有四十出，分上下两卷。该剧通过明末复社文人侯方域与秦淮名妓李香君的爱情故事来展现南明一代的兴亡，抒发了对末世王朝的无奈情怀。

剧中，侯方域逃难到南京，结识了秦淮名妓李香君。两人陷入爱河，订下了婚约。当时，阉党余孽阮大铖有意结交复社，拉拢侯方域，于是暗送妆奁，资助侯方域。李香君知晓后坚决退回。

阮大铖怀恨在心，弘光皇帝即位后起用阮大铖，他趁机陷害侯方域，迫使其投奔史可法，并强将李香君许配他人。李香君坚决不从，欲自尽未遂，血溅诗扇。侯方域的朋友杨龙友，利用血点在扇上画出一树桃花。南明灭亡后，李香君入山出家。几经波折后，侯方域逃回寻找李香君，二人撕破桃花扇，出家遁入空门。

全剧在一派悲歌声中结束。《桃花扇》以侯方域、李香君的爱情故事为线索，利用真人真事和大量文献资料，形象而深刻地揭示了明末腐朽、动乱的社会现实，谴责了南明王朝昏王当朝，权奸掌柄，争权夺利，置国家危亡于不顾的腐朽政治。

《桃花扇》的艺术成就，主要表现在人物塑造和艺术结构上。在人物安排上，经过精心构思，形成了一个完整的形象体系。全剧以侯、李爱情为线索，组织多方面的社会矛盾，结构严整紧凑。曲辞亦流畅优美，富于文采而又适合于舞台表演。

◎《牡丹亭》为何能在昆曲舞台上长盛不衰

《牡丹亭》全名《牡丹亭还魂记》，也称《还魂梦》或《牡丹亭梦》。作者汤显祖，《牡丹亭》是他创作的“临川四梦”之一。全剧五十五出，据明人小说《杜丽娘慕色还魂》改编而成。

剧中，少女杜丽娘冲破约束，私自游园，在梦中与书生柳梦梅幽会，从此一病不起，怀春而逝。

丽娘的父亲杜宝升官离任，在杜丽娘墓地造了一座梅花观。柳梦梅进京赴试，借宿在观中，正好在园内拾到杜丽娘的自画像，终于和画中人阴灵幽会。

柳梦梅依暗示掘墓开棺，杜丽娘起死回生，两人结成夫妇，同往临安。当时正逢金兵入侵，杜宝在淮安被围，柳梦梅受杜丽娘之托前去禀报还魂喜讯，不料反被杜宝囚禁。敌兵退去，柳梦梅以阶下囚一变而成状元，杜宝拒不承认女儿的婚事，强迫他们离异。纠纷闹到皇帝面前，才得以圆满解决。

《牡丹亭》是我国戏曲史上浪漫主义的杰作，洋溢着追求个人幸福、呼唤个性解放、反对封建制度的浪漫主义理想，感人至深。

《牡丹亭》以文辞典丽著称，曲词兼有北曲泼辣动荡及南词婉转精丽的长处。明吕天成称赞其“惊心动魄，且巧妙迭出，无境不新，真堪千古矣!”《牡丹亭》在昆曲舞台上保持着历久不衰的魅力。

◎《聊斋志异》，蒲松龄的孤愤之作

《聊斋志异》是蒲松龄的代表作，“聊斋”是他的书屋名称，“志”是记述的意思，“异”指奇异的故事。全书共有短篇小说四百九十一篇。题材非常广泛，内容极其丰富。作者称此书是“孤愤”之作，深含“寄托”。

书中写的是一个花妖鬼狐的世界，既有对黑暗的封建社会现实的不满，又有对怀才不遇、仕途难攀的不平；既有对贪官污吏狼狈为奸的鞭笞，又有对勇于反抗，敢于复仇的平民的称赞；而数量最多、质量上乘、写得最美最动人的是那些人与狐妖、人与鬼神以及人与人之间的纯真爱情的篇章。

它成功地塑造了众多的艺术典型，人物形象鲜明生动，故事情节曲折离奇，结构布局严谨巧妙，文笔简练，描写细腻，堪称中国古典短篇小说的一座高峰，在它的影响下产生了一大批效仿之作。

◎《儒林外史》，一幅18世纪中国社会的风俗画

《儒林外史》，清代长篇讽刺小说。作者吴敬梓。原本55回，其最末一回为后人伪作。根据程晋芳《怀人诗》可知，吴敬

梓在49岁时，该书已脱稿，但是直到其死后十多年才由金兆燕刻版问世。该刻本已失传。今通行的是五十六回刻本。

这部小说是我国古代讽刺文学的典范之作，它表面上写明代生活，实际上展示了一幅18世纪中国社会的风俗画。通过描写封建社会后期知识分子及官绅的活动和精神面貌，讽刺了因热衷功名富贵而造成的极端虚伪、恶劣的社会风习，反对科举制度和封建礼教对人性的扭曲。

作者是通过对一批书生及其活动的描述来体现主题的。比如，小说中的范进，是个屡考不中、年已过百的“花白胡须”的老童生，他侥幸中了举人，看到报帖，拍手发笑，跌昏在地，醒后爬起身来边笑边跑出门，原来他欢喜得发了疯。

再如，鲁编修的女儿与蘧公孙成婚后，鲁家小姐见到丈夫专好作诗，偏偏对八股文“不甚在行”，就愁眉苦脸，只好把希望寄托在年仅4岁的儿子身上，每天强迫孩子读书，有时甚至通宵达旦。

读书人神魂颠倒、追逐名利，可真正被科举培养出来的“人才”又是什么样的呢？

小说中一个叫王惠的进士新任南昌知府，一到任就公开打听：“地方人情可还有什么出产？词讼里可也略有些什么通融？”他心中的“崇高信念”是“三年清知府，十万雪花银”。

除受科举制度毒害的读书人外，作者还着力于描写在他周围的各色人物。小说不是一味地愤世嫉俗，在尖刻讽刺的同时，也歌颂了许多正直仁善的人物。通过人物之间的辐射，揭示了社会关系的本质，使《儒林外史》成为一部现实主义的杰作，也是中国叙事文学中讽刺艺术的高峰。同时，也开创了以小说直接评价现实生活的范例，对以后的谴责小说产生了巨大影响。

◎ 一“编”惊人的《古文观止》

《古文观止》，中国历代散文选本，清代吴楚材、吴调侯编选，并经吴兴祚审定。他们本身没有功名，编选《古文观止》的初衷是想为初习写作的人提供一个好的范本。“观止”二字，出自《左氏传》：吴国公子季札云：“观止矣，若有他乐，吾不敢请已。”即观赏到此为止，已尽善尽美。古文选本以“观止”作名，意谓他们的选录内容都是古文精华。

《古文观止》以散文为主，兼取骈文。上起先秦，下迄明末，绝大多数是千古传诵的名篇。收文共222篇，分为12卷。与《文选》以后的古文选本相比，它跨越的时代既广，卷帙又不甚繁，且文章体裁多样，较少偏见，可谓广收博采，繁简适中。

编排上按时代先后分为7个时期，每个时期皆突出重点作家作品。由此可纵观古文发展之源流，也可参照分析作家之不同风格。体例方面不因循前人按文体分类之惯例，而是以时代为经、作家为纬，入选的文章也兼顾思想性和艺术性，语言精练、篇幅短小。

需要说明的是，吴氏叔侄所处的时代，科举盛行。凡是考生都要会写“八股文”。“八股文”在语言、结构、文体等方面都有特殊的要求。故《古文观止》的一个直接目的，就是为当时的学童和其他读书人编撰一本启蒙读物，殊不知一“编”惊人，受到普遍欢迎，两个人借此而名留史册。

◎ “三言二拍”是哪些小说的合集

“三言二拍”不是一部书的名字，而是明代五本著名传奇短篇小说集的合称。

所谓“三言”，即《喻世明言》、《警世通言》、《醒世恒言》的合称，明代冯梦龙编著。“三言”每集40篇，共120篇。这些作品有的是辑录了宋元明以来的旧本，有的是据文言笔记、传奇小说、戏曲、历史故事，乃至社会传闻再创作而成，故“三言”包容了旧本的汇辑和新著的创作，是我国白话短篇小说在说唱艺术的基础上，经过文人的整理加工，进而到文人进行独立创作的开始。“三言”的出现，标志着古代白话短篇小说整理和创作高潮的到来。

在“三言”的影响下，凌濛初编著了《初刻拍案惊奇》和《二刻拍案惊奇》各40卷，人称“二拍”。共收有拟话本小说78种，“取古今来杂碎事可新听睹、佐谈谐者，演而畅之”，可见，基本上都是个人创作。“二拍”善于组织情节，因此，多数篇章有一定的吸引力，语言也较生动。但从总的艺术魅力来说，它比“三言”稍为逊色。

◎ 《全元散曲》，一部元代散曲的总集

《全元散曲》是今人隋树森编的中国元代散曲总集。全书分上、下两册，收入自金代至元末明初散曲家213位，上起元好问，下迄元末明初汤式、谷子敬，此外还包括元代和元末明初的无名氏作品；共收小令3800余首，套曲450余套，包括元代作者的散曲残句断语等。

该书以作家为经辑录作品，编排上大体以作家年代先后为序，每一作家附有小传。对所收散曲作品，于曲尾注明出处。这部作品搜罗详备，作者不但仔细校阅了元、明两代的散曲总集和别集，并且遍阅了曲谱、曲话、文集、词集、词话、道藏及有关材料约一百一十种，尽量网罗、剔抉、校正、比对而成规模。

与此同时，作者还采用《小山乐府》、《笔花集》、《南北词广韵选》、残本《北宫词纪外集》等珍本，加以补充和校勘。对所收散曲，于曲尾注明出处，关于作者、异说、题目差异、字句不同等则附有比较详细的校勘记。因此，此书比较全面地反映了元朝一代散曲创作概况，对于研究元代散曲有重要的参考价值。

◎ 《古文辞类纂》为何被誉为“文章正宗”

《古文辞类纂》是我国古代重要的古文总集，由清代桐城派大家姚鼐编。此书74卷，卷首《序目》略述各类文体的特点和源

流，所选文章以唐宋八大家为主，兼选先秦至清代知名作家的作品约七百篇，分为论辨、序跋、奏议、书说、赠序、诏令、传状、碑志、杂记、箴铭、颂赞、辞赋、哀祭十三类。每类冠以小序，概述各类文体源流。

此书选文谨严，考核细致，是代表桐城派文学观点的一部古文选本，一度颇为流行，被誉为"文章正宗"、"阅此便知为文之门径"，并推荐为"人人必读之书"。清末王先谦、黎庶昌都先后编有《续古文辞类纂》。

◎《太平御览》是怎样的一部综合性类书

《太平御览》是一部综合性类书，北宋四大部书之一。李昉等奉诏编纂。成书于太宗太平兴国年间。因编于"太平兴国"年间，初名《太平总类》，因太宗按日阅览，改题此名。

全书1000卷，分55部，每部之下又分若干子目，共4558类。据书前"图书纲目"所载，引用图书1690种，连同杂书、诗、赋、铭、箴等，引书实用2579种。所引用的古书十之七八已失传，是保存古代佚书最为丰富的类书之一。

此书体例是每条引证都先写书名，次录原文，按时间先后排列。不加己见。所采多为经史百家之言，小说和杂书引得很少。正文作大字，注文作双行小字，附于本句之下，较其他类书更为明晰。

作为按部依类检索古代资料的类书，该书有很高的史料价值。在编纂方面，该书体例时有失当，类目亦有重复，引用书名往往错乱。

◎《永乐大典》，我国古代最大的类书

成书于明代初期的《永乐大典》，是我国古代最大的一部类书，也是我国历史上最大的一部百科全书。全书共22211卷，11915册，总字数达3. 7亿。

永乐元年（1403年）七月，明成祖朱棣命解缙、姚广孝、王景、邹辑等人纂修大型类书，1404年11月编成，朱棣赐名《文献大成》。不久，朱棣发现该书内容多有缺略，失于简单，下令重修，五年十一月（1407年）编纂完成，朱棣赐名《永乐大典》，并亲自作序。

《永乐大典》辑有上古至明初的图书七八千种，包括经、史、子、集、释藏、道经、医药、戏剧、平话、工技、农艺等著作，汇集了当时的天下群书。所辑录书籍，一字不易，悉照原著整部、整篇或整段分别编入，这就更加提高了保存资料的文献价值。

全书编排体例以《洪武正韵》为纲，按韵分列单字。天文、地理、人事、名物、诗文词曲、奇闻异见等，都随字收载，检索非常方便。

这部宏大的《永乐大典》编成后，只缮写了一部，存于皇宫深院中。嘉靖末年，虽抄写成副本，而正本却杳如黄鹤，不知踪迹。副本《永乐大典》清代收藏不善，续有遗失；近代更是被八国联军焚毁、劫掠，现存国家图书馆的只有两百多册。

史学体类

◎ 正史，以帝王本纪为纲的纪传体史书

正史是我国古代史书的一种，指历代以帝王本纪为纲的纪传体史书，我们常说的“二十四史”就都是正史。

正史以帝王本纪为纲

“正史”一名，始见于南朝梁阮孝绪《正史削繁》。到唐修《隋书·经籍志》时才正式设立。《隋书·经籍志》将《史记》、《汉书》等以帝王本纪为纲的纪传体史书列为正史，居史部书之首位。《明史·艺文志》又以纪传、编年二体，并称正史。清乾隆四年（1739年），规定从《史记》到《明史》的24部史书为正史，私家不能擅自增加。1921年，北洋军阀政府又增《新元史》，合称二十五史。

就体裁而言，历代正史均为纪传体史书，以帝王的本纪为纲，以列传为辅，本纪、列传是不可少的内容。此外，志、表则不是所有正史都有。同时，除了《史记》、《南史》、《北史》等为通史外，其余大多为断代史。

就修纂而言，唐以前的正史多为个人所撰，唐及以后的正史则均为官修，只有欧阳修的《新五代史》是私撰。官修正史往往开设史局或史馆，由高官（多为宰相）主持，负责对一些敏感问题定夺、拍板；一般是新朝成立，即开始纂修前代之史；所用资料多为内府的实录等档案资料。

在阶级社会中，由于正史的阶级性，决定了历朝历代的封建统治者在编修历史时，不可能做到实录其事，而必有严格的取舍。因此，对官修正史，我们应该科学对待，要采取辨证的、客观的、历史的、阶级的态度去分析，不能将其简单化、绝对化，甚至神圣化。

◎ 杂史，我国古代私家著述的史书

杂史，史籍类别之一。顾名思义，其收录的内容非常驳杂，不仅形式杂，内容

也杂，简言之，杂史就是我国古代私家著述的史书，是以记载带有掌故性见闻为主的史书。最早创于《隋书·经籍志》，《四库全书》的史部也有杂史一类。

杂史既不同于纪传表志等体例齐全的正史，也不同于关系一朝大政的别史，它是异体杂记，是不受体例拘束的又一种体裁的史书。如先秦两汉时期的史籍《国语》、《战国策》、《逸周书》、《竹书纪年》、《穆天子传》，科技史籍《齐民要术》、《农政全书》、《天工开物》，学术类史籍《宋元学案》、《明儒学案》、《汉学师承记》，传记史籍《高僧传》、《碑传集》，地理方志类史籍《水经注》、《大唐西域记》、《大清一统志》、《四川通志》等，都可归入"杂史"。

其他如笔记、考辨及各种类书、目录书等，也都被收录进"杂史"。"杂史"大多为私家撰述，偶尔也有官修的。其体例没有"正史"严谨，撰述也未必系统。但由于所记大多是作者亲历、亲见或亲闻，所以载有许多第一手资料；又因为所记领域可能比较独特，很少为其他书籍所涉及，所以所载资料往往有其独特性，可以作为史料的补充。

◎ 别史，正史之外最为齐整的史书典籍

别史，史籍类别之一，是官定"正史"之外有体例、系统、组织的史书典籍。别史之名，最早见于南宋陈念孙的《直斋书录解题》。用以著录"上不至于正史，下不至于杂史"之书。

别史是正史之外最为齐整的史书，它与正史的区别主要在于是否受到了官方的认定。比如《旧唐书》和《旧五代史》，在清朝皇帝钦定之前，只能算是别史。别史与杂史的区别主要在于，杂史是私家对琐杂小事的记述，而别史所记则是关系一朝大政的史事，而且有一些也是官修的。

别史的体裁形形色色，有纪传体，如《续汉书》；有编年体，如《资治通鉴》；有典志体，如《通典》、《通志》；有纪事本末体，如《宋史纪事本末》；有实录体，如《明实录》、《清实录》；还有会要体，如《唐会要》、《宋会要》等，种类繁多。由此可见，"别史"无论是从内容，还是从行文体裁，都比"正史"要丰富，其史学价值是很高的。

◎ 专史，专门记载某一学科领域的历史著作

专史为史书分类之一种。指专门记载某一学科或领域的历史著作。包括典章史（如会要）、学术史（如学案）、传记、族谱、经济史、文学史、史学史、军事史、哲学史等，后来其意域逐渐广泛，凡是专记一人或专叙一事的史书，也称专史，如《扬州十日》、《虎门销烟》等皆属专史。

◎ 通史，连续地记述各个时代历史的史书

通史指记载历代史实、贯通古今的历史著作。简言之，就是连贯地记叙各个时

代史实的史书，与只记一个时代的断代史不同。如司马迁的《史记》，记载了上自传说中的黄帝，下至汉武帝时代，历时三千多年的史实；还有司马光的《资治通鉴》，也是著名的通史。

通史有两个重要的特点：一是要求叙述的内容广泛，所有重要事件和研究课题（军事、文化、艺术）涉及内容不深但都要有所涉及；二是要求在叙述中体现历史发展脉络或将线索贯穿其中，给人一种整体的认识。

通史根据不同体例，可分为纪传体通史、编年体通史、纪事本末体通史和典志体通史。

◎ 断代史，记载单一朝代史实的历史著作

断代史指与通史相对的仅记载单一朝代史实的历史著作。

断代史始创于东汉班固所著的《汉书》。《汉书》是我国第一部纪传体断代史，分为12篇纪、8篇表、10篇志、70篇传，共100篇，八十多万字。记事上起汉高祖元年，下至王莽地皇四年，共229年历史。二十五史中除《史记》外均属此体。

编年体和纪事本末体的史书，以朝代为断限的，也属断代史。其中《南史》、《北史》、《五代史》包举数朝，仍然属于断代史的范围。编年体和纪事本末体的史书，以朝代为断限的也属于断代史。今人所著的《秦汉史》、《隋唐史》等都属于断代史范围。

◎ 野史，解读历史的另一种角度

野史，即古代私家撰写的杂史。是一种口语化的称谓，不属于目录学上的标准分类。之所以称“野史”，主要是针对官方钦定的“正史”而言。野史之名始见于《唐书·艺文志》所载《大和野史》，后有宋郑樵《通志》所载的龙衮《江南野史》等。明高儒《百川杂志》始立为一门。

就内容来说，野史多为作者道听途说或耳闻目睹的一些逸闻趣事，文字多涉历史掌故。“野史”并不都是信史，传疑传信，风格有的近于“小说家言”，因此，又有“稗官野史”一称。其为私家撰述，少有忌讳，很多人在“正史”中难得一见的事件，在“野史”中往往可以寻到蛛丝马迹，甚至详细描述，如宋太祖“烛影斧声”之谜，明清两代的“文字狱”，雍正帝的死因等，在“野史”中都有记载，可供后人参考、分析。

相对于“正史”、“别史”的正襟危坐，“野史”能够让人们更多地看到官场、宫闱的秘闻，社会生活的细枝末节，风土人情的变迁及生活中的悲欢离合等，其内容形形色色，不一而足。

“野史”是今人了解过去的一个重要窗口。鲁迅先生就对“野史”非常看重，他甚至认为，要想真正了解中国的历史，就必须多读历代“野史”，对“正史”不能完全听信。简言之，“野史”的价值不菲，它为后世读者提供的是解读历史的另一种

角度。

◎ 纪传体，正史的标准编纂体例

纪传体是以本纪、列传人物为纲、时间为纬的一种史书编纂体例。我国最早的纪传体史书，是西汉司马迁编纂的《史记》。此后历代正史都采用这种体裁。它以人物传记为中心，最主要的部分是本纪和列传，故称“纪传体”。

司马迁著《史记》，将先秦史籍如《禹本纪》、《尚书》、《周谱》、《世家》、《穆天子传》、《帝王诸侯世谱》等所采用的各色体裁熔于一炉，成“本纪”、“表”、“书”、“世家”、“列传”五大部分，记载从三皇五帝至西汉武帝时期的一段通史。

本纪以历代帝王为中心，表为大事年表，书记礼制、官制及经济制度等，世家、列传记各诸侯国以及武帝以前的各类重要历史人物，少数民族，邻近国家的史实，其中世家与列传就占了一百篇。

以后出现的《汉书》、《后汉书》等，基本都沿用了《史记》的体例，《汉书》稍作修改，将“本纪”改称“纪”，“列传”改称“传”，“书”改称“志”，“世家”不录，从而形成了“纪”、“传”、“表”、“志”四位一体的结构，成为后世修“正史”的标准形式。

但纪传体也有其弊端，即“一事而复见数篇，宾主莫辨”，分头叙述人物，历史事件则被分记到人物传之中，存在重复矛盾的缺陷。到南宋，始出现了克服编年、纪传二体缺陷而综合其优点的纪事本末体。

◎ 编年体，我国最早的史书编纂体例

编年体是在春秋战国时由孔子编纂《春秋》时创立的，它是我国存在最早的史书体裁。编年体的体例特点是记事以时间为线索，按年代的顺序叙述每年发生的历史大事，所谓“记事者以事系日，以日系月，以月系时，以时系年”（杜预《春秋经传集解序》），使史实发展的秩序分明。我国上古时代的史书，多数是编年体的，墨子所谓的百国《春秋》，即此类。

西晋初年在汲郡战国古墓中出土的《竹书纪年》和孔子据鲁国史书编纂的《春秋》，是早期编年体史书的代表作。《春秋》以鲁国历史为主干，记载了自鲁隐公元年（公元前722年）至鲁哀公十四年（公元前481年）的史实，是一部编年史。

《春秋》文义晦涩，鲁国人左丘明又作《左传》进行注释，按《春秋》的编年线索，补充叙述《春秋》未详的重要史实，让读者了解《春秋》对历史人物和事件的褒贬含义。

由于《左传》以记史实的始末为重要特点，故又是编年纪事本末体。《春秋》和《左传》问世之后，后代仿效者很多，但独以宋代司马光编纂的《资治通鉴》最为杰出，成为我国现存编年体史书中规模和影响最大的一部。

但编年体也有很大的缺陷，即每年记载各种事件，而把单一事件数年甚至数十年的连续发展顺序割裂开来，所谓“一事

而隔越数卷，首尾难稽”。所以，在编年体盛行不久之后，纪传体随之而出。

◎ 纪事本末体，完整叙述历史事件的史学体裁

纪事本末体主要是相对于编年体而言的。始创者为宋代的袁枢及其《通鉴纪事本末》。它以事为经，由本至末，原原本本、前后连贯地记事，故称“纪事本末体”。

司马光《资治通鉴》问世后，受到普遍欢迎。南宋人袁枢喜读此书，但又苦其浩博，一件事往往“隔越数卷，首尾难稽”，“事之本末”难以全窥。于是，袁枢突发奇想，将《资治通鉴》按年记载之事，摘抄在一起，自成一个单元，这样就将编年体的《资治通鉴》改编为以239个事件为中心的《通鉴纪事本末》。如秦灭六国、豪杰亡秦、高帝灭楚、三家分晋、匈奴和亲等，各事件均从始至终，连贯而有条理。

袁枢的《通鉴纪事本末》面世后，不意竟广受欢迎。随之，仿其体例的史书也不断涌现，蔚为大观，差不多覆盖了整个中国古代史，诸如明陈邦瞻的《宋史纪事本末》、清谷应泰的《明史纪事本末》、李有棠的《辽史纪事本末》、《金史纪事本末》等。

纪事本末体能完整地再现历史事件，非常适合大众了解历史，所以历来很受欢迎。但这种体裁也有局限，诸如典章制度等很难用它来表述。

◎ 典志体，典章制度的专史体裁

典志体，就是以典制为中心，记述历代典章制度及其因革损益。它以分门别类为表述上的特点，曾被称为分类书。典制体史书是从纪传体史书中的“书”、“志”分离而来，发展为独立的体裁的。

典志体发端于纪传体史书中的志以及东汉以后出现的典章制度专史，至唐代杜佑的《通典》完成体裁的创制。

典章制度最早载于史书，如《史记》中有“八书”，即《礼书》、《乐书》、《律书》、《历书》、《天官书》、《封禅书》、《河渠书》、《平准书》，较系统地记述了汉武帝之前历代典章制度的概况。《汉书》中则有“十志”，即《律历志》、《礼乐志》、《刑法志》、《食货志》、《郊祀志》、《天文志》、《五行志》、《地理志》、《沟洫志》、《艺文志》，较之《史记》的记录更加丰富。

东汉以后，与典章制度有关的专史开始出现，如应劭的《汉官仪》、卫宏的《汉旧仪》、丘仲孚的《皇典》、何胤的《政礼》；到了唐代前期，编纂之风一度盛行，典志书籍如雨后春笋，如李林甫的《唐六典》、唐颖的《稽典》、王颜威的《唐典》、李延寿的《太宗政典》、刘秩的《政典》。

中唐时，杜佑以刘知几之子刘秩所著《政典》为基础，扩展成《通典》，从而创制了典志体。《通典》也是我国第一部通史式的典章制度专史。其上起传说中的黄帝，下迄唐代宗，跨越千余年。

元初，马端临撰《文献通考》，共348卷，较《通典》有所增益。《通典》和《文献

通考》都是典制体通史，后人把它们和《通志》合称“三通”。到了清朝乾隆年间，朝廷还特设“三通馆”，组织学者续编“三通”，先后成书《续通典》、《续通志》、《续文献通考》（简称“续三通”）、《清通典》、《清通志》、《清文献通考》（简称“清朝三通”）。原“三通”加上此“六通”再加上民国时刘锦藻的《清朝续文献通考》，我们今天能看到的共有“十通”。

◎ 会要，分门别类记述一代典章制度的史书体裁

会要体是一种分门别类记述一代典章制度的史书体裁。这种体裁创始于唐人苏冕的《会要》，完善于宋人王溥的《唐会要》。它按朝代汇集史事和典章制度，故称“会要”。明清两代的此类史著也称“会典”。

会要体作为典志体史书的一支，以断代史的形式，总结一代法度典章，起到编年、纪传体史书所无法起到的作用。

清代学者俞樾曾指出：“观一人之始终，莫如纪传，而甲与乙不相联系；考一时之治乱，莫如编年，而前与后不相贯穿，于是后人又有会要之作。”他认为，会要体史书“盖编年、纪传外，不可少之书也”。

◎ 实录，记录皇帝在位时史实的资料性史书

实录，是我国古代记载皇帝在位期间重要史实的资料性史书，其体裁也称“实录体”。实录体在梁朝产生，周兴嗣写的记录梁武帝事的《梁皇帝实录》，谢昊写的记录梁元帝事的《梁皇帝实录》，是最早的官修实录。

开始时，“实录”还没有成为皇帝编年事迹的专称，如唐李翱记载其先祖事迹的著作即称《皇祖实录》。随着皇权的增强，“实录”就成为帝王史书的专称了。唐朝开始，宰相亲撰“时政记”，每当新君即位，都要下令让国史馆根据前朝皇帝的起居注、前朝宰相的时政记等材料加以汇总，纂修一部前一朝皇帝的编年史长编，也就是实录。

以后，实录的编制成为定制，宋、辽、金、元、明、清各朝相沿因袭。宋朝修实录特别发达，国家专门设立实录院从事此事，宋各朝实录，现都历历可考。

历朝修撰实录前，一般还撰录日历作为基础，如宋朝还特别设立日历所专司编修日历。日历汇总时政记、起居注及诸司关报，系以日、月，诠次排列，在此基础上，再编成实录。实录修成之后，一般要将草稿全部焚毁，只留下定本，据说这是为了保证参加编修者能排除顾虑，直笔详书而定下的措施。

实录年经月纬，以日系月，以月系年，将重要事件分别归属，内容十分繁复，凡是各种政治设施、军事行动、经济措施、自然灾祥、社会情况等都详细记载，同时对诏令奏议、百司重要案牍，乃至大臣生平事迹也大都选载。

“实录”虽然号称“据实详录”，但中间也常有曲笔讳饰之处，有时随着政治风云的变幻，还可重修过去的实录，将史事

根据当时政治的需要加以删改。但由于它基本根据档案材料编撰，所以史料价值比一般杂史、野史要高，历来为史学家们所重视。

据统计，历代实录共有116部，但绝大多数已亡佚，现存最早的一部完整实录，是唐代韩愈的《顺宗实录》，宋代也仅存《太宗实录》残本。至于整个朝代的实录比较完整地保存到今天的，只有《明实录》和《清实录》。

◎ 方志，记录某一地的综合性百科全书

方志，又叫地方志，是一种系统、全面地记载某一地方地理、政治、经济、社会、文化等方面的综合性著作，因此，方志可看作是有关一地的“百科全书”。此外，专门记载名山大川、城池都邑、寺庙宫观、名胜古迹、风土人情的书籍，也可以归入此类之中。按传统的分类法，此类书籍归史部。

我国方志的发展源远流长，早在《尚书·禹贡》中就有关于方域、山川、土质、物产、贡赋等的记载。著名的先秦古籍《山海经》中则记录了物产、神话、巫术、宗教、古史、医药、民俗、民族、山川、古迹等，内容之丰富，令人叹为观止。这些都已具备方志的特点。

秦汉魏晋南北朝时期是方志的形成阶段，当时，无论是体例还是内容，方志皆属地理书，其称谓亦多为地志、地记。现存第一部比较完整的方志书《越绝书》（相传为东汉袁康所撰），就出现在这个时期。

隋唐两朝，图经盛行，以志、记为名的方志书也发展起来。宋代，以记地为主的方志成为史学的一个分支。至此方志书始体例初备，自成一体。明代的方志又有所发展，数量和种类都有所增加。全国有一统志，各省普遍修总志或通志，省以下的府州县亦各多次修志。此外，还出现了更小行政区划的乡村镇志、里坊志，专门行政（或军事、经济）单位的志书，如卫所志、边关志、盐井志等，也属此类。

清代是编修地方志的全盛时期，不但种类全、数量多，在体例和内容方面也更加充实完备。清末又新出现乡土志。与清代相比，民国时期方志的编纂，规模要小得多，体例多数亦沿袭旧志，不过也出现了一些新的内容，如注意记载农工商业的生产情况和人们的生活面貌，还增加了各种统计图表，等等。

◎ 类书，辑录各门类资料的工具性书籍

类书是我国古代辑录各个门类或某一门类资料的工具性书籍，大体相当于现代的百科全书。由于内容丰富，博采群书，分类编辑而成，所以得名。

类书分若干部（如天文、地理、职官、帝王、服饰等），下设若干子目（如“天”部之下，又细分日、月、星、云、雾、雨、雷等）。每个子目部下都有依次罗列的古书中的各种资料。

我国的类书起源很早，最早的正规类书，是三国时代魏文帝曹丕在延康元年（220年）命王象等人编纂的《皇览》，

分40余部，每部数十篇，共800余万字。此后，编纂类书蔚然成风，如南北朝时的《古今注》（崔豹纂）、《集林》（刘义庆纂）、《四部要略》（萧子良纂）、《类苑》（刘孝标纂）等，可惜多已失传。

唐宋以后，官方编纂类书成为惯例，如著名的“宋四大书”《太平御览》、《太平广记》、《册府元龟》、《文苑英华》。明清两代类书的特点是规模宏大，其中最著名的两部是《永乐大典》和《古今图书集成》，为我国古代类书之最。

值得一提的是，官方编纂类书一般都是在开国之初，这与在政治上拉拢、安抚前朝旧臣有很大关系；士大夫往往有“编书情结”，朝廷则正好将这些影响颇大的饱学之士搜罗在自己身旁，为己所用。

据统计，我国古代类书从三国至清末，见于记载的有600余种，现存的在300种以上。

◎ 丛书，汇辑许多种书而成的书籍

丛书是汇辑许多种书而成的书。“丛”即“汇聚”、“聚集”的意思，丛书即“丛聚之书”。丛书又有“丛刻”、“丛刊”、“丛稿”、“文库”等称谓，而每套丛书又必须有自己的名字。丛书名可以明确标示“丛书”字样，如《四部丛刊》；也可以不明确标示，如《四部备要》。

丛书一般至少要汇辑两种图书，超大型的丛书则有汇辑数千种之多的。丛书中所包含的单种图书旧称“子目”，它必须具有图书的相对完整性。

我国现今发现最早的丛书，是南宋宁宗嘉泰元年（1201年）编刻的《儒学警悟》，收宋人著作六种。

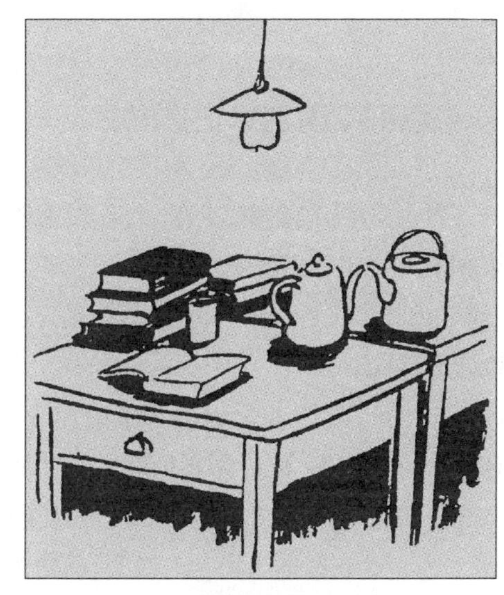

民国汇刻的丛书

编刻丛书在清代最为兴盛，除了官修的《四库全书》外，私家汇刻的各种丛书也极其丰富，专门性的丛书如《十三经注疏》、《宋六十名家词》等；综合性的丛书如《知不足斋丛书》等；以区域划分的丛书如《畿辅丛书》、《安徽丛书》等；以朝代为限的丛书如《汉魏丛书》、《唐宋丛书》等；以个人著作汇编而成的丛书如《船山遗书》、《章氏遗书》等。

到了民国时，汇刻的古籍丛书仍然很多，如《四部丛刊》、《四部备要》、《丛书集成初编》等。

丛书有其绝佳的好处，首先它给学者提供了阅览的方便，另外，使很多古籍善本得以完存。目前，我国尚存的各类古籍丛书有2790多种，历经岁月洗礼，弥足珍贵，为后人研究古典文化提供了宝贵的资源。

史学著作

◎《国语》，国别体记言史书

《国语》为国别体史书，大致成书于战国初年，又称为《春秋外传》，和被称为《春秋内传》的《左传》并列，两书互为表里，互相参证。

《国语》的作者学界多有争论，至今还没有形成定论。相传为春秋时左丘明所撰，现一般认为是先秦史家编纂各国史料而成。所记为当时的人物、事迹以及言论，因为涉及教诲的内容，而且偏重言辞，故称"语"，是所谓的"记言"之书。

全书共21卷，分《周语》、《鲁语》、《齐语》、《晋语》、《郑语》、《楚语》、《吴语》、《越语》等八个部分，《晋语》最多。其所记史事上自西周穆王征犬戎，下至韩、赵、魏三家灭智伯，约五百年的历史，以记言为主，兼以记事，通过上层统治阶级士大夫的言论、辩论来反映历史事件，探讨兴衰治乱之根源。

《国语》的思想比较复杂。它重在纪实，所以表现出来的思想也随所记之人、所记之言不同而各异。如《鲁语》记孔子语则含有儒家思想；《齐语》记管仲语则谈霸术；《越语》写范蠡功成身退，带有道家色彩。《国语》与《左传》、《史记》不同，作者不加"君子曰"或"太史公曰"一类评语，所以作者的主张并不明显，比较客观。

《国语》有较浓重的神秘色彩，遇事求神问卜，由对天命的崇拜，转向对人事的重视，重视人民在江山社稷中的作用；且述事情节多虚构，如骊姬夜半而泣进谗言，显然是作者援情虚构，却成功刻画出一个口蜜腹剑、阴险狠毒的人物形象。

《国语》叙述史论结合，在史学思想上是一个进步，且其记叙涉及边远地区，也记载了诸如经济、制度、风俗等方面的内容，可补《左传》之阕。司马迁写作《史记》时，亦曾大量取材于此书。

◎《左传》是怎样解说《春秋》的

《左传》又名《春秋左氏传》和《左氏春秋》，是解说《春秋》的"三传"之一，也是重要的儒家经典。它使《春秋》的纲目详细化，是一部详赡的编年体史著。

相传《左传》为春秋末年鲁国盲史官左丘明所作，实际上成书于战国中期。该书广泛采录了当时的各种文献，且以左丘明口头叙述的史事为主体，故成书时编订者便以左氏主名。

《左传》的体例是编年纪事体，内容大部分是传注史事，叙述《春秋》经文重要史事的过程，起于鲁隐公元年（前722

年)，终于鲁悼公十四年(前454年)，记录了269年的历史。比较全面地记述了春秋时代各主要诸侯国在政治经济、军事外交和道德文化等方面所发生的重大事件，充分表现了各国之间道德、仁义、诚信、礼仪、智慧、胆识、勇力等方面的较量，气势恢弘，历史人物群星灿烂。

尤其是“社稷无常俸，君臣无常位”的历史观和对于“君义臣行，父慈子孝，兄友弟恭”等由舜所倡导的五教的标榜，都对后世中华民族大一统观念和伦理道德的构建起到了重要作用。

《左传》注本主要是西晋杜预作《春秋经传集解》。唐时孔颖达作《春秋左传正义》，陆德明撰《经典释文》，均采用杜注。

◎《战国策》，记录战国历史最完整的著作

《战国策》是我国古代记载战国时期政治斗争的一部最完整的著作。主要记述了战国时期纵横家的政治主张和策略，展示了战国时代的历史特点和社会风貌，是研究战国历史的重要典籍。

《战国策》最初并不是要编成一部史书，而是要给当时的热门职业——谋臣策士提供一部学习手册，供人揣摩学习。这种手册主要汇编各种书策说辞，而且当时不止一部。到西汉成帝时，刘向依据国别，再略按时间次序，把这些书策说辞编成33篇，共460章。全书共有12国策，即西周、东周、秦、齐、楚、赵、魏、韩、燕、宋、卫、中山策，定名为《战国策》。

《战国策》为叙事体，着重记述战国纵横家的言论和行动，表现他们的才能和辩智，宣扬士人在历史上的作用，开以人物为中心的纪传体之先河，是一部典型的“战国纵横家书”。

《战国策》之秦晋之好

《战国策》有着较高的思想性和文学成就。比如反映了民本思想，一些文章表现出对平民力量的重视，如“赵威后问齐使”把平民的地位放在君位之上，认为“苟无民，何以有君？”同时，还对那些残害百姓、杀戮忠良、荒淫无耻的统治者予以无情的揭露，表现了一定的正义感。

另外，《战国策》记录了许多嘉言善行，虽主要是对某些统治者的规劝，但对后世也有一定的教育意义。还有，对于锐意改革、励精图治的国君，《战国策》给予了充分肯定，如赵武灵王的胡服骑射等。《战国策》的政治观比较进步，最突出的是体现了重视人才的政治思想。

《战国策》的文学成就也非常突出，

该书文辞优美，语言生动，富于雄辩与运筹的机智，描写人物绘声绘色，在我国古典文学史上亦占有重要地位。在中国文学史上，它标志着中国古代散文发展的一个新时期。清初学者陆陇其称《战国策》"其文章之奇足以娱人耳目，而其机变之巧足以坏人之心术"。

◎ 二十四史包括哪些史书

"二十四史"是一套珍贵的历史巨著，具体包括《史记》（汉·司马迁）、《汉书》（汉·班固）、《后汉书》（南朝宋·范晔）、《三国志》（晋·陈寿）、《晋书》（唐·房玄龄等）、《宋书》（南朝梁·沈约）、《南齐书》（南朝梁·萧子显）、《梁书》（唐·姚思廉）、《陈书》（唐·姚思廉）、《魏书》（北齐·魏收）、《北齐书》（唐·李百药）、《周书》（唐·令狐德棻等）、《隋书》（唐·魏征等）、《南史》（唐·李延寿）、《北史》（唐·李延寿）、《旧唐书》（后晋·刘昫等）、《新唐书》（宋·欧阳修、宋祁）、《旧五代史》（宋·薛居正等）、《新五代史》（宋·欧阳修）、《宋史》（元·脱脱等）、《辽史》（元·脱脱等）、《金史》（元·脱脱等）、《元史》（明·宋濂等）、《明史》（清·张廷玉等）。

"二十四史"上起传说中的黄帝（前2550年），下止于明朝崇祯十七年（1644年），计2213卷，约4000万字，用统一的本纪、列传的纪传体编写。可以说是我国古代一部比较完整、系统的"编年大史"。

"二十四史"称法有其形成的历史。三国时社会上已有"三史"之称。"三史"通常是指《史记》、《汉书》和东汉刘珍等写的《东观汉记》。《后汉书》出现后，取代了《东观汉记》，被列为"三史"之一。"三史"加上《三国志》，称为"前四史"。

历史上还有"十史"之称，它是记载三国、晋朝、宋、齐、梁、陈、北魏、北齐、北周、隋朝等十个王朝的史书的合称。后来又出现了"十三代史"，"十三代史"包括了《史记》、《汉书》、《后汉书》和"十史"。

到了宋代，在"十三史"的基础上，加入《南史》、《北史》、《新唐书》、《新五代史》，形成了"十七史"。明代又增以《宋史》、《辽史》、《金史》、《元史》，合称"二十一史"。清朝乾隆初年，刊行《明史》，加先前各史，总名"二十二史"。后来又增加了《旧唐书》，成为"二十三史"。最终从《永乐大典》中辑录出来的薛居正《旧五代史》也被列入。乾隆四年（公元1739年），经乾隆皇帝钦定，合称"二十四史"，并刊"武英殿本"。

1920年，柯劭忞撰《新元史》脱稿，中华民国十年（1921年）大总统徐世昌以《新元史》为"正史"，与"二十四史"合称"二十五史"。但也有人不将《新元史》列入，而改将《清史稿》列为二十五史之一。或者，如果将两书都列入正史，则形成了"二十六史"。

◎《史记》，我国第一部纪传体通史

《史记》是我国第一部纪传体通史，最初没有固定书名，或称《太史公书》，或称《太史公记》。“史记”本来是古代史书的通称，从三国开始，“史记”由通称逐渐成为《太史公书》的专名。

司马迁，字子长，西汉左冯翊夏阳（今陕西韩城县）人。他的父亲司马谈学识渊博，曾任太史令，一直有志于论著“天下之史文”，但未能如愿。司马迁从小受到父亲的严格教育，在父亲死后，他继任太史令，继承父亲遗志，于公元前104年开始了《史记》的创作。

司马迁像

五年后，司马迁因替战败被俘的李陵辩护，被处以宫刑，饱尝屈辱和世态炎凉之苦。但他没有放弃《史记》的撰著，终于在公元前91年基本完成了这一工作，实现了他和父亲两代人的心愿。

《史记》全书包括十二本纪、三十世家、十表、八书、七十列传。所记之事起于传说中的黄帝，迄于汉武帝，有3000余年。

《史记》取材相当广泛。当时社会上流传的《世本》、《国语》、《国策》、《秦记》、《楚汉春秋》、诸子百家等著作和国家的文书档案，以及实地调查获取的材料，都是司马迁写作《史记》的重要材料来源。

特别可贵的是，司马迁对搜集的材料做了认真的分析和选择，淘汰了一些无稽之谈，对一些不能弄清楚的问题，或采用阙疑的态度，或记载各种不同的说法。由于取材广泛，修史态度严肃认真，所以《史记》记事翔实，内容丰富，被鲁迅先生赞为“史家之绝唱，无韵之《离骚》”。

◎《汉书》，第一部纪传体断代史

班固的《汉书》是史学史上第一部纪传体断代史。记事始于汉高祖（刘邦）元年（公元前206年），终于新（王莽）地皇四年（公元23年）。是继《史记》之后我国古代又一部重要史书，与《史记》合称“史汉”。

班固（32—92），字孟坚，扶风安陵（今陕西咸阳东北）。父亲班彪也是一个史学家，曾续补《史记》作《后传》65篇。班彪死后，年仅二十几岁的班固整理父亲的遗稿，决心继承父业，着手编撰《汉书》。不久，班固因以“私改作国史”被告发入狱，永元四年死在狱中。当时，《汉书》还有八表和《天文志》没有写成，汉和帝叫班固的妹妹班昭补作。班昭续补八表，马续补修《天文志》。班昭是二十四史中绝无仅有的女作者。

《汉书》共100篇，其中包括纪12篇、表8篇、志10篇、传70篇，后人分为120卷。

其在体制上与《史记》相比，已经发生了变化。《史记》是一部通史，《汉书》则是一部断代史。

《汉书》把《史记》的“本纪”省称“纪”，“列传”省称“传”，“书”改曰“志”，取消了“世家”，汉代勋臣世家一律编入传。《汉书》新增加了《刑法志》、《五行志》、《地理志》、《艺文志》、《食货志》。既记载了西汉的政治、经济、军事和思想文化等方面的重大事件及长安的兴建沿革，又保存了当时的社会生活、民俗风情及历史人物等方面的大量史料，是研究汉代长安最主要的史籍之一。

《汉书》对不少人物形象的塑造笔力不减《史记》，许多人物写得生动活泼，个性突出，给人留下不可磨灭的印象。

◎《后汉书》，一部私人撰写的正史

《后汉书》是继《史记》、《汉书》之后，又一部私人撰写的重要史籍，是记述东汉历史的纪传体史书。因其接续《汉书》所述历史编撰，所以也称《续汉书》。作者为南朝宋人范晔。

范晔（398—445），南朝宋史学家。字蔚宗，顺阳（今河南淅川）人。少好学，善文章隶书，通晓音律。他曾做过宋文帝刘裕之子彭城王刘义康的参军，后升至尚书吏部郎。元嘉九年（432年），因王妃去世时深夜饮酒、听挽歌为乐而触怒刘义康，贬职为宣城太守，郁郁不得志，遂删取诸家书而作《后汉书》，着力探讨东汉社会问题，“正一代得失”。

《后汉书》原书只有纪、传，北宋时把晋司马彪的《续汉书》八志与之相配，成为今本120篇，其中纪、传90卷，志30卷。保存了东汉诸多史料，包括社会政治、经济、文化状况，一些重大历史事件诸如党宦之争、党锢之祸、图谶盛行等，井井有条地叙述了东汉一代的历史兴亡大势，错落有致地描绘出东汉一代的社会、民情与人物百态。

◎《三国志》，三国历史的真实记载

《三国演义》众人皆知，但那只是小说，是文学作品，其中有很多作者的演绎，并不完全是真实的历史。而《三国志》则是对那段历史的真实记载。

《三国志》是记述魏、蜀、吴三国历史的不完全纪传体的史书，晋陈寿撰，南朝宋裴松之注。

陈寿（233—297），字承祚，西晋巴西安汉（今四川南充）人。少年好学，仕蜀时为散骑黄门侍郎，入晋后曾任著作郎、治书侍御史。晋灭吴后，陈寿利用当时人王沈的《魏书》、鱼豢的《魏略》、韦昭的《吴书》，并自采蜀国史料，撰成《三国志》。

《三国志》是一部纪传体国别史，主要记载从魏文帝黄初元年（220年）到晋武帝太康元年（280年）魏、蜀、吴三国鼎立时期共六十年的历史。全书共65卷，分为《魏书》（30卷）、《蜀书》（15卷）、《吴书》（20卷）。

陈寿是晋朝朝臣，晋承魏而得天下，

所以，《三国志》中尊魏为正统，称曹操、曹丕、曹睿为帝。吴、蜀君主即位，都记魏的年号。东吴只有孙权称“主”，孙亮等都称名。蜀汉刘备父子称先主、后主，不同于孙吴，反映出陈寿对于蜀汉的故国之思。

《三国志》有纪、传而无志（这也是称其为不完全纪传体的原因），因此所记主要是人物。该书取材审慎谨严，文字也以简洁见长，所以，前人说其书“裁制有余，文采不足”。此外，陈寿对于晋朝皇室的叙述时有曲笔，尤其是对魏晋禅代时司马氏的所作所为多有讳饰。

◎《晋书》创制了“载记”的体例

《晋书》是记述西晋、东晋历史的纪传体史书。全书共130卷，包括纪10卷、志20卷、列传70卷、载记30卷。记事上起西晋武帝泰始元年（265年），下迄东晋恭帝元熙二年（420年），包括西晋和东晋的历史共计156年。

《晋书》为唐人所修，撰著者为房玄龄、褚遂良、许敬宗。《晋书》的撰写，从受命到成书，历时不到三年。成书时间之所以较短，主要有两个原因：一是《晋书》由于有政府做后盾，人力、物力、财力和图书档案资料都有保证，这些条件，是私人修史无法比拟的；二是有多种晋史著述可供参考。由于有蓝本作为依据，成书自然较为容易。

《晋书》的创制是设立载记。唐代以前的纪传体史书中，少数民族的历史大都归入列传，排在末尾。《晋书》将除前凉、西凉以外的东晋时期由少数民族建立的14个政权的历史，作为纪传以外的独立部分，称为“载记”。在二十四史中，载记为《晋书》独有。

《晋书》在取材方面，不十分注意史料的甄别取舍，喜欢采用小说笔记里的奇闻逸事，《搜神录》、《幽明录》中一些荒诞不经之谈也加以收录，有损于它的史料价值。另外，书中有记事前后矛盾和疏漏遗脱的地方。《晋书》的执笔人，大多数擅长诗词文赋，撰史过程中，有片面追求辞藻华丽的倾向。因此，后人批评它“竞为绮艳，不求笃实”，这确是《晋书》的痼疾。

◎《宋书》，记述南朝刘宋历史的纪传体史书

《宋书》为记述南朝刘宋一代历史的纪传体史书。梁沈约撰。

沈约（441—513），吴兴武康（今浙江德清西）人，出身江南大族。历仕宋、齐、梁三朝，以文字称世，齐永明五年（487年）时，任太子家令兼著作郎，奉诏撰《宋书》。他依据宋代何承天、苏宝生、徐爰等修撰的《宋书》及其他记述宋代历史的书籍，增补宋末十几年的事迹，只用一年时间，到次年二月就完成纪、传70卷，后又续修八志30卷。

该书以资料繁复而著称于史林，为研究刘宋一代的基本史料。该书篇幅大，一个很重要的原因就是该书很注意为豪门

士族立传。

另一个特点是书中的八种志往往上溯到魏晋乃至三代秦汉，可以弥补《三国志》等前史的缺略。

《礼志》把郊祀天地、祭祖、朝会、舆服等合在一起。《律历志》详细记载了杨伟《景初历》、何承天《元嘉历》、祖冲之《大明历》全文，从中可反映出当时自然科学水平，为历法学的珍贵资料。《乐志》记叙汉魏及两晋乐府情况，乐府诗章分类开录，保存了汉魏以来大量乐府诗篇及乐舞文辞，其中“古辞”多为汉代遗篇，是研究乐府及诗史的重要文献。

《宋书》纪传叙事缜密，列目入载二百三十余人，其中收录的大量诏令、奏疏、书札及文章，虽冗长，但有多方面的史料价值。另外，《宋书》特设符瑞志，从远古叙起，体例上是创制，内容却荒诞不经；缺食货与艺文两志，是该书的缺点。

◎《南齐书》，记述南朝萧齐历史的纪传体史书

《南齐书》是记述南朝萧齐历史的纪传体史书，初名《齐史》，或《齐书》，后为区别于李百药所撰的《北齐书》，北宋人曾巩等给它加了一个“南”字，才有了今天的书名。

此书为萧子显（约489—537）撰。萧子显是南朝豫章王萧嶷的儿子，齐高帝萧道成的孙子，以文才著称。萧子显是以前朝帝王子孙身份而修前朝史书的，在二十四史中仅此一家。

《南齐书》共60卷，现存59卷，包括本纪8卷、志11卷、列传40卷，所佚的1卷为序录。由于此书基本上是当代人写当代史，一方面保留了可信的原始资料；一方面又难免毁誉出于恩怨、抑扬有所偏颇。该书比较可取的是志，《州郡志》每州之下除地理建置沿革外，还简略叙述风土人情，史料价值颇高。

另外，此书叙事比较简洁，后来《南史》用《南齐书》一般都有所增添。

◎《梁书》、《陈书》是否出于同一人之手

《梁书》、《陈书》是分别记述南朝梁、陈历史的纪传体史书，撰著者均署名姚思廉。

姚思廉（557—637），唐代史学家。本名简，以字行，雍州万年（今陕西西安）人。父姚察在梁朝以文才著称，陈时任吏部尚书。陈灭后入隋，任秘书丞，隋文帝杨坚命他继续修撰早已着手编纂的梁、陈两代历史。史称其“学兼儒史，见重于三代”。

隋代大业二年（606年）姚察去世，遗属姚思廉继续完成两部史书。唐代贞观初年，姚思廉任著作郎、弘文馆学士，后官至散骑常侍。贞观三年（629年），他奉诏与魏征共同修撰梁、陈二书，约于贞观十年修成。姚思廉虽然生长在六朝，但他所著的史书使用质朴的古文，没有沾染六朝的骈俪习气。

《梁书》包括本纪6卷，列传50卷，共

56卷。《陈书》包括本纪6卷，列传30卷，共36卷，是二十四史中卷帙最少的一部。

《梁书》、《陈书》的主要作者是姚思廉，但其父姚察的功绩不可抹杀，魏征也在其中留下了痕迹。《梁书》26卷梁朝前期人物列传以及《陈书》中的两卷，卷末论赞称"陈吏部尚书姚察曰"，可以推见是姚察的原稿；《梁书》卷六《敬帝纪》后总论有梁一代兴亡的论赞署名"史臣郑国公魏征"，可见魏征曾参与该书论赞的撰写。

◎《魏书》为何"毁誉参半"

《魏书》是记述北朝拓跋氏所建立的北魏及东魏历史的纪传体史书，北齐魏收撰。全书共124卷，包括本纪12卷、列传92卷、志20卷，记述了拓跋氏170多年的史事。

魏收（506—572），字伯起，巨鹿下曲阳（今河北晋县西）人。北魏中兴元年（531年）曾以散骑侍郎典起居注，并修国史；东魏时也一直参与纂修国史，北齐受魏禅后，魏收任中书令，仍兼著作郎。天保二年（551年）受诏撰魏史。五年三月奏上本纪、列传，十一月奏上十志。自北魏末经东魏到北齐，魏收参与修史达20余年。

《魏书》在当时及隋唐时毁誉参半，甚至有人称其为"秽史"。原因是魏收为人恃才傲物，嫉贤妒能，利用修史的便利，一方面凌辱有过节的人，有的甚至骂到别人的高祖、曾祖，致使申诉不公平者有一百多人；另一方面，他收受贿赂、为人遮掩，如传说他因受金而为尔朱荣作佳传。

其实"秽史"之说，只是一些门阀士族计较自己祖先在书中的记载而编造的夸大不实之辞，并不完全符合事实。更可贵的是，魏收在《魏书》中新创释老、官氏二志，符合时代状况，也为后人提供了方便。

魏晋以后，佛、道二教影响到社会思想的许多方面，应在史书中有所反映。《魏书》始设《释老志》，不能不视为卓识创举。北魏时鲜卑部族蕃衍，太和以后又有改鲜卑姓为汉姓之举。《魏书》仿汉人氏族谱牒之意，结合北方民族部落族姓的风习，设《官氏志》，在百官之外兼志氏族，是适应时代特征的处理方法，为后人研究北魏历史提供了极大方便。

◎《北齐书》为什么多用口语

《北齐书》是记述北朝高氏创建的北齐历史的史书，唐李百药撰。

李百药（565—648），字重规，定州安平（今河北深县）人。出身仕宦之家。李百药从小好学，博览经史著作，隋初曾任太子舍人，袭父爵为安平公。其父李德林，北齐时曾参与修撰国史，完成纪、传27卷。隋代开皇初年，奉诏续撰，增为38卷。

唐贞观元年（627年），李百药拜中书舍人，又受诏撰《齐书》。他根据父亲的旧稿，并杂采他书，扩充改写为50卷，贞观十年成书，加散骑常侍、太子左庶子。

《北齐书》原名《齐书》，宋时才加一

“北”字而成今名。全书共50卷，包括本纪8卷、列传42卷。至北宋时，该书已有残缺，今本只有18卷是李氏原书，其余是后人用《北史》、高峻《小史》补足的。

该书的一大特点是口语的运用，由此而保存了不少当时的口语。比如，卷二十三写魏恺被调任青州长史，却无论如何都不去，被人报入宫中，皇帝大怒，说：“何物汉子，我与官，不肯就！明日将过，我自共语。”之所以如此运用口语，可能与李百药利用了王劭所撰《齐志》有关。

王劭是隋代史家，他曾撰《齐志》，受到刘知几的极口称赞，可惜其书不传。刘知几称赞王书的其中一点，就是它运用了“方言世语”，使叙述更真实、生动。李百药正是因为采录了部分《齐志》原文，并受该书编撰及当时风气影响，才多用口语的。

◎《周书》为什么文字古奥

《周书》是记述北朝北周一代历史的纪传体史书。唐令狐德棻撰，参加编写的有岑文本和崔仁师。

令狐德棻（583—666），宜州华原（今陕西耀县）人。在唐初颇有文名，多次参加官书的编写。武德五年（622年）任秘书丞，向唐高祖李渊提出，梁、陈和北齐还有记载保存，而由于隋末战乱，北周、隋文献多有遗缺。现在耳目所及，还能得到可以凭信的史料。唐因隋继承北周历数，唐朝祖先建立功业都在北周时，因此，令狐德棻建议修梁、陈、北齐、北周、隋五朝之史。

高祖采纳其意见，并给每一史都委派了主持人。时过数年，修史事业未能成就。贞观三年（629年），唐太宗李世民又下令修撰五朝史，周史由令狐德棻等负责，贞观十年成书，即《周书》。全书共50卷，包括纪8卷、列传42卷。

此书仅记20余年的历史，有纪、传而无表。不过，《周书》的史料颇有不足、失实之处，因此，刘知几称其“多非实录”（《史通·杂说》）。

《周书》的另外一个特点，就是文字古奥。之所以如此，在于北周君主宇文泰觉得自己门望不如中原、文化不如江南，所以，特别发展了一套制度与文化，突出表现就是官制用周朝时的官制，文字用先秦时期的文字，以示夸耀。因此，此书的文字像周朝的文告，非常深奥。

《周书》的列传收人很多，近300之数。这是因为隋、唐两代与北周关系密切，这些人的子孙在唐代大多官居显要，自然要让祖宗名垂青史。正因如此，研究隋唐制度源流与人物家世，多要参考《周书》。

◎《南史》和《北史》，记述南北朝历史的纪传体史书

《南史》、《北史》是记述南北朝时期历史的纪传体史书，均为唐朝李延寿撰。

李延寿（生卒不详），字遐龄，出于陇西大姓，世居相州（今河南安阳）。父亲李

太师，熟悉前代旧事，认为南北朝互相隔绝，各朝史书详于本国而略于他国，有褒贬不当和失实之处，因而有意按编年体记述南北朝史事，书未成而去世。

李延寿追承父志，修成《南史》、《北史》。两史条理分明，详简适宜，远远超过了旧史。李延寿还曾参与《晋书》和《五代史志》（即《隋书》十志）的修撰；又撰《太宗正典》，受到唐高宗的褒奖。去世时任符玺郎，并兼修国史。

《南史》、《北史》这两部史书并非新撰，而是分别汇合、删节南朝的四部史书《宋书》、《齐书》、《梁书》、《陈书》及北朝的三部史书《魏书》、《北齐书》、《周书》编成的。

《南史》共80卷，包含宋本纪3卷、齐本纪2卷、梁本纪3卷、陈本纪2卷，列传70卷。该书记述从宋永初元年（420年）至陈祯明三年（589年）南朝宋、齐、梁、陈四代共170年的史事。

《北史》成书于贞观十七年（643年），共100卷，包含魏本纪5卷、齐本纪3卷、周本纪2卷、隋本纪2卷，列传88卷。该书记述从魏登国元年（386年）至隋义宁二年（618年）北朝北魏、北齐（包括东魏）、北周（包括西魏）和隋四代233年的史事。

《南史》、《北史》简化了南北朝的七种旧史，把不同朝代的父子祖孙，以家族为单位合为一卷，使史事更加有条理，两史配合也较好。此外新增《贼臣传》（贬侯景），这是前史所无，属于创制。

◎ 唐初名臣监修的《隋书》有什么特点

《隋书》是记述隋朝历史的纪传体史书，全书共85卷，包括帝纪5卷，志30卷，列传50卷。纪、传主要记载隋文帝开皇元年（581年）至恭帝义宁二年（618年）共38年的历史。

该书的署名有两种情况：一是全书署“魏征等撰”；一是把纪、传和志分开，纪、传体魏征撰，志体长孙无忌撰。魏氏和长孙氏都是位在宰辅的唐初名臣，其实他们只是监修者（魏征写了一些序论），编撰者为颜师古、孔颖达、李淳风等。

《隋书》的志原本叫《五代史志》，单独成书，后来编入《隋书》。因此，《隋书》的志虽然比帝纪、列传卷数要少，篇幅则不相上下。

《隋书》的十志（礼仪、音乐、律历、天文、五行、食货、刑法、百官、地理、经籍）内容丰富。比如，天文、律历二志记载魏晋以来特别是南北朝时期著名天文学家、历法学家的成就和流派，并作了比较和评论。祖冲之对圆周率的研究，张子信和刘焯关于“日行盈缩”的探讨，以及汉魏以来历代度量衡变迁的情况，志中都有较详细的记载。又如《经籍志》，概括自汉至隋600年来书籍的情况，叙学术源流，考书籍存亡，是自《汉书·艺文志》以来对中国古代书籍的第二次总结，提供了非常重要的书目，在学术文化史上贡献突出。

◎《旧唐书》，最早记录唐代历史的史籍

《旧唐书》是现存最早的系统记录唐代历史的一部史籍。本来称《唐书》，宋代欧阳修、宋祁等编写的《新唐书》问世后，才改称《旧唐书》。

全书200卷，包括帝纪20卷，志30卷，列传150卷。五代后晋时，刘昫、张昭远等撰。记载了唐朝自高祖武德元年（618年）至哀帝天佑四年（907年）共290年的历史。

基本上，《旧唐书》只是抄录现成的唐史有关文献，照抄国史、实录及唐末文书档案，许多“大唐”、“本朝”、“今上”字样仍然保留；唐武宗以后的宣、懿、僖、昭、哀五代，无实录存下，则杂采各家传闻和《髇年补录》、《唐末三朝闻见录》诸书。因此，《旧唐书》在保存史料上有一定的价值。

但《旧唐书》出于多人之手，全书比较粗糙，多有缺失。诸如，前半部分颇为详明，后半部分则或烦琐冗杂，或缺漏较多；列传有重复，前后表、疏也有重出，等等。因此，在北宋《新唐书》修成刊行以后，该书受到冷遇。

◎《新唐书》比之《旧唐书》有什么优缺点

《新唐书》由北宋宋祁、欧阳修等撰，为宋代官修唐史。它修史历经17年，完成于宋仁宗嘉祐五年（1060年）。其中宋祁（998—1061）始终参与其事，撰成列传150卷；欧阳修在设立唐书局10年后奉命参加，负责编修纪、志与表，并审定全书。全书225卷，包括纪10卷、志50卷、表15卷、列传150卷。

相比《旧唐书》，《新唐书》有很多优点。比如编者很重视志，新增了《旧唐书》所没有的《仪卫志》、《选举志》和《兵志》等，分记军事制度、学校科举和官吏铨选、仪仗服饰等。其中，《兵志》属《新唐书》首创；《食货志》、《地理志》等都比前书系统、翔实；《天文志》、《历志》、《艺文志》则在篇幅上超过了以往。

《新唐书》的“宰相”、“方镇”诸表，也给读者认识唐朝宰相族系（世家大族）的升降和藩镇势力的消长，提供了一条线索，结束了《史记》、《汉书》以后正史无表的情况。

另外，《新唐书》的编修者皆为北宋著名文学家，无论文笔、态度都十分严谨。由于有众多过人之处，书修成后，主编曾公亮曾上皇帝表说：“其事则增于前。其文则省其旧。”得意之情溢于言表。

自然，《新唐书》也有其不足，比如编者对隋末、唐末农民起义大加挞伐，如称黄巢为“逆臣”；评述隋末窦建德等农民军时，用语更是恶毒，如“猬毛而奋”、“磨牙摇毒”、“孽气腥焰”等，不一而足。其观念之正统，远过《旧唐书》。其他如排斥佛教、过度删减《旧唐书》史料等，都是该书的遗憾之处。

虽是如此，《新唐书》历宋、元、明，直至清初一直占有正统地位，刊行版本亦

多于《旧唐书》。后世对《新唐书》进行纠谬、辨证的著作也有很多，如吴缜的《新唐书纠谬》，王若虚的《新唐书辨》，罗振常的《南监本新唐书斟义》等。

◎《旧五代史》有哪些历史价值

《旧五代史》，原名《五代史》，也称《梁唐晋汉周书》，是记述五代历史的纪传体史书，北宋薛居正等撰。后人为区别于欧阳修的《新五代史》，便习称其为《旧五代史》。

全书共150卷。含本纪61卷，列传77卷，志12卷，以五代断代为书。有《梁书》24卷，《唐书》50卷，《晋书》24卷，《汉书》11卷，《周书》22卷，志12卷。少数民族如契丹、吐蕃、回鹘、党项等则写入《世袭列传》、《僭伪列传》、《外国列传》。

该书以范质《五代通录》作底本，并参考五代（后梁、后唐、后晋、后汉、后周）时期各朝实录，至974年成书，前后只用了一年。正因为成书太快，因而来不及对史料加以慎重的鉴别，有的照抄五代时期的实录，以至把当时明显为了某种政治目的而歪曲史实和溢美人物的不实之词录入书中。

但是从史料角度说，《旧五代史》为后人保存了大量原始资料。尤其经过长期南北分裂混乱，许多五代时期的“实录”和其他第一手材料大部分已散佚，因而这部近乎“实录”压缩本的史书，价值就更高了。

《旧五代史》修成后约80年，欧阳修的《新五代史》面世，旧史读者日渐减少；金代立《新五代史》于学官后，该书渐废。至明初只有内府才有传本，《永乐大典》和《大事记续编》曾大量地引用该书。清初已不见其本。

◎《新五代史》，宋代唯一的私修正史

《新五代史》是宋代唯一的私修正史，原名《五代史记》，为与薛居正撰《五代史》相区别，故称《新五代史》。由北宋欧阳修编撰。

《新五代史》共74卷，包括纪12卷、传45卷、考3卷、世家及年谱11卷、四夷附录3卷。材料多从薛居正《五代史》加以删削，并兼采小说、笔记资料，补充了薛史之缺。体例上，薛居正之书系五代分叙，该书则将五代融而为一。传都用类传，有家人、死节、死事、一行、唐六臣、义儿、伶官、杂传等传目，多为新创。

五代后唐庄宗

编撰此书的目的，欧阳修以为五代时期是“自古未之有”之乱世，因此，他仿照《春秋》“因乱世而立法”，作史以匡正世风人心。

《新五代史》的编撰比《旧五代史》晚了60多年，这使它在《旧五代史》的基础上增加了一些新的史料。和《旧五代史》相比，《新五代史》的特点是比较明显的。

《旧五代史》将五代分别叙述，《新五代史》将五代融而为一。《新五代史》最有特色的是列传，它采用类传的形式，设立《家人传》、《臣传》、《死节传》、《死事传》、《一行传》、《唐六臣传》、《义儿传》、《伶官传》、《宦者传》、《杂传》等名目。每类传目，内寓特定含义，用以贯彻作者的“褒贬”义例。譬如，将相大臣，凡专事一朝的在《臣传》，历事几朝的则列《杂传》；又如，根据死者“忠”的不同程度分为两等，头等的进《死节传》，次等的入《死事传》。

作者认为五代是个名分纲常颠倒的乱世，其典章制度一无可取，所以，将《旧五代史》的“志”改为了“考”，只有《司天考》、《职方考》，分别相当于《旧五代史》的《天文志》、《郡县志》。

《新五代史》的世家及世家年谱，大致相当于《旧五代史》的《世袭列传》和《僭伪列传》，明确将中原以外的割据政权分为吴、南唐、前蜀、后蜀、南汉、楚、吴越、闽、南平、东汉十国。各小国的划分编排，条理清晰，首尾完具，显然胜于旧史。《四夷附录》相当于旧史的《外国列传》。

欧阳修还恢复设表，《史记》创立十表，以后只有班固采用，欧阳修加以恢复。其本纪连叙五代，诏令全删去，事迹简净。

欧史的“春秋笔法”旨在维护君臣、父子的封建秩序，有些评价未免失当，史料的主观取舍则有玷史笔。因此，这一点受到了后代许多史家的批评。

◎《宋史》，二十四史中最庞大的一部

《宋史》是记述宋代历史的纪传体史书。它撰修于元朝末年，全书有本纪47卷，志162卷，表32卷，列传255卷，共496卷。作者署名脱脱。

早在元初，元世祖忽必烈就曾诏修宋史，因体例未定而未能成书。元朝末年，丞相脱脱主张分别撰修宋、辽、金三史，各自独立，这一意见得到元顺帝的同意，于至正三年（1343年）三月开局，三史同时修撰。经过两年半时间，至正五年（1345年）十月，《宋史》便匆匆成书。

《宋史》卷帙浩繁，是二十四史中最庞大的。它向来被批评为繁芜杂乱，但又有许多漏略，大体上是北宋详而南宋略。不过，史家认为，繁芜固是不足，但对保存史料却是长处。此外，《宋史》志和表的参考价值较高。列传里又有《忠义传》，在《儒林传》外又有《道学传》，也反映了宋代的一些历史特点。

同时修《宋史》的主要参考材料是

宋代的《国史》、《实录》、《日历》等书，这些史籍现在几乎全部散佚了，而《宋史》是保存宋代官方和私家史料最系统的一部书。

◎《辽史》、《金史》有什么独特之处

《辽史》、《金史》是分别记述辽、金两朝历史的纪传体史书，两书署名作者均为元丞相脱脱，实则以翰林学士欧阳玄等人出力居多。

《辽史》全书116卷，包括纪30卷、志32卷、表8卷、列传45卷，以及国语解1卷。本书系统地记载了我国古代契丹族建立的辽朝二百多年的历史，并兼载辽立国以前契丹的状况，以及辽灭亡后耶律大石所建西辽的概况，是研究辽和契丹、西辽的重要史籍。

但《辽史》记录简略，篇幅很不相称。此外，往往同一事实分见于纪、志、表、传，重复甚多；前人讥讽《辽史》编撰为“纵横舞剑”，即指此类而言。

《金史》全书135卷，包括本纪19卷、志39卷、表4卷、列传73卷，是反映女真族所建金朝的兴衰始末的重要史籍。由于《金史》有比较完整的《实录》以及相关史著为依据，元初以来又经几次修撰，实际上是经营已久，与宋、辽二史仓促成书不同，故在三史之中号称最善。

《辽史》、《金史》都在书末附有《国语解》，内容是对少数民族语言的官制、宫卫、部族等进行简略注释，以便让读者能明了其义。这是两史的独特之处，对了解相关知识很有益处。

◎《元史》为何受到学者非难

《元史》是记述元朝史事的纪传体史书，成书于明朝初年。

明太祖洪武元年（1368年），元朝灭亡，朱元璋下令编修《元史》。洪武二年，以宋濂、王祎总裁，汪克宽等16人为纂修，开史局于南京天界寺，进行编写。从洪武二年二月到八月，用188天的时间，修成顺帝以前各朝的历史，共159卷。

接着，明朝政府派欧阳佑持等12人到全国各地征集顺帝一朝的资料。洪武三年二月重开史局，仍由宋濂、王祎任总裁，但纂修人员作了大幅度的调整，这一次纂修共15人，只有赵埙曾参与第一次编修，其余都是新人。八月书成，共53卷，历时143天。

前后两次修成的文稿经过统一加工，共210卷，本纪47卷，志58卷，表8卷，列传97卷。两次开局共历时331天。

该书由于仓促成书，又出于众人之手，留下了不少错误，受到许多学者的非难。主要问题是随得随抄、不加剪裁，前后重复、牴牾；蒙文、汉文的译改失实，有的竟与原义相反；照抄案牍，有的有姓无名、有职无名；史料中没有庙号的皇帝改写时弄错不少；纂修者对前代和元蒙典章制度不熟，出现错误。所以，清代史学家嘲笑“修《元史》者，皆草泽腐儒，不谙掌故”，因此，下笔“无不差谬”。

其实，《元史》在保存史料方面不仅

不比别的正史差，而且有超出之处。元代十三朝的实录和《经世大典》失传，其部分内容赖《元史》得以保存。《元史》的本纪和志占全书一半，虽不合正例，却起到了保存史料的作用；列传部分对于蒙古、色目人的记录也远较其他史书详尽。因此，《元史》仍是我们今天了解、研究元代历史极其珍贵的文献资料。

◎《明史》，官修史书中历时最长的一部

《明史》，全书共332卷，包括本纪24卷、志75卷、表13卷、列传220卷，另有目录4卷，记载了自朱元璋洪武元年（1368年）至朱由检崇祯十七年（1644年）明朝200多年的历史。

清朝顺治二年（1645年）设立明史馆，纂修明史，因国家初创，诸事丛杂，未能全面开展。康熙四年（1665年），重开明史馆，后因纂修《清世祖实录》而停止。康熙十八年（1679年），以徐元文为监修，开始纂修《明史》。于乾隆四年（1739年）最后定稿，进呈刊刻。从第一次开馆至最后定稿刊刻，前后经过九十多年，是官修史书历时最长的一次。

《明史》体例多有不同于前代正史或其他史书者。《历志》中的图表，简便易明，为过去所未有；《艺文志》只记述明代著述，不同于前代正史《艺文志》的历朝并录；在表的部分，较前代诸史增加了《七卿表》；另专门立有《阉党》、《流贼》、《土司》等列传，突出记述了明代的主要社会问题。

在二十四史中，《明史》以编纂得体、材料翔实、叙事稳妥、行文简洁为史家所称道，是一部水平较高的史书。编者对史料的考订、史料的运用、史事的贯通、语言的驾驭能力都达到较高的水平。虽然它的篇幅在二十四史中仅次于《宋史》，但读者并不会因感到冗长而生厌。

◎《清史稿》为什么未被列入正史

《清史稿》是记述清代历史的纪传体史书，民国赵尔巽主编。这部书未被列入正史，原因在于它是初稿（所以叫《清史稿》），没有得到官方的承认。但后来由于并无定本，也无新修权威清史面世，故也有人把它与二十四部正史合在一起，称“二十五史”。

《清史稿》修于民国年间。1914年起修，1927年修成，1928年刊印。共印1100部，其中700部存北京，称“关内本”；另400部存东北，称“关外本”。现在的标点本就是用“关外本”为底本刊行的。

《清史稿》共529卷，包括本纪25卷，共12类；志135卷，共16类，交通、邦交二志为前史所无；表53卷，共10类；列传316卷，畴人、藩部、属国三传为新建。

该书详细叙述了清代的人物、史事及典章制度，是一部比较重要的大型清史著作。但又存在许多谬误和缺陷，编撰者多系清朝遗老，其书一味颂扬清“德”，敌视晚清革命，疏略亦多，致使该书价值有所降低。

◎《资治通鉴》，中国第一部编年体通史

《资治通鉴》简称《通鉴》，北宋司马光主编，是我国第一部编年体通史，在我国史书中有极重要的地位。

司马光花了整整十九年的精力，日夜操劳，奉敕编撰《资治通鉴》，旨在有助于国家政治，而将整个历史作为借鉴。本书294卷，另有《目录》30卷、《考异》30卷。上起周威烈王二十三年（前403年），下迄五代后周世宗显德六年（959年），共记载了十六个朝代1362年的历史事件。

该书按朝代分为十六纪，分别是：《周纪》5卷、《秦纪》3卷、《汉纪》60卷、《魏纪》10卷、《晋纪》40卷、《宋纪》16卷、《齐纪》10卷、《梁纪》22卷、《陈纪》10卷、《隋纪》8卷、《唐纪》81卷、《后梁纪》6卷、《后唐纪》8卷、《后晋纪》6卷、《后汉纪》4卷、《后周纪》5卷。卷帙浩繁，规模空前。

《通鉴》由司马光综其大成，协修者有刘恕、刘攽、范祖禹3人。刘恕博闻强识，自《史记》以下诸史，旁及私记杂说，无所不览，对《通鉴》的讨论编次，用力最多。刘攽于汉史、范祖禹于唐史，都有专深的研究。他们分工合作，都作出了重要贡献。最后，由司马光修改润色，写成定稿。

这部书选材广泛，除了有依据的正史外，所引杂史诸书达数百种，而且对史料的取舍非常严格，力求真实。书中叙事，往往一事用数种材料写成。遇年月、事迹有歧义处，均加考订，并注明斟酌取舍的原因，以为《考异》。《通鉴》具有相当高的史料价值，尤以《隋纪》、《唐纪》、《五代纪》史料价值最高。

《通鉴》是一部编年体通史，按时间先后叙述史事，同时往往用追叙和结语的手法，说明史事的前因后果，给人以系统而明晰的印象。此书使编年体史书又一次为史家所重视，续书、仿作层出不穷。

叙事之外，《通鉴》还选录了前人史论97篇，司马光自己又撰写史论118篇，比较集中地反映了其政治、历史观点。

《通鉴》编成后，宋神宗十分看重，认为其“鉴于往事，有资于治道”，特赐书名《资治通鉴》。自成书以来，历代帝王将相、文人墨客争读不止。点评批注《资治通鉴》的帝王、贤臣、鸿儒及现代的政治家、思想家、学者数不胜数。而对《资治通鉴》的称誉，更是除《史记》之外，几乎再没有任何一部史著可与之媲美了。

◎《史通》，集唐以前史论之大成

《史通》是唐朝著名史学评论家刘知几撰写的一部系统性的史论专著。它兼有史学理论和史学批评两方面内容，是集唐以前史论之大成的宏伟巨著。

刘知几（661—721），字子玄，彭城（今江苏徐州）人。生于唐代名门，父兄都是唐高宗和唐玄宗时的官僚。家学渊源，博览群书，但他仕途颇不得意，于是私家撰写《史通》来阐述他的思想和主张，到710年完成。

《史通》全书共20卷，分内篇、外篇两部分，各为10卷。内篇有39篇，外篇有13篇，合计52篇。内篇为全书的主体，着重讲史书的体裁体例、史料采集、表述要点和作史原则，以评论史书体裁为主；外篇论述史官制度、史籍源流并杂评史家得失。

《史通》在我国史学的发展中有着重要的意义。首先，它历述了中国史馆的起源及变迁，列举历代官修和私撰的各种史书，以及各家史书的体裁，加以评论，形成了唐以前史学史的规模，为我国史学史的发展奠定了基础。

其次，还对历史编纂学提出了一些可贵的见解。《史通》主张删除天文、艺文、五行三种，而增加都邑、方物、氏族等志。在编纂方法方面，指出叙事是撰史的重要手法，而叙事最避忌繁芜，提出使用"当世口语"撰史。

此外，刘知几指出对史料须加以选择和鉴别。这些主张都有很大的借鉴价值。

《史通》著成之后，受到人们的重视，得到了高度评价。如曾与刘知几合作修纂《武后实录》的徐坚就认为历史研究者应该将此书置于座右。不过，此书的某些评论也有过激之处。

◎《通典》，我国第一部典章制度专史

《通典》是我国第一部，也是成就最高的一部典章制度专史。编者为唐代杜佑。

杜佑（735—812），字君卿，唐京兆万年（今陕西西安）人。杜佑出生于名门大族，文化修养深厚，青年时步入仕途，40岁以后任岭南、淮南等地的长官，近70岁时任宰相。多年的从政经历使杜佑既能以史学家的眼光把握现实问题，又能以政治家的见识撰写历史著作。他于大历初年（约766年）开始撰写《通典》，至贞元十七年（801年）上表进书，历时36年。

《通典》全书200卷，内分食货、选举、职官、礼、乐、兵、刑、州郡、边防九典，每典各冠总论，下系子目，共计1584条，正文约170万字。记述了中国唐代天宝以前历代经济、政治、礼法、兵、刑等典章制度及地志、民族。

《通典》取材十分广泛，凡群经、诸史、地志，汉魏六朝文集、奏疏、唐国史、实录、档案、诏诰文书、政令法规、大事记、《大唐开元礼》及私家著述等无不博采众收。材料皆以时间为序分类编撰。全书通记历代典章制度建置沿革史，各典于历代制度多究其原本，明其始末，并引前人议论，参以己见，见其得失。

《通典》亦有其不足，比如，仅《礼典》就有100卷，占了全书的一半，而兵、刑部分却没有记载军事制度的发展变迁。如此，不免给人以全局失衡之感。但从总体来看，《通典》编排得整齐有序，条理井然，很便于读者查阅。

《通典》在历史编纂学史上占有重要地位，它是典章制度专史的开创之作。杜佑"统前史之书志，而撰述取法乎《官礼》"，创造性地撰成综合性制度通史，

在中国史学发展上树立了一座里程碑。后世所谓的“三通”、“九通”、“十通”都与《通典》有关。清代乾隆皇帝把《通典》视为“恢恢乎经国之良模”。其影响之大，可见一斑。

◎《唐会要》，现存最早的会要体史书

《唐会要》是记载唐代典章制度的专书，是现存最早的会要体史书。宋人王溥撰。

王溥（922—982），字齐物，并州祁（今山西祁县）人，后周宰相，宋初罢相，迁官至太子太师。书成于宋太祖建隆二年（961年）。

《唐会要》共100卷，分帝系、礼、宫殿、舆服、乐、学校、刑、历象、封建、佛道、官制、食货、四裔13类，下又细分514目，另在不少条目下有杂录，将与该条有关联又不便另立条目的史事列入。书中所记史事有不少为两《唐书》和《通典》所无。唐起居注、实录已亡佚，部分内容多靠此书保存，所以更见其弥足珍贵。

《唐会要》所记，以宣宗前的内容较丰富，宣宗以后因编者无所因循，加以唐末历史资料散佚，故所述较为简略。

◎《通志》是怎样的一部通史

《通志》是记载历代史料的通史，南宋郑樵撰。

郑樵（1103—1162），字渔仲，宋兴化军莆田（今福建莆田）人。他从16岁开始谢绝人事，闭门读书，深居夹漈山讲学30年，人称夹漈先生。郑樵出身贫寒，却靠艰苦自学，成为罕见的史学家，花费了数十年心血成就了一部包罗各代历史的《通志》。

《通志》全书共200卷，有帝纪18卷、皇后列传2卷、年谱4卷、略51卷、列传125卷。上起三皇，下迄隋代（礼、乐、刑、政至唐）。

《通志》的体例和编纂方法，在我国史学发展史上有过一定的影响。清乾隆年间所修的《续通志》和《清朝通志》，就是根据《通志》的体例和方法修成的。甚至马端临的《文献通考》以及“九通”中的其他著作，在体例上也吸取了《通志》的成果。

“总序”和“二十略”是全书的精华。郑樵在“总序”和“二十略”中投入了大部分的精力，提出了一些超越一般史家水平的卓越见解。“二十略”中有些是郑樵独创的，提供了许多珍贵的史料。

由于受时代和阶级的局限，《通志》也存在一些不足，譬如，它仍然没有突破正统的旧史的格式；在史料的考订方面，也难免有主观片面的臆断。还有其立场观点上的问题，对农民起义持批判态度。此外，郑樵还存在着地理史观、宿命论以及复古主义思想等。

◎《文献通考》是怎样的一部典志体史书

《文献通考》是记载上古至宋宁宗时典章制度的典志体史书，简称《通考》，元

人马端临撰。

马端临（约1254—1323），字贵与，饶州乐平（今江西乐平）人。南宋右相马廷鸾之子。以荫补承事郎，宋亡，隐居不仕，据说，其从34岁左右开始编纂《文献通考》，以20余年精力著成。《文献通考》可补唐杜佑《通典》之不足。

该书的资料主要来源于经史、历代会要以及百家传记（即“文”），臣僚的奏疏、诸儒的评论以及名流的燕谈、稗官的记录（即“献”），并通过这些材料，对各项典章制度进行原始要终、融会贯通，故名《文献通考》。

《文献通考》共348卷，24门（有田赋、钱币、户口、职役、征榷、市籴、土贡、国用、选举、学校、职官、郊社、宗庙、王礼、乐、兵、刑、舆地、四裔、经籍、帝系、封建、象纬、物异）。

自《经籍》至《物异》5门为《通典》所未有者，另19门均为《通典》的原目或子目。书的内容起自上古，终于南宋宁宗嘉定年间。就其体例与内容来看，实为《通典》的扩大与续作，这是本书的第一个特点。

本书的取材中唐前以《通典》为基础，并进行适当补充。中唐以后则是马端临广收博采的结果，尤其是宋代部分，当时《宋史》尚未成书，而马氏所见到的宋代史料最丰富，所以，其所收之材料多为《宋史》所无者。取材广博，网罗宏富，可以说是本书的第二个特点。

此外，《通典》以《食货》为首，说明杜佑对国家经济的重视；郑樵《通志》移之于《选举》、《刑法》之后；而马端临更将之列于全书之首，且增加为8门之多，可知马氏对经济的重视更超过杜氏、郑氏。

《通典》、《通志》和《文献通考》三书都以贯通古今为主旨，又都以“通”字为书名，故后人合称其为“三通”。

◎《册府元龟》是怎样的一部史学类书

《册府元龟》是史学类书，为北宋四大部书之一。王钦若等编修，成书于大中祥府六年（1013年）。书名为宋真宗赵恒诏题，“册府”是帝王藏书的地方，“元龟”是大龟，古代用以占卜国家大事；书名之意，即指此书可作帝王治国理政的借鉴。

该书历八年而成，取材十分严格，均以正史为主（间及经书、子书），小说、杂书一律不收；类目以人物、事类为中心，不及其余。体例以编年体和列传体相结合，共31部，1104门。门有小序，述其宗旨。

由于该书征引繁复，也成为后世文人学士运用典故、引据考证的一部重要参考资料。其中唐朝、五代实录史料极其丰富，是《册府元龟》的精华所在，不少史料为该书所仅见，即使与正史重复者，也有校勘价值。其中收集了大量的《旧唐书》史料，由于《旧唐书》失佚已久，要复原此书，必须大量引用《册府元龟》。

◎《明儒学案》，中国第一部学术史专著

《明儒学案》是中国第一部严格意义上的学术史专著，它系统记载、总结论述了明代学术思想的发展演变和流派，是明代思想史、哲学史、学术史的专著。由“明末清初三大思想家”之一的黄宗羲编纂。

全书共62卷，于康熙十五年（1676年）成书。全书一共记载了明代的210位学者。“明儒”是指明朝的读书人，“学案”的“学”指学术、流派，而“案”则谓考察、按据。

首列《师说》一篇，作为全书总纲；以下略按时代先后和学术流别，以及各家治学宗旨分类，共列崇仁、白沙、河东、三原、姚江、浙中王门、江右王门、南中王门、楚中王门、北方王门、粤闽王门、止修、泰州、扩泉、诸儒、东林、蕺山17个学案。

每个学案前面为案序，略述该学派师承渊源、主要代表人物、学术宗旨等内容；其次是学者小传，首列学派创始人作为案主，然后按照师承或地域列本派学者个案；小传之后摘录传主的主要学术著作或言论之精华，编成《语录》，间或撰有案语加以评论，力求全面客观地反映出每个学案的学术风貌。

《明儒学案》是我国古代第一部完整的学术史著作，开创了史学上的学案体史书体裁，适应了我国封建社会后期学术思想繁荣的需要。

《明儒学案》中未为李贽立案，对颜钧、何心隐只在《泰州学案》叙论中提到，未免存有偏见。

◎《华阳国志》，地方志中最值得称道的一部

《华阳国志》又名《华阳国记》，是东晋人常璩在东晋永和四年（348年）到永和十年（354年）所著，它记载了巴蜀地区的历史、地理、人物等诸多情况，是古代地方性史地书中较为完整的一部，向来为人称道。

常璩，字道将，生卒年不详，蜀郡江原（今四川崇州东南）人，曾在十六国中的成汉政权担任散骑常侍，掌管文书。东晋大将军桓温灭成汉后，常璩被桓温任命为参军，后随桓温一起到了建康。

常璩之所以写下《华阳国志》，一方面是因为心怀故土；一方面也是为了保存蜀地文化。在编撰体系上，《华阳国志》自成体系，它把东晋初年以前的梁、益、宁三州的历史面貌、政治变迁、不同时期的人物传记，由远及近、由广而微地编撰成一书，是一部地方史的杰作。

《华阳国志》对西南30多个少数民族和部落的名称、分布进行了详细记述，特别是对一些部落的历史、传说、风俗、与汉族皇朝关系的记载，为研究民族的起源、迁徙历史提供了重要线索和依据。

◎《洛阳伽蓝记》，我国早期地区专业志的佳作

《洛阳伽蓝记》是南北朝时期记载北

魏首都洛阳佛寺兴衰的地方志，“伽蓝”为梵文音译“僧伽蓝摩”的简称，即寺庙。作者是东魏杨衒之，北平郡（今河北卢龙）人。

和尚做佛事图

洛阳曾是北魏都城，当时有千余寺庙。北魏灭亡后，该城日渐破败，寺庙也都毁败不堪。杨衒之亲睹洛阳城佛寺兴衰，感慨系之，乃撰此记。

本书所记只有43寺。书中以兴废沿革为纲，然后按远近次序，分城内、城东、城南、城西、城北各1卷。其体例为先写立寺人、寺庙防卫及建筑风格，再写相关人物、事件、传说、逸闻等，是一部重要的佛教典籍，也保存了许多洛阳地区的掌故、风土人情和中外交流诸事，此外，其文笔生动优美，“秩丽秀逸，烦而不厌”，兼用骈俪，风格与《世说新语》相似，亦是上品文章，为我国早期地区专业志的佳作之一。

蒙学读本

◎《三字经》，古代私塾的启蒙教材

《三字经》是古代私塾启蒙教材的首选读物，素有“蒙学之冠”的美誉。自南宋至今，该书已有七百多年历史。

《三字经》的作者众说纷纭，一般认为是宋儒王应麟所作，书中有关元明清部分为后人所加。

王应麟，字伯厚，号深宁居士，先世浚仪人，迁居庆元，知识渊博，著作颇丰，对经史百家、天文地理等都有研究，熟悉掌故制度，擅长考证。

此书共一千多字，三百八十句，结构严谨，文字简练，首先从阐述教育的重要性出发，鼓励儿童学习礼义，进而介绍名物常识、经史子集、历史知识，以及先贤勤学事迹，内容丰富，言简意赅。三言成韵，朗朗上口。许多语句，如“养不教，父之过”、“勤有功，戏无益”等成为妇孺皆知、世代传诵、脍炙人口的名言警句，也因此，《三字经》被誉为“千古一奇书”。

◎《百家姓》中姓氏的排列有规律吗

《百家姓》是古代蒙学使用最为广泛的读物之一。它的成书和普及要早于《三字经》。

《百家姓》本是北宋初年钱塘（杭州）的一个书生编撰的蒙学读物，将常见的姓氏编成四字一句的韵文，很像一首四言诗，虽然它的内容没有文理，但读来顺口，易学好记。

据南宋学者王明清考证，这本《百家姓》开篇为“赵钱孙李，周吴郑王”，如此排列，是有讲究的。之所以把赵放在第一位是因为宋朝的皇帝姓赵，宋朝是赵家的天下，故将赵列为百姓之首；钱是儒生所在的吴越国王的姓氏；孙为当时国王的正妃之姓；李为南唐国王李氏。

《百家姓》收录姓氏498个，其中单姓436个，复姓62个。它与《三字经》、《千字文》相配合，成为我国古代蒙学中的固定教材。

除此以外，历史上还有其他版本的《百家姓》。明朝人吴沉、刘仲质两人编的《皇明千家姓》，改用“朱”字打头，这是因为明朝的开国皇帝是朱元璋的缘故。到了清朝又有康熙编的《御制百家姓》，此书一反将皇族姓作为国姓的旧习，为倡导读书，以孔夫子的“孔”姓为至尊的首姓。尽管如此，它们还是无法取代原稿，这体现了原稿对后来创作的深远影响。

◎《千字文》，唯一能确定作者和年代的蒙学经典

《千字文》是我国早期的蒙学课本，原名《次韵王羲之书千字》，成书时间早于《三字经》和《百家姓》，是“三百千”里唯一能够确定作者和创作时代的蒙学经典。

其编订者为南朝梁时的周兴嗣。据载梁武帝命周兴嗣从王羲之书帖中选出一千个不同的字，排列成文。周侍郎一夜白头，作出《千字文》，包举天文、地理、历史、人伦等各方面知识，四言成韵，对仗工整，条理清晰，义理明确，文采斐然，流传至今。

《千字文》全书均四字一句，共250句，1000个字。《千字文》既讲述了人类早期的历史，做人的修养标准和原则，又描述了上层社会的奢华、下层普通百姓恬淡的田园生活。全书行文流畅，气势磅礴，辞藻华丽，朗朗上口。

幼童习字图

该书在隋唐之际大为盛行，因流传甚广，以至文书编卷，常采用“天地玄黄”来代替数字。兄弟民族地区也出现了满汉、蒙汉文的对照本。由于历代不少大书法家都曾书写，更使《千字文》至今仍是学习各种书法的范本。

◎《千家诗》收录了哪些诗作

《千家诗》，为南宋诗人刘克庄编选的诗集，他收录唐宋律诗和绝句二百二十六首，包括了一百二十四位作者，上至皇帝、宰相、名人学士，下至和尚、牧童、无名氏，不论门第高低，只以内容为选录标准。

所选诗作按时令、昼夜、百花、竹木、天文、地理等十四个方面进行选编，

通俗易懂，雅致清新，是识字教学到阅读教学的过渡，成为流传时间最长的诗歌基础教材。

◎《弟子规》包括哪些内容

《弟子规》又叫《训蒙文》，是中国传统的启蒙教材之一，作者是清朝康熙年间山西绛州秀才李毓秀。后来清朝贾存仁修订改编《训蒙文》，并改名《弟子规》。

全书分为“总叙”、“入则孝，出则悌”、“谨而信”、“泛爱众而亲仁”、“行有余力，则以学文”五节，具体列述弟子在家、出外、待人、接物与学习上应该恪守的守则规范，是启蒙养正，教育子弟敦伦尽分、闲邪存诚，养成忠厚家风的最佳读物。

《弟子规》是以三字一句，两句一韵的文体方式编纂而成的。语言浅近简练，易于蒙童记诵。在清代极为流行，其影响甚至一度超过《三字经》。

◎《增广贤文》，中国古代的民间谚语集

《增广贤文》又名《昔时贤文》、《古今贤文》，是一种民间谚语集，同时也是中国古代儿童启蒙书目。

该书书名最早见于明代万历年间的戏曲《牡丹亭》，据此可推知，此书最迟写成于万历年间。此后经过明、清两代文人的不断增补，才成为今日流传的样本。

《增广贤文》内容十分丰富，其核心内容讲述的是人生哲学、处世之道，涉及了对人际关系、人生命运的看法，并强调了读书的重要和孝义的可贵。

该书语句通顺、易懂。所选有韵的谚语和文献佳句，如“一年之计在于春，一日之计在于晨”、“良药苦口利于病，忠言逆耳利于行”、“善有善报，恶有恶报”等，都蕴含着深刻的哲理，流传至今。

◎《声律启蒙》，培养儿童应对的启蒙读物

《声律启蒙》是旧时学校启蒙读物之一，训练儿童应对、掌握声韵格律。为康熙年间进士车万育所著。

该书按韵分编，分为上下卷，包罗了天文、地理、花木、鸟兽、人物、器物等的虚实应对。从单字对到双字对、三字对、五字对、七字对到十一字对，不一而足，声韵协调，朗朗上口，儿童可从中可得到语音、词汇、修辞等方面的训练。

《声律启蒙》在启蒙读物中独具一格，经久不衰。明清以来，《训蒙骈句》、《笠翁对韵》等书，都采用这种方式编写，并得以广泛流传。

◎《幼学琼林》，中国古代的百科全书

《幼学琼林》是中国古代的儿童启蒙读物，原名《幼学须知》，又称《成语考》、《故事寻源》。

一般认为此书最初的编著者是明末的西昌人程登吉（字允升），也有人认为编

者是明景泰年间的进士邱睿。清朝嘉靖年间，邹圣脉作了一些补充，更名为《幼学故事琼林》。民国时费有容、叶浦荪和蔡东藩等人又进行了增补。

全书共分四卷，涉及著名人物、天文地理、典章制度、风俗礼仪、生老病死、婚丧嫁娶、鸟兽花木、朝廷文武、饮食器用、宫室珍宝、文事科第、释道鬼神等诸多方面的内容，包罗万象，被称为中国古代的百科全书。

全书为骈体文，全部以对偶句写成，书中有大量的成语、警句、格言，至今仍传诵不绝。

◎《龙文鞭影》，一本典故与格律的蒙学教材

《龙文鞭影》是中国古代著名的儿童启蒙读物，原名《蒙养故事》，是明代万历时萧良有撰的一本典故与格律方面的蒙学教材。后经安徽人杨臣诤增订，改名为《龙文鞭影》。

所谓“龙文”，原是古代一种千里马的名称，据说它只要看见鞭子的影子就会奔跑驰骋。编者的寓意是，读此书可收到“逸而功倍”的效果。

《龙文鞭影》分上下两卷，全文都用四言，上下两句对偶，各讲一个典故。逐联押韵，全书按韵部分类，每类一章，共三十章，上下卷各十五章，主要介绍自然知识和中国历史上的典故。

其中的典故主要来自二十四史中的人物故事，同时又从《庄子》和古代神话、小说、笔记如《搜神记》、《列仙传》、《世说新语》等书中广泛收集故事，辑录了历史上许多著名人物的逸闻趣事。全书共收辑了两千多个典故，文字简练扼要，而能阐明故事梗概，可称之为典故大全。

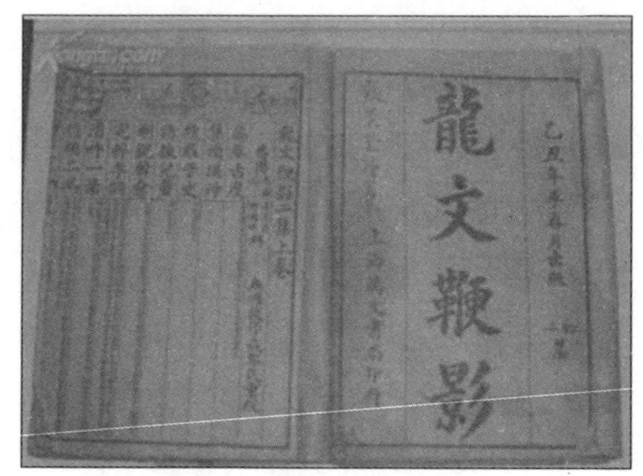

《龙文鞭影》图绘本

该书问世后，深受百姓喜爱。人们认为它不仅有益于童蒙，也有益于童蒙之师，所以，民间大量刻印，版本众多。到了清代中晚期，《龙文鞭影》更是广为流传，成为深受蒙学师生欢迎的启蒙教材。

◎《蒙求》，第一部将识字与掌故相结合的蒙学课本

《蒙求》为古代蒙学课本，由唐代李瀚著、宋代徐子光注。全书广集历史人物和传说人物的故事，编为四言对偶韵文。上下两句对偶，各讲一个掌故，如“匡衡凿壁，孙敬闭户”、“孙康映雪，车胤聚萤”。

该书自宋代至清初广为流传，是蒙学史上第一部将识字与历史掌故相结合的教材。后代仿此创作了多种“蒙求”续作，如《十七史蒙求》、《名物蒙求》、《纯正

蒙求》、《春秋蒙求》、《唐蒙求》等。

◎《五字鉴》，专述我国社会历史发展的蒙学读物

《五字鉴》原名《鉴略妥注》，是明代李廷机根据我国古史资料所撰的一部蒙学读物。

该书以时代为序，以五言诗句韵文的形式，将我国上自远古，下至元明的社会历史，以简明的五言诗句韵文形式进行了总述和概括。可以说，《五字鉴》是一部专述社会政治历史发展的蒙学读物。

全书万余字，叙事分明，脉络清晰，行文言简意赅，在当时与《三字经》、《增广贤文》、《幼学琼林》一样，有着很高的声誉。

◎《颜氏家训》是谁的家训

《颜氏家训》为南北朝时期记述个人经历、思想、学识以告诫子孙的著作。北齐颜之推撰。7卷，共20篇。

颜之推，原籍琅琊临沂（今山东临沂北），先世随东晋渡江，寓居建康。梁承圣三年（554年），西魏破江陵，颜之推被俘西去。他为回江南，先逃奔北齐，但南方陈朝代替了梁朝。于是，颜之推留居北齐，官至黄门侍郎。577年，齐亡后入周。隋代周后，又仕于隋。该书在隋灭陈（589年）以后完成。

颜之推士族出身，深受儒家名教礼法影响，又信仰佛教。他博识有才辩，处世勤敏，应对闲明，所以，在南北胡汉各政权之下，先后都受宠任。他在逾60年的一生中，“三为亡国之人”，行踪遍及江南、河北、关中，后死在南北统一之后的隋开皇年间，所以，经验、阅历都较丰富，非南朝或北朝局促一隅的高门士族所可比拟。

该书包含不少有关南北朝社会、政治、文化的细致的观察和通达的议论。书中记载的许多情况，有很高的史料价值。诸如对南北士族风尚的异同、治学为文之方法，乃至语言杂艺都进行过比较，求其得失。谈到的梁代子弟之脆弱、邺下读书人教子之方法等，都与南北朝史事密切相关。《书证》、《音辞》两篇，反映了颜之推的学术成就。

◎《曾国藩家书》，一部为人处世的教科书

《曾国藩家书》收录了曾国藩在清道光三十年至同治十年前后的近1500封书信。所涉及的内容极为广泛，小到人际琐事和家庭生计的指示，大到进德修业、经邦纬国之道的阐述，十分详备。是曾国藩一生的主要活动和其治政、治家、治学之道的生动反映。

曾氏家书行文从容镇定，形式自由，随想而到，挥洒自如，在平淡中蕴含真知良言，具有极强的说服力和感召力。

曾国藩的这些书信，不仅生动有趣，更具价值的是，这些书信中包含了许多即使在今天看来也很有意义的经验教训。可以说，《曾国藩家书》就是一部协调人际关

系的指南，一部教导正直、严肃的为人处世之道的教科书。所以，从清代末年以来，这部书就广为流传，民国年间更是畅销风行，很多人都争相购买作为家教教材。

人才选拔

◎ “察举”，中国古代的一种选官制度

察举又称“荐举”，是我国汉代到隋代的一种选官制度，即中央和地方一定级别的官吏通过考察，将无官职的士人及下级官吏推荐给中央政府，由中央政府授予官职或予以提升。其科目主要有贤良方正、孝廉、秀才、明经、童科等。

西汉开国，高祖刘邦曾下求贤诏，令从郡国推举有才能的“贤士大夫”，开汉代察举制的先河。到汉文帝时，察举正式成了一种选官制度。

定期的察举科目称为常科或岁举，如孝廉、秀才科；由皇帝不定期地下诏要求贡举的为特科或诏举，如贤良、文学、明经、有道等科。察举的对象，既有平民，也有现任的吏员。是两汉重要的出仕途径之一。

汉王朝当时所采取的这种选官方法一般分四个步骤进行：第一，先由皇帝不定期下诏令，根据所需人才，指定荐举科目；第二，自丞相、列侯、公卿至地方郡国，按所定科目察举人才；第三，各地把所推荐的人才送集京都，由皇帝亲自对他们进行策问；第四，据对策的高下，集资授官。

察举制在西汉到东汉初曾为网罗人才发挥过重要作用，以后随着政治的日益腐败，察举不实的现象渐趋严重。到东汉末年，已经成了豪强官吏安插私人的工具，完全失去了最初的意义。于是，魏晋以后，九品中正制逐渐代替了察举制。

◎ “孝廉”与“举孝廉”是怎么回事

孝廉是察举制的科目之一。“孝”指孝顺父母，“廉”指办事廉正，初为两科，后合并为一科。汉武帝时，董仲舒认为当时官吏多出于“任子”或“赀选”，未必称职，建议由列侯、郡守岁贡吏民之贤者二人于朝。武帝采纳了他的建议，于元光元年（前134年）下诏郡国每年察举孝者、廉者各一人。不久，这种察举就通称为孝廉，并成为汉代察举制中最为重要的岁举科目。

孝廉举至中央后，按制度并不立即授以实职，而是入郎署为郎官，承担宫廷宿卫，目的是使之“观大臣之能”，熟悉朝廷行政事务。然后经选拔，根据品第结果任命不同的职位。一般情况下，举孝廉者都能被授予大小不一的官职。

汉顺帝阳嘉元年（132年），规定应孝廉举者必须年满四十岁；同时又制定了“诸生试家法、文吏课笺奏”这一重要制度，即中央对儒生出身的孝廉要考试经术，文吏出身的则考试笺奏。

由此，岁举一途遂出现了正规的考试之法，孝廉科因而也由一种地方长官的推荐制度开始向中央考试制度过渡。

东汉时，举孝廉为仕进的要途，实际上察举多为世族大家所垄断，他们互相吹捧，弄虚作假，当时有童谣讽刺：“举秀才，不知书；举孝廉，父别居。”汉代以后，历代因之，隋唐只举秀才而不举孝廉，明、清时俗称举人为孝廉。

◎ 汉代如何通过“贤良方正”选拔人才

“贤良方正”，汉代选拔统治人才的科目之一。贤良：才能、德行好；方正：正直。始于汉文帝二年（前178年）。

《史记·孝文本纪》：汉文帝下诏云“举贤良方正直言极谏者，以匡朕之不逮”。被举荐者对政治得失应直言极谏。如表现特别优秀，则授予官职。

汉武帝时，复诏举“贤良”或“贤良文学”。名称时有不同，性质无异。唐宋沿用，设“贤良方正科”，如王播、裴度、牛僧孺、柳公绰都出身该科。

◎ 古代科举大致情形如何

科举考试最早开始于隋朝的“进士科”，607年4月，炀帝下诏定十科举人，这就是“分科举人”。其中“文才秀美”科就是以后的进士科。这标志着科举制度的正式产生。唐承隋制又增加了明经、明法、俊士、明书、明草等科。后来一直沿用至明清，到明清时，已经形成了完备的科举考试制度。

明清时代，凡入学者必经童试，录取者为童生。再经“岁考”，录取者称“生员”，俗称“秀才”。

明清科举考试，主要分三级进行：乡试、会试和殿试。乡试通过称“举人”。会试考中者叫“贡士”，第一名称“会元”。殿试又叫廷试，由会试录取的贡士参试，一般殿试不黜落贡士，只是重新分定出等第名次。

古代流传着这样一副对联：“何物动人，二月杏花八月桂；有谁催我，三更灯火五更鸡。”八月桂花开放，对联中的“八月桂”其实就是指乡试得中。杏花在二月开放，所以，对联中的“二月杏”其实指的是会试得中。这副对联就是讲人们“三更灯火五更鸡”地刻苦攻读为的就是一朝“金榜题名”。

为什么叫“金榜题名”呢？原来是因为殿试发榜用黄纸，表里二层，分大小金榜，小金榜存档大内，大金榜由礼部尚书奉皇榜送出太和中门，至东长安门外张挂在宫墙壁，故考中进士者称“金榜题名”。

◎ 常科考哪些科目

唐时的科举，通常分为常科和制科两

种。常科的科目有秀才、明经、进士、俊士、明法、明书、明字、明算等五十多种。其中明法、明算、明字等科并不受重视，有的科（如俊士科）甚至不常举行。秀才的称呼人们都很熟悉，这一科在唐初要求很高，后来也逐渐被废弛。所以，明经、进士两科便成为唐代常科的主要科目。

唐高宗以后进士科更为时人所重视，唐朝的许多宰相都是进士出身。唐朝皇帝都很重视进士科，武则天曾亲自在宫殿中考查进士，开创了“殿试”的先河。

两者相比较，明经科主要考察对儒家经书的记忆和理解，一般试帖经、经义、策论，录取率约为十分之一，考中相对容易一些；进士科除考经书外，侧重考诗赋和时务策，对文学水平和政治见解有很高的要求。一般试帖经、杂文、策论，录取率约为六十分之一，考中十分不易。但进士前程远大，仕途光明，因而是当时读书人入仕为官的终南捷径。

常科的考生有两个来源：一个是生徒，一个是乡贡。由国子监（国子学、弘文馆、崇文馆）及州县学馆出身，而送往尚书省受试者叫生徒；不由学馆而先经州县考试，及第后再送尚书省应试者叫乡贡，这类应试者通称举人。

州县考试称为解试（中头名者称解元），尚书省的考试通称省试（通过者称进士及第），或礼部试。由于礼部试都在春季举行，故又称春闱，闱，也就是考场的意思。唐朝初年，由吏部考功员外郎主持考试，开元二十四年（736年），以郎官地位太轻，改由礼部侍郎主持

◎ 制科考哪些科目

相对于每年都举行的常科，制科则是临时增设的，由皇帝亲自主持，目的在于选拔各种特殊人才。制科的科目有很多，仅在唐代有记载的就达百余种，像博学宏词科、文经邦国科、达于教化科、可以理人科等。参加考试的人除了平常考生外，也包括有出身和官职的人。

考生可以由他人举荐，也可自荐。唐玄宗开元年间，全国参加制科的人“多则两千，少犹不减千人”，所以，“所收百才有一”。考试以策论为主，也考经史和诗赋。录取后“文策高者，特赐与美官，其次与出身”。制科以开元时期为最盛，文宗太和年间及以后就很少举行了。

◎ “会试”的大致情形如何

会试又称“春闱”，是明清两代每三年一次在京城举行的考试。由礼部举行，参加考试者为举人，录取者为“贡生”。会试主考官四人，称总裁。一正三副，以进士出身之大学士，尚书以下，副都御史以上的官员担任，由礼部提名皇帝钦命特派。

会试考三场，每场三日。逢辰、戌、丑、未年为正科，若乡试有恩科，则次年亦举行会试，称会试恩科。考试初在二月，乾隆时改至三月，亦分三场。

会试发榜之日正值四月中旬，此时杏花盛开，所以称杏榜，会试考中者叫“贡士”，第一名称“会元”。

◎ “殿试”，科举考试中的最高一级

殿试是科举考试中的最高一级。由皇帝主考，在宫中殿廷亲发策问，故又叫廷试。应试者为会试录取的贡生。

其制源于西汉时皇帝亲策贤良文学之士，始于武则天天授二年于洛阳殿前亲策贡举人，但尚未成定制。宋开宝八年，太祖于讲武殿策试贡院合格举人，并颁定名次，自此始为常制。

北宋太宗太平兴国八年（983年），将殿试后的进士分为五甲，分为三甲及一甲只限三人始于元顺帝时，明清沿用。明清考试时间在会试后一个月，本在三月，乾隆时改在四月。中试者一甲三名赐“进士及第”，第一名称为“状元”，第二、三名称为“榜眼”及“探花”。二甲均赐“进士出身”，第一名称“传胪”。三甲均赐“同进士出身”。

◎ 何谓“乡试”

乡试，在唐宋时称“乡贡”、“解试”。明、清两代每三年一次在各省省城（包括京城）举行的考试。凡本省生员与监生、荫生、官生、贡生，经科考、录科、录遗考试合格者，均可应试。

逢子、卯、午、酉年秋季（八月）举行，又称“秋闱”，为正科。遇新君登极、寿诞、庆典加科为恩科。考三场，每场三日。及格者为举人。第一名称“解元”，第二名称“亚元”。

举人可任知县、教职学官，算正式进入官场。

◎ 我国古代共有多少状元

“状元”一词最早出现于唐代，自武则天时举行廷试，录取的名单中第一名称为状头，亦名“状元”。“元”即“头”的意思。

中状元者号为“大魁天下”，为科名中最高荣誉。因其为殿试一甲第一名，亦别称“殿元”。

据统计，我国古代共有状元551人。其中较为人知者有唐代著名诗人贺知章、王维、柳公权，宋代张孝祥、文天祥，明代的胡广、杨慎，清代的翁同稣、张謇等。

我国历史上第一位状元为唐武德五年（622年）壬午科状元孙伏伽，最后一位状元为清光绪三十年（1904年）甲辰科状元刘春霖。

◎ “榜眼”一词什么时候用以称进士第二名

中国科举制度中，在殿试中取得进士第二名的称为榜眼，与第一名状元、第三名探花合称“三鼎甲”。

“榜眼”一词出现于北宋初年。起初，不只第二名可称榜眼，第三名也可称为榜眼，因为“眼”必有二。如王禹偁的诗《送第三人朱严光辈从事和州》中说：“赁船东下历阳湖，榜眼科名释褐初。”朱严光只中了第三名，却也是“榜眼科名”。

至北宋末年，只以第二名为榜眼，第

三名则称探花。榜眼这名称跟状元、探花一样，其实都是社会上习惯使用的称呼。在正式发放的金榜之上，只会称进士一甲第一名，一甲第二名，一甲第三名。

◎ 如何算是考中了“进士”

进士，其意是贡举的人员，始见于《礼记·王制》。隋炀帝大业年间始置进士科目。唐代科目中以进士科最为重要，是科举考试的最高功名。

凡应试者谓之举进士，中试者皆称进士。试毕合格者，赐进士及第，也有未经考试而由皇帝封赐的，叫作“赐进士”出身，以区别于考试及第的进士。

考中进士，一甲即授官职，其余二甲参加翰林院考试，学习三年再授官职。明清均以举人会试考中者为贡生，由贡生经殿试赐出身者为进士，进士始专指殿试合格之人。

据统计，在我国1300多年的科举制度史上，考中进士的人总数不少于98749人。古代许多作家都是进士出身，如韩愈、刘禹锡、白居易、柳宗元、杜牧、欧阳修、司马光、王安石、苏轼等。

◎ “举人”的称呼是怎么来的

“举人”得名于汉代的察举，汉代取士用人无考试之法，皆令郡国守相荐举，被荐举者称为举人。

唐宋科举，重进士科，所谓举人，不过指由此可应进士试，所以，又称举进士，仍不是专门称谓词。

至明、清则为乡试考中者的专称，乡试共考三场，三场都过关者称为“举人”，举人登科即可授官。由于乡试的录取名额按中央指定的数目设置，故取得“举人”的地位相当不易。中了举人叫“发解”、“发达”，简称“发”。习惯上俗称为“老爷”。

◎ “贡生”都有哪些名目

在科举制度盛行的封建时期，凡府、州、县学生员中成绩优异者，经挑选可升入京师的国子监读书，这些被选中者就称为“贡生”。意谓以人才贡献给皇帝。

科举考试的目的是为王朝选拔从政人才。各朝代贡生的具体名目不一，明代有岁贡、选贡、恩贡和细贡；清代有恩贡、拔贡、副贡、岁贡、优贡和例贡。清代贡生，别称“明经”。

◎ “贡院”，举行乡试会试的场所

贡院是中国明、清时期科举考试举行乡试、会试的场所。唐开元二十四年，“考功郎中李昂，为士子所轻诋。天子以郎署权轻，移植礼部；始置贡院”。

明、清时代贡院的大堂东西两侧为外帘，供管理人员居住。大学后为内帘，供试官居住。贡院两侧建首试士席舍，称“号舍”，供应试者居住。主考、同考在内，谓“内帘官”，提调、监视官在外，谓“外帘官”，贡院墙有荆棘，亦称“荆闱”。

◎ 科举考试的"八股文"体例有什么特点

八股文也称"时文"、"制艺"、"制义"、"八比文"、"四书文"，是明清时期科举考试所采用的专门文体。之所以被称为八股文，是因为它要求文章中应有四段对偶排比的文字，一共八部分，而"八股文"的"股"正是对偶的意思。

八股文的特点是：题目均采自《四书》、《五经》，论述内容以北宋程颐、程颢，南宋朱熹等学派的注解为准，结构体裁有一套硬性的规格。全文由破题、承题、起讲、入题、起股、中股、后股、束股、大结等各部分组成，作用互不相同。

破题是用两句话将题目的意义破开，承题是承接破题的意义而说明之。起讲为议论的开始，首二字用"意谓"、"以为"、"且夫"、"尝思"等开端。"入题"为起讲后入手之处。起股、中股、后股、束股才是正式议论，以中股为全篇重心。在这四股中，每股都有两股排比对偶的文字，合共八股。

另外，八股文对字数也有一定的限制，一般限定在五百五十字到七百字之间，文中要求点句、勾股（标明段落）、涂改的字于文末以大字注明，试题低两格、试文顶格，不符合规定的试卷则被取消资格。

由于八股文从内容到形式都很死板，没有自由发挥的余地，不仅使士人的思想受到极大的束缚，而且败坏了学风。因此，光绪二十八年（1902年），八股文被废。乡、会试虽仍有四书义、五经义，但文章格式已不再限制。三年后，袁世凯、张之洞再次上折，得到谕允，于是，有着700年历史的八股文寿终正寝。

◎ 帖经、帖括指的是什么

唐宋科举士子以"帖括"形式读书来应对科举考试。唐代明经科，主要采用帖经法，专注重记忆。具体的考试方法：帖经者，以所习经掩其两端，中间开唯一行，裁纸为帖，凡帖三字，随时增损，可否不一，或得四、得五、得六者为通。

也就是说，把所要考的那些书里随便抽一句，用纸贴住句子里的某些部分，要应试者答出这句话是什么，"帖经"，即贴住经文的意思。由于应试者越来越多，而必须加以淘汰，所以，帖经法越来越偏，应试者为了应对这种考试，便于记忆，就创造出帖括之法，即把难记偏僻的经文，概括成诗赋歌诀的形式。

◎ 古代的武举制度

武科的科举又称为武举，武举制度创立于武则天称帝后十二年（702年）。

唐代武举偏重于技勇，重点是马上枪法，只能说是武举的创制时期。宋代的武举考试，先考骑射的技艺，然后考策略决定去留，考弓箭射击比试高下。

武举在明清两代非常兴盛。明代的武举考试，从成化十四年（1478年）起，每三至六年举行一次，先考策略，后考弓马。

谢肇制《五杂俎》中记述明英宗正统十四年（1449年）“土木之变”，明军大败，京城告急，遂开武科募招天下勇士，“山西李通者行教京师，试其技艺，十八般皆能，无人可与为敌，遂应首选”。

武举制度创始于唐代

清代武举制度比较完备，会试由兵部主持，外场试骑射、步射、弓、刀、石，内场试《武经》，由外场中试者参加内场考试。由于清朝武举录取相对公正，使得民间习武者对武举考试趋之若骛。清代武举为国家提供了大批人才，其中产生了不少杰出人物。

据统计，清代的武会试，自顺治三年开科，到光绪二十四年截止，一共进行了112次。一共产生了112个武状元，其中“独占三元”（即乡试、会试、殿试均得第一）的一人，此人是清初浙江仁和的王玉。王玉体貌伟岸，武力绝伦，甚得顺治赏识，曾任天津镇总兵等职。

武举作为中国封建社会的一种考试制度，从应运而生到因不合时宜而废，总共延续了1199年。

◎ 古代考试也会密封试卷吗

试卷密封，即将考生试卷上的姓名密封起来，使阅卷人在不知应试者姓名的情况下评卷，以防作弊。试卷密封源于我国唐代。

唐代吏部选人，最初试卷上写有姓名、籍贯，能靠特权录取。武则天曾下令用纸糊上考生姓名，开创了“糊名”的先河。不过武则天所创糊名之法，只是用于吏部升迁官吏的考试，还没有成为科举考试的一项制度。

到了宋代，“糊名”才正式用于科举。《宋史》卷155《选举》中谈到，宋太宗淳化年间采用监丞陈靖的建议，推行“糊名考校”法。糊住姓名、籍贯，决定录取卷后，才拆弥封，以“革考官窝私之弊”。

此举宋朝称封弥，元朝以后称弥封，明清一直沿用。封建时代，科举作弊时有发生，为了防范，在封卷之外，还有许多相应措施，如在阅卷之前，有关部门还将组织人力进行统一的誊卷工作，然后才送交考官评卷。

◎ “科举四宴”是指哪“四宴”

科举四宴是指科举制度形成后渐成成规的鹿鸣宴、琼林宴、会武宴、鹰扬宴。

鹿鸣宴是为新科举子而设的宴会，起

于唐代。因为宴会上要唱《诗经·小雅》中的“鹿鸣”之诗，所以，取名鹿鸣宴。从唐至明、清一直相沿。

琼林宴是为新科进士举行的宴会，起于宋代。“琼林”原为宋代名苑，在汴京（今开封）城西，宋徽宗政和二年（1112年）以前，在琼林苑宴新及第的进士，因此，相沿通称为“琼林宴”，后一度改为闻喜宴，元、明、清称恩荣宴。

鹰扬宴是武科乡试放榜后考官及考中武举者共同参加的宴会。所谓“鹰扬”，是取威武如鹰之飞扬的意思。

会武宴是武科殿试放榜后，在兵部举行的宴会，规模比鹰扬宴更大。

◎ “雁塔题名”，新科进士及第后的一种习俗

唐代新科进士及第后，常题名于雁塔的一种习俗，即为雁塔题名。

五代王定保《唐摭言》记载：“神龙已来，杏园宴后，皆于慈恩寺塔下题名。同年中推一善书者记之，他时有将相，则朱书之。”这种传统始于唐中宗神龙时。

当时进士张莒游慈恩寺，一时兴起，将名字题在大雁塔下。不料，此举引得文人纷纷仿效。尤其是新科进士更把雁塔题名视为莫大的荣耀。他们在曲江宴饮后，集体来到大雁塔下，推举善书者将他们的姓名、籍贯和及第的时间用墨笔题在墙壁上。这些人中若有人日后做到了卿相，还要将姓名改为朱笔书写。

在雁塔题名的人当中，最出名的是白居易。他27岁一举中第，按捺不住喜悦的心情，写下了“慈恩塔下题名处，十七人中最少年”的诗句。又如另一位新科进士刘沧写道：“紫毫粉壁题仙籍”，简直以为自己是天上的文曲星了。

五代时将都城移至洛阳，雁塔题名之风也逐渐废弛。

◎ “公车”如何成了应试举人的代称

1895年5月2日，维新变法的倡导者康有为在各省进京会试举人的赞同下，向督察院呈递上皇帝书，要求拒绝和日本签订《马关条约》，这就是近代史上有名的“公车上书”。那么，“公车上书”的“公车”是什么意思呢？是今天单位的用车，或是城市里的公共交通用车吗？都不是。

从汉代开始，我国便开始以公家车马送应试举人赴京。清朝入主中原不久，为了笼络知识分子，在顺治八年作出规定：“举人公车，由布政使给予盘费。”即应试举人的路费由各省政府的财政官员布政使发给，路费的多少，因路程的远近而不同。广东琼州府最多，每名白银三十两，山东最少，每名只有一两。其余地区，由三两至二十两不等。另外，还规定云南、贵州和新疆的应试举人除每人发给白银三两外，还发给火牌，凭牌供给驿马一匹，车上插一面“礼部会试”黄布旗。

以前，“公车”都是由政府提供给应试举人使用的，因此，“公车”也就成了应试举人的代称。

礼制民俗

◎ 什么是封禅？封禅包括哪些仪式

封禅，是中国古时候统治者举行的一种祀典。“封”指筑土为坛祭天，古人认为群山中泰山最高，因此，人间的帝王应到最高的泰山上祭上帝，表示受命于“天”。“禅”指祭地，在泰山下的一些小山如之云山、亭亭山举行。实质上封禅是一种具有政治目的、又带有神秘特点、非宗教性的祭祀活动。

封禅产生于什么时候，有两种不同的说法。司马迁在《史记·封禅书》里认为，封禅产生于伏羲氏以前的无怀氏。无怀氏曾封泰山，禅云云山。而马端临在他的《文献通考》中则认为，封禅是从秦始皇开始的。

秦始皇统一中国后，曾巡行各地，率领车驾、文武大臣及儒生博士70人到泰山举行封禅活动。准备行封禅礼时，那些儒生议论纷纷，有人说古代天子封禅要用蒲裹车轮的“蒲车”，以免损伤山上的土木草石；有人说要扫地而祭，下铺用麦秸做的席。所说互相矛盾，难以实施，秦始皇由此将随从的儒生全部撤退，自定封禅的仪式。

封与禅一般是同时进行的，但封的仪式重于禅的仪式。这是因为天在上，地在下，人们认为天为阳，地为阴，天高于地。

封禅的仪式不但复杂，而且神秘。传说时代及夏、商、周三代，虽有封禅之说，但无具体记载。进入君主专制社会，虽有记载，但各朝各代的封禅仪式不尽相同。

在封建社会，到泰山举行过封禅的帝王有秦始皇、汉武帝、汉光武帝、唐高宗、唐玄宗、宋真宗等。但宋真宗以后，封建帝王在泰山的封禅活动基本上就废止了。

1420年，明成祖朱棣建成了北京天地坛，此后，天地坛取代了泰山，成为帝王祭祀天地的地方。

◎ 祭祀“社稷”有什么意义

在中国古代，“社”是土神，“稷”为谷神。中国向来是一个有着悠久历史和高度农业文明的国家，土地和庄稼被认为是人类世代赖以生存的根本。古语云：人非土不立，非谷不食。意思就是说：如果没有土地，那么，人便没有立足之地；要是没有谷物，人就没有食物果腹。

没有了土地和粮食，人们便不能生存，也就更不可能有国家，所以，“社稷”一词便成了国家的象征，有时更用于指代“国家”。

封建帝王为了保住自己的江山社稷，每年都要举行祭祀土神和谷神的活动。北京中山公园内的社稷坛，就是明代皇帝为祭祀土谷两神而修建的。坛上划为东西南北中五个部分，并分别铺以青红白黑黄的“五色土”，立在坛中央的石柱，被称为“江山柱”。

◎ 什么是宗庙

宗庙，在中国古代被当作天子、诸侯祭祀祖宗的场所。它对保持以家族为中心的宗法制度及其世袭统治有极大的维系作用。

宗庙中设有先祖的牌位，还供有祖先的遗像，以便后代子孙瞻仰。我国儒家文化以孝亲为人伦之本，孝亲又以崇拜祖先为基础。为祖先立庙，就是因为后人相信，祖先之灵可以保佑子孙，因此，立庙祭祖，代代相传。

在古代，立庙祭祖无论是帝王还是平民都可以进行，但庙制却有着严格的等级之分，以体现尊卑秩序。《礼记·王制》规定：天子七庙，诸侯五庙，大夫三庙，士一庙，庶人祭于寝。祭品也有差异，如天子祭祖用十八“太牢”（太牢指羊、牛、猪），庶人祭祖就只能选韭、麦、菽、稻等作物。

宗庙建在哪里也是很有讲究的，按《周礼》“左庙右寝”的规定，应设在宫室居处的东面。在称谓上，由于宗庙非帝王独有，因此，称谓也不同，天子庙称太庙，公卿大臣庙称家庙，民间则以宗族为单位设屋祭祖，称祠堂。

◎ 古代礼器有哪些

礼器是中国古代在祭祀、宴飨、丧葬以及征伐等活动中使用的器具，其使用的规格有严格的等级限制，用以表明使用者的地位、身份、权力。包括鼎、簋、鬲、盂、俎（食器）；盘、匜、鑑、盉（水器）；爵、觚、觯、觥、彝、卣、尊（酒器）；钟、鼓、钲、铎、铙、磬（乐器）以及玉帛（祭祀时用的璧、璋、琥、琮、圭、璜等玉器和束帛）。

礼器是在原始社会晚期随着氏族贵族的出现而产生的。进入商周奴隶制社会后，礼器有了很大发展，成为调节统治阶级内部秩序的象征。此时的礼器以青铜器、玉器为代表。其中，青铜器工艺精美，意义重大。以青铜鼎为例，鼎本来是古代的烹饪之器，相当于现在的锅，用以炖煮和盛放鱼肉。最早的鼎是黏土烧制的陶鼎，后来又有了用青铜铸造的铜鼎。禹铸九鼎之后，鼎从一般的炊器变为传国重器，国灭则鼎迁。

"九鼎"

玉帛中，玉指玉器，帛指丝织品。从狭义上讲，是指古代诸侯参与会盟或朝觐天子时所持的礼物。从广义上讲，玉帛泛指举行礼仪时所用的礼器。据《左传》载："禹会诸侯于涂山，执玉帛者万国。"史料中，去朝见禹的人手里都拿着玉帛，玉帛在后世于是又成了和平的代名词，俗语"化干戈为玉帛"便由此而来。

◎ 古代宫室建筑要遵循什么格局

宫室中，宫一般指整所房子，外面有围墙包着，室只是其中的一个居住单位。上古时代，宫指一般的房屋住宅，无贵贱之分。秦汉以后，只有王者居住的地方才能称为宫。

在建筑上，古代宫室一般朝南。主要建筑物的内部空间分为堂、室、房。前部分是堂，通常是行吉凶大礼的地方，不住人。堂的后面是室，住人。室的东西两侧为东、西房。整栋房子是建筑在一个高出地面的台基上的，所以，堂前有阶。要进入堂屋必须升阶，所以古人常说"升堂"。

上古堂前没有门，堂上东西有两根楹柱。堂东西两壁的墙叫序，堂内靠近序的地方称为东序、西序。堂后有墙和室房隔开，室和房各有户和堂相通。

汉代文献中还常提到阁和厢，其指的是堂的东西两侧和堂毗邻平行的房子，和后世阁厢的概念不尽相同。堂东西有墙叫序。序外东西各有一个小夹室，叫东夹、西夹，这就是阁。东夹、西夹前面的空间叫东堂、两堂，这就是厢，厢前有阶。乐府诗《鸡鸣》篇："鸣声何啾啾，闻我殿东厢。"东厢即东堂，殿是堂屋。

在统治者的宫室中必有台榭、观阙等华美的建筑。台，高而平，便于瞭望。榭，是台上的木构建筑，只有楹柱，没有墙壁。观，是宗庙或宫廷大门外两侧的高建筑物。两观间有一个豁口，叫阙。

汉代帝王宫殿和将相之家还有廊庑，一般人家则没有。

◎ 古代车马的礼仪有哪些

古代典籍中，常看到"车马"二字一起出现。这是因为在战国之前，车马是相连的。没有无车的马，也没有无马的车。所谓御车，即御马，乘马也就是乘车。驾车的马的数量会有所不同，驾二马为骈，驾三马为骖，驾四马为驷。

马车的车厢称舆，这是载人的部分。舆的前面和两旁以木板为屏蔽，人从舆后上车，站在车舆里。舆两旁的木板可以倚靠身体，称辅。舆前部的横木可以凭倚把扶，称式（轼），也有绳子可以手持。

一般车舆上有活动装置的车盖，主要用来遮雨。车轮的边框叫辋，车轮中心有孔的圆木叫毂（用来穿车轴），辋和毂为两个同心圆。连接辋和毂的木条称辐条。车轴是一根横梁，两端露在毂外，上面插着一个三四寸长的销子，叫辖。辖可以防止车轮外脱。露在毂外的车轴末端，称轨。辕是驾车用的车桢，后端与车轴相连，夹在牲畜两旁。车辕前端插上销子和轭相连，称作輗。

乘车也有一定的礼仪，由于古人有尚左（以左为尊）的习俗，因此，尊者通常在左，御者居中，右侧另有一人陪乘。陪乘叫骖乘，又叫车右。

驾车的马匹数量也有讲究，如果是三匹或四匹，则有骖服之分：两旁的马叫骖，中间的马叫服。贵族的车马还有考究的装饰附件等，不一而足。在战国以前，马是专为拉车用的，少有单骑。到了战国时期，赵武灵王胡服骑射，从匈奴学来了马术，于是骑乘之风便渐渐兴盛起来。

◎ 古代帝王为何普遍实行“嫡长子继承制”

嫡长子，就是由符合“六礼”所娶的妻子生育的、有着纯正血统的长子。嫡长子继承制，就是由正妻所生的长子来继承家产和王位。这是宗法制度最基本的一项原则，法律规定嫡长子享有继承优先权。

嫡长子继承制自商朝开始，至西周确立，并一直流传到民国时期，是与王位继承和家族延续紧密相连的政治制度和政治伦理色彩极其浓厚的继承制度。这种制度体现了等级观念，与宗法制度、妻妾制度相表里；在当时多妻（妾）制条件下，一定程度上避免了继承中的矛盾冲突。所谓“立嫡以长不以贤，立子以贵不以长”，就是所谓的嫡长子继承制。

◎ 宫廷朝会规则是怎样的

君臣相见，自有一番客套，但这却是由简而繁，由宽而严的。

上古时，君臣相见一律站立，讨论政事时则同坐，文武大臣向君王施礼、拜叩，君王有时也以礼相还。秦汉以后，皇帝威严日渐膨胀，“朕”、“万岁”等为皇帝专用。但汉时，皇帝召见丞相，仍要从御座上站起来。唐代，大臣向皇上奏事，皇帝还给其赐座。

但到宋朝，皇帝为了立天威，一次乘宰相起立递呈公文之机，密令内侍将相坐移去。从此，宰相立而论事。到了清朝，大小官员觐见天子，则变成跪见。

而朝会之时，礼仪更是烦琐。明清时，每遇新皇登基、大婚、册立皇后、元旦、冬至，万寿节（皇帝生日）等，天子都要接受文武百官和外国使臣的朝贺。

清代行朝贺仪式时，由銮仪卫陈设法

驾卤簿于金銮殿下，直至午门外，乐部把由编钟、编磬、琴瑟、箫、笙等乐器组成的中和韶乐置于金銮殿东西檐下，由云锣、方响、管子、杖鼓等乐器组成的丹陛大乐设在太和门内东西檐下，礼部把王公百官的贺表放在午门外龙亭内。

文武百官皆着朝服，王公在丹陛上，其他官员和外国使臣在太和殿院中，按品级排在规定的位置上。是日，皇帝须穿上黄色朝服，乘舆出宫，午门鸣钟鼓，至保和殿后下舆，先到中和殿升座，接受在典礼中传班、执事、导从等官员的三跪九叩之礼，而后进入金銮殿，这时中和韶乐声起，皇帝升宝座。

随之，丹陛大乐奏响，文武百官跪下，乐声随即止住。宣表官宣读贺表，完毕再奏升陛大乐，文武百官行三跪九叩礼。然后皇帝降座，奏中和韶乐，退朝。朝贺结束。

在元旦、冬至、万寿节等，朝会后皇帝还要回到乾清宫分别接受皇后、妃嫔、皇子等的朝贺。

◎ 古人的避讳制度是怎样的

我国避讳的习俗历史悠久，早在西周时期，就有“二名不偏讳”之说，即官名和人名都与天子名字相同的字，只避讳一字就可以。

秦汉时代，避讳制度渐趋完备。秦始皇生于正月，取名“嬴政”，下令把“正月”改称“征月”或“端月”。这是秦朝国讳的一项内容。西汉司马迁著《史记》不用“谈”字，是因为其父名叫司马谈，这是避家讳。

唐宋时代，避讳制度更加严格，除了本字头，连音同音近的字也要避，唐代并且要求七世以内的君主的名字都要避讳。宋代的国讳比唐代更进了一步，七世以外的君主的名字也要避讳。宋代把“镜子”叫作“照子”或“铜鉴”，是因为宋太祖的祖父叫赵敬。“敬”与“镜”同音，就犯了避讳，需要用其他字来代替。

清代大兴文字狱，国讳最多也最严。如顺治皇帝名叫爱新觉罗•福临，乾隆帝见门楣上写有“五福临门”，便下诏责问，命令全国不准再在门楣上题写这四个字，违者治罪。

◎ 古代帝王为何祭孔

在古代，孔子被称为“素王”，意思就是有圣王之德与才、无圣王之爵与位的人。作为我国思想界的第一人，历朝历代都对孔子推崇备至。

汉时，封建帝王开始给孔子上封号，汉平帝追封孔子为公爵，称“褒成宣尼公”。东汉和帝永元四年，改封孔子为“褒成侯”。此后，孔子的封号越来越多，唐高宗诏赠孔子“太师”封号，后周太祖广顺二年(952年)，追封孔子为“至圣文宣师”，明世宗定孔子谥号为“至圣先师”，等等。

帝王们不仅给孔子这样那样的封号，甚至亲临孔子出生地祭孔，这一形式也作为帝王们的一项传统承袭下来。

历史上第一位祭祀孔子的帝王是汉

高祖刘邦。刘邦起初不太重视儒学，但刘邦得天下后，听从儒生叔孙通的建议规范臣下的行为，实行休养生息的政策，社会马上安定下来，经济得到了恢复，刘邦这才感觉出当皇帝的尊严来。这些引起了刘邦对儒学的兴趣。

刘邦于是来到曲阜，用太牢（猪、牛、羊三牲）祭奠孔子，并且还封孔子的九世孙孔腾为“奉祀君”，专职奉祀孔子。刘邦成为中国历史上第一位祭祀孔子的皇帝。

◎ 古人如何定“谥号”

我国古代帝王、诸侯、大臣等具有一定地位的人死去之后，朝廷根据他们的生平事迹与品德修养，评定褒贬，而给予一个寓含善意评价、带有评判性质的称号，并相沿成为制度，这种制度称为谥法，所给予的称号即为谥号。

谥法始于西周（夏商时代的王没有谥号，往往直呼其名，称呼多用干支，如太甲、孔甲、盘庚、帝辛等）。周公旦和姜子牙有大功于周室，死后获谥。这是谥法之始。

谥法制度有两个要点：一是谥号要符合逝者的生平；二是谥号只能于死后由别人评定并授予。君王的谥号由礼官确定，由继位皇帝宣布；臣子的谥号则由朝廷赐予。谥号带有总结、盖棺定论的性质。

谥号有美谥、平谥、恶谥之分，美谥有文、武、景、烈、昭、穆、桓等；平谥有哀、怀、愍、悼等；恶谥有炀、厉、灵等，如西周周厉王的“厉”便是对他予以斥责的恶谥。

先秦时的谥号以用一个字为常，也有用两三个字的。汉代谥法制度日趋严密，朝廷中正式设立大鸿胪一职，管理王公列侯的谥法。宋代开了后代予大臣谥二字的先河。

明清时期，谥法内容基本固定下来。

首先，是将各等级人员的谥号字数固定下来。如明代皇帝谥号为十七字，亲王一字，大臣两字；清代皇帝二十一字，硕亲王一字，大臣两字。

其次，赐谥权高度集中于皇帝手中，要取决于“圣裁”。帝王的谥号一般是由礼官议定，经继位的帝王认可后予以宣布，臣下的谥号则由朝廷赐予。谥号中还有一种私谥，就是有名望的学者、士大夫死后由其亲戚、门生、故吏为之议定的谥号，是一种尊重的称呼。

有些人的谥号由于经常被后人称呼，几乎成为他们的别名，如岳武穆（岳飞）、范文正公（范仲淹）等。

◎ 帝王赐姓有哪些情况

在封建社会，帝王具有至高无上的权利，他们可因一时之高兴而改变别人的姓氏，以示恩宠、嘉奖或惩戒。

一般来讲，赐姓有三种情况。

一是赐国姓。这是帝王对受赐者的最高恩宠和嘉奖。这其中，最为著名的当属郑成功，唐王朱聿键在福州称帝后，见郑成功相貌堂堂，十分赏识，遂赐以国姓朱。东南沿海一带的人于是称郑成功为“国姓成功”或“国姓爷”。

二是赐他姓。帝王赐姓也有不赐国姓

而赐以他姓的。其中最为著名的当属明三保太监郑和，郑和本姓马，名三保，因在燕王府中做宦官时，跟随朱棣多次立有奇功，所以，朱棣即位后就赐姓为郑，以示嘉奖。

三是赐恶姓。这类赐姓犹如赐死，是一种严厉的惩罚。被赐者大部分是政治舞台上的失败者，所赐之姓一般都含有凶恶和不祥的意思，都是贬义的。如三国时的吴主孙皓十分暴戾，他害怕手握重兵在外的孙秀和他争夺政权，就派人伪装围猎去抓捕孙秀，谁知走漏了风声，孙秀带妻子连夜投奔了西晋。孙皓大怒，但又没有地方可以撒气，于是把孙秀的姓改为厉，以此来发泄心中的一腔怒气。

◎ 帝王葬仪都有什么样的规格

在我国古代，普天之下莫非王土，历代帝王的葬仪，其规模之大，牵涉之广，礼俗之烦琐难以尽数。历朝历代葬俗不尽相同，但却都表现出规模宏大、庄重肃穆的特点。

历代帝王对自己百年之后的归处都做了周全的打算，他们生前不仅大建宫殿为享乐之用，还要大造墓葬作为死后的安身之处。历代帝王对墓葬的修建是无休无止的，其中最为著名的也许就是秦始皇了。

在今天看来，秦始皇可谓是皇帝中的典型。西安的秦始皇陵以其宏大的规模、雄伟的气势被视为“世界第八大奇迹”。秦陵为当代的人们了解古时的历史文化和社会状况提供了可靠的依据。但当时役使民众为其修筑陵墓，弄得劳民伤财，也是导致秦朝灭亡的一个主要因素。

皇帝死后不光有奢华的陵墓和陪葬品，其殡葬礼仪的烦琐也令人瞠目结舌。不仅朝廷内外官员，皇亲国戚要着孝服，而且宫中的宫女、太监、民间百姓都要服丧。皇帝死后百日，民间禁止嫁娶和一切娱乐活动。这些制度都是不合理的。

皇帝的葬礼隆重而烦琐，其中最为残酷的部分是以宫中妇女殉葬。野蛮的人殉习俗本是奴隶社会的产物，却为封建帝王原封不动地继承下来。秦始皇落葬时，二世胡亥命令“先帝后宫”中没有生育的嫔妃全部“从死”殉葬，实际执行情况更骇人听闻，为了防止陵墓机密的泄露，大批建墓工匠和送葬夫役全被杀害在陵墓内。据《汉书》记载，殉葬的人数多达万人。

秦亡以后，历代帝王于殉葬之事多所隐讳，但披露于史料的仍旧不少，明朝公然将殉葬定为“天子”丧葬制度的一部分。朱元璋死后，后宫妇女殉葬者达46人，其中有11人是活埋的。明成祖、明仁宗、明宣宗和明景帝的丧葬也都采用妇女殉葬。《朝鲜李子朝世家实录》记载了永乐二十二年逼殉宫女的悲惨情景：“帝崩，宫人殉葬者三十余人。当死之日，哭声震殿阁……”

◎ “报生礼”有什么讲究

所谓“报生礼”，就是婴儿出生后，父亲和家人以不同方式到婴儿外公外婆家、亲朋邻居家报告喜讯的礼节。我国疆域广阔，各地流传的报生礼也不尽相同。

婴儿诞生后，首先要去外婆家报喜，俗称“送喜果”，是我国古代普遍流行的一种习俗，今天大部分农村仍保留这种习俗。有新生儿父亲去报喜的，常会携带荔枝、龙眼、花生及染成红色的鸡蛋（俗称“红蛋”或“喜蛋”）等礼物，但以红蛋为主。红蛋的数目，生男为单，生女为双，有的地方生女不送红喜蛋。

外婆家接到礼物后，会准备喜蛋、衣裙等物送还。接到外婆家所送的喜蛋，要按照男单女双的数目分送亲友，而亲友则以火腿、桂圆馈赠，现代社会生活中的“发喜糖”、“发红蛋”的习俗，就是这种“送喜果”习俗的沿袭和继续。

从我国古代的报生礼仪中，还可以看出一种明显的“男尊女卑”思想。旧时，生男被称为“弄璋之喜”，璋是佩玉，表示富贵、尊贵，要大庆贺；生女被称为“弄瓦之喜”，瓦是纺锤，表示女工，庆贺从简。

在报喜时也一样，小孩出世时，如果是男孩，接生婆就会对生母大叫“大喜”，如果是女孩，接生婆则不说话。一些地区或一些少数民族，若生女孩，娘家的贺生礼物明显要少于生男孩。

◎ “三朝礼”有什么讲究

婴儿出生三日后，要举行三朝礼。在清末，三朝要烧太均纸。烧此纸是为了拜谢太均娘娘送子的恩典。

三朝要为婴儿举行洗三仪式。清崇彝的《道咸以来朝野杂记》中有录：“三日洗儿，谓之洗三。”洗儿时，浴盆中放上喜蛋和金银饰物等。洗完后，取喜蛋在婴儿额角摩擦，以避生疮。用金银饰擦之，以免婴儿受惊吓。然后，取婴儿父亲的鞋一只，碎缸片一块，肉骨一根，与婴儿合称，俗称“上称”，取意为婴儿长大后有刚（缸）骨，继承父志。这一日，还要用红带将婴儿双手系上，以象征孩子将来必定安静，不会胡为。

◎ “满月礼”有什么讲究

满月礼，即在孩子满月时举行的礼仪，很隆重，也很热闹。随着婴儿的满月，很多禁忌也随之解除，所以，主人要请亲朋好友来喝满月酒。据《东京梦华录》记载，宋朝的小儿在满月时，主家会在盆中烧上香汤，亲友来时，就将钱撒在汤中，称“添盆”。这是一种独具特色的馈赠仪式。

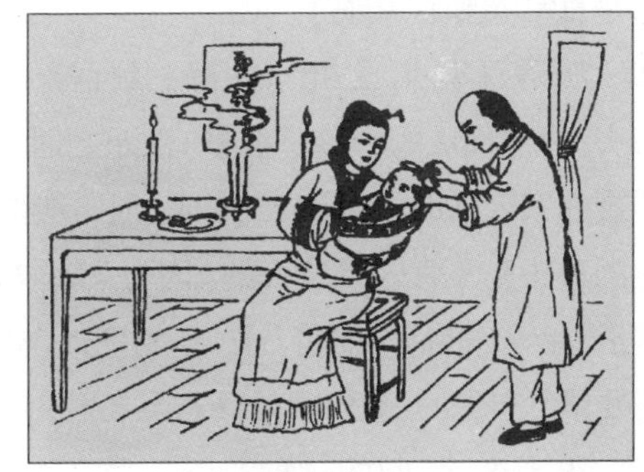

满月剃胎发

另外，满月时还有剃胎发、出门游走等习俗。剃胎发是满月礼中的一项重要习俗，多由舅舅主持，这是母系社会人际关系的某种遗留。剃头时，额顶要留“聪明发”，脑后要蓄“撑根发”，眉毛则要全部剃光。剃下的头发还要收藏好。这种习俗一直延续至今。

满月游走，也叫满月逛街，是一种为婴儿祈求吉祥的活动。据《东京梦华录》载，宋代在满月礼落胎发之后，便“抱牙儿入他人房”，一般是由外婆或舅舅抱去礼节性地小住，谓之移窠或挪窝。目的是让婴儿象征性地见见世面，以便将来有出息、有胆识，成为一个精明能干的人。

◎ “百日礼”有什么讲究

百日礼，又叫百晬，《东京梦华录》有言：“生子百日置会，谓之百晬。”晬，婴儿周岁之谓也。又称百岁，明沈榜《宛署杂记》说：“一百日，曰婴儿百岁。”所以，过百日也叫过百岁。

百有圆满、完全等意义，所以，百日礼多在“百”字上做文章，其中最有特色的就是百家衣和百家锁了。

所谓百家衣，是指亲朋好友敛百家之布头，拼缝而成的小孩子衣服。敛布之时，尽管邻家皆乐助“百家衣”之成，但一般紫色的布头是不肯轻易给人的。因为“紫”与“子”谐音，谁都不愿将“子”送给别人。要讨要紫色布头，一般要到孤寡老人家里。

很明显，民间的这种习俗是仿“和尚衣”，即“百衲衣”而来的。古时候，孩子出家当和尚，主要是因为小孩子从小多灾多病，难以养活，父母没有办法，这才忍痛割爱，交给佛门，让他吃百家饭，穿百家衣，得以生存。

百家锁也是一种集百家之金银打制而成，或由多个人家合送的象征物。锁上多有“长命百岁”、“长命富贵”等祝福吉祥的文字或图案，所以也叫长命锁。

◎ “周岁礼”有什么讲究

周岁，既是诞生礼的总结，也是寿礼（生日礼）的开始，所以，一般庆祝时都比较隆重。所送的礼品多为衣服、鞋、帽，其中鞋子是必不可少的，因为此时孩子已能蹒跚行走了。旧时以送虎头鞋为最多，因为民俗认为老虎为百兽之王，穿上虎头鞋可以避邪壮胆，富贵长寿，并且说：“穿上虎头鞋，力大踢死虎。”

周岁礼中流行最普遍的是抓周，也叫拈周或试周等。

一般是父母在孩子刚满一周岁那天，在吃中午那顿“长寿面”之前，要在他（她）面前放上一些有代表性的东西，诸如笔墨纸砚、珍宝玩具、服饰胭脂、瓜果点心等，不予以任何诱导，任其挑选，看孩子抓取何种物件，预测其一生的性情和志趣。这种仪式名叫“抓周”，又称“晬盘”、“试儿”，它是我国一项古老的风俗。

据史书所载，此风俗始于魏晋南北朝。《颜氏家训·风操》有述：“江南风俗，儿生一期（一周岁）为制新衣，盥浴装饰，男则用弓矢纸笔，女则用刀尺针缕，并加饮食之物及珍宝服玩，置之儿前，观其发意所取，以验贪廉智愚，名之为试儿。”

当时，人们认为，如果婴儿抓弓矢，长大后习武为将；抓纸笔，长大后习文为儒；

如抓珍宝服玩，则长大后贪婪爱财或玩物丧志；女婴如抓刀尺针缕，长大后即为贤妻良母……

◎ “冠礼”，古代男子成人的标志

冠礼，俗称成年礼、成丁礼，是古代男子成人的标志。

在我国古代，男子在加冠前称为“童子”，接近加冠的年龄称为“弱冠”之年。据《礼记·曲礼》：“男子二十，冠而字。”“冠而字”就是“加冠称字”。这是因为在古代，每个人都有名和字。名是在人出生三月便取定的，而字则要等进入成年后才取，在成年礼上制定宣布后使用。因此，成年礼也就是人生中的第二次命名礼，或叫称字礼，有着十分重大的意义。

冠礼，经书记载，最早实行于周代。据《礼记·士冠礼》的记载，冠礼是在宗庙里举行的，由父亲或兄长主持仪式。日期为二月，冠前十天内，受冠者要先卜筮吉日，十日内无吉日，则筮选下一旬的吉日，然后将吉日告知亲友。及冠礼前三日，又用筮法选择主持冠礼的大宾，并选一位“赞冠”者协助冠礼仪式。

行礼时，主人（一般是受冠者之父）、大宾及受冠者都穿礼服。先加缁布冠，表明他已成人，有了成人所应有的一切责任和权力，可以管理人了；次授以皮弁，表示从此要服兵役了；最后授以爵弁，表明从此有权参加祭祀了。

每次加冠完毕，都由大宾对受冠者读祝辞，再由大宾为他取字，然后主人送大宾至庙门外，敬酒，同时以束帛俪皮（帛五匹、鹿皮两张）作为报酬，另外，再馈赠牲肉。受冠者则改穿着礼帽礼服去拜见大宾，又执礼贽（野雉等）拜见乡大夫等。至此，成人的加冠礼全部结束。

若父亲已殁，受冠者则须向父亲神主祭祀，表示在父亲面前完成冠礼。祭后拜见伯、叔，然后飨食。

清时人们的冠戴

在古代，普通的士子，没有行冠礼，就不能担任重要的官职。而帝王不行冠礼，就不能执掌朝政。汉景帝在临死前，抱病给汉武帝行冠礼，就是这个原因。

◎ “笄礼”，古代女子的成人礼

笄礼，是汉族女孩的成人礼。笄礼的古义，是女子订婚（许嫁）以后出嫁之前所行的礼，是对人生责任、社会角色的提醒。

笄，为盘头发用的簪子。所谓笄礼，就是将头发挽起来，用笄簪上。

礼经中关于笄礼并无像冠礼一样的详细记载。《礼记·曲礼上》说：“女子许嫁，笄而字。”《礼记·内则》：“女子十年不出，十有五年而笄。”可见，女子在十五岁许嫁之时举行笄礼，结发加笄，也要取“表字”，故《仪礼·士昏礼》言：“女子许嫁，笄而礼之，称字。”另外，《礼记·杂记》还载：“女虽未许嫁，年二十而笄，礼之。”意思是女子到了二十岁，虽然还未许嫁，这时也要举行笄礼，表示今后要以成人相待。

笄礼的仪式大体依据男子冠礼演变而来，不过，主持者是女性家长，负责加笄的是女宾。南朝梁代礼学家贺玚说，笄礼是由主妇为笄者结发著笄，由女宾以酒醴礼之。《宋史·礼志》对公主笄礼有较详叙述，可让今人得识公主笄礼实况。

笄礼在宫中殿庭举行，皇帝亲临。笄礼始加冠笄，再加为冠梁，二加为九翚四凤冠。祝辞及取字之辞也多套用男子冠礼。礼毕，公主拜见君父，聆听训辞：“事亲以孝，接下以慈；和柔正顺，恭俭谦仪；不溢不骄，毋诐毋欺；古训是式，尔其守之。”然后，笄者再接受皇后、妃嫔的祝贺。

至明代，笄礼即废而不用。在民间，笄礼逐渐消泯或与其他礼仪合并，如后世婚礼便有了成年礼仪的含义，婚典前的“修眉”、“开脸”就标示了这一点。且大婚之礼本身就宣告了当事者已成人。

◎ 古人的生日与祝寿有哪些讲究

人们往往在诞辰之日举行贺诞祝寿的活动。古时，生日又称生辰，祝寿也叫贺寿或拜寿。年轻人庆祝生辰，只能称“过生日”、“做生日”，不能称“做寿”，因为“寿”是年龄长久之意，年满六十或以上者庆祝生辰，才可称为“祝寿”、“做寿”。

我国古代有很长一段时间，人们是不过生日的。很长一段时间内，人们祝寿也不是在生日那天进行。直到殷商时代，人们才有了生日的概念。不过，生日只是出于对太阳神的崇拜，父母用小孩出生之日的干支为孩子起名，没有庆贺生日的活动。

中国人过生日的习俗，大约是从南北朝时开始的。据北齐文学家颜之推的《颜氏家训》说，当时在江南就盛行庆贺小孩周岁的习俗。

成人过生日则见于唐代的记载，当时以做生日煎饼为贺。到两宋时期，有了做寿的习俗。当时，朝政腐败，做官的过生日，僚属都要献寿礼。《水浒传》一书中，就有一段“送生辰纲”的故事。

除祝寿外，民间还有借寿之俗。过去，人们以为人的寿命由天定，但也可以像物品一样借用。一般是因人病入膏肓，又希望延寿，于是亲友中的一些人，自愿借寿一岁。自愿借寿的人择一吉日，斋戒沐浴，到宗庙虔心拜祝，告诉阎王自愿借寿给病人。此俗在江苏淮安地区曾很流行。

◎ 古人的饮酒习俗是怎样的

古代饮酒的礼仪约有四步：拜、祭、啐、卒爵。就是先做出拜的动作，表示敬意，接着把酒倒出一点在地上，祭谢大地生养之德；然后尝尝酒味，并加以赞扬令主人高兴；最后仰杯而尽。

在酒宴上，主人要向客人敬酒（叫酬），客人要回敬主人（叫酢），敬酒时，还要说上几句敬酒辞。客人之间相互也可敬酒（叫旅酬）。有时还要依次向人敬酒（叫行酒）。敬酒时，敬酒的人和被敬酒的人都要“避席”，起立。普通敬酒以三杯为度。

◎ “磕头”的由来

在两三千年以前，中国人就以磕头跪拜来表示礼貌尊敬了。现在虽然用得少了，但在祭祀、拜神，或是婚丧大礼的时候，仍经常看到人们行磕头的礼节。磕头是怎么来的呢？

在东汉之前，是没有椅凳的，人们都席地而坐，下至平民百姓，上至豪门贵族甚至万人之上的帝王，一律坐在地上。区别只在于，有没有坐垫、用何类坐垫而已。当时，人们坐于地时，为了方便站立起来和臀部下腹不受潮湿和寒气，便习惯两膝着地，屁股坐在自己的两腿和脚跟上，相当于现在日本人的坐姿。

这样坐时，当有客人或长辈到来，或谈话中要表示感谢时，很自然地就会从跪坐变成引身而起，即上半身直立起来，变成只小腿着地的跪姿，接着俯身曲背双手撑地表示恭敬，跪拜礼由此形成。再后，发展成多次俯身，即磕头礼了。

汉代后，有了凳子、椅子，出现了双手抱拳的作揖礼，以及再后的点头鞠躬礼。但在表示最大恭敬时，人们仍沿用下跪磕头的习俗，直到现在。

◎ “跪拜”礼是怎么出现的

在我国古代，跪拜礼是最常见的一种礼节。“伸腰及股而势危者为跪，因跪而益至其恭，以头着地为拜。”

跪拜礼的出现与当时的物质条件和人们的生活习惯有关。古人坐时，要两膝着地，然后臀部坐于后脚跟之上，脚掌向后向外，实际上就相当于我们现在的跪。在接待宾客向客人致谢时，为了表示尊敬，坐着的人往往伸直上半身，也就是“引身而起”，然后俯身向下，这样就逐渐形成了跪拜礼。

桌椅发明后，行跪拜礼越发显得不便，但对于受礼人却更有意义，一是更能体现尊卑之别；二是由于施礼人两膝着地，以头着地，难有攻击性动作，对于受礼者比较安全。因此，这一礼节就作为觐见上级的“保留节目”流传了下来。虽历经王朝百代，却依旧盛行不衰。

◎ “九拜”是说连续拜九次吗

在一般人的理解中，“九拜”就是连续拜九次，而礼法上的“九拜”真是这样吗？

《周礼·春官·大祝》云：“辨九拜：一曰稽首，二曰顿首，三曰空首，四曰振动，五曰吉拜，六曰凶拜，七曰奇拜，八曰褒拜，九曰肃拜。”九拜原是祭祀鬼神时的礼节，后来演变为君臣、长幼、尊卑间的礼节。九拜当中，前三种属于正拜，后六种依附“正拜”演化而来，又称“附拜”。

稽首。“稽”就是留的意思。是臣拜君，子拜父，弟子拜老师，新人拜天地以及祭祀上坟等场合的隆重大礼。行礼时，屈膝跪地，拱手于地，手在膝盖前，且左手按在右手上，然后头缓缓地伏在手前面的地上，并停留较长一段时间。

顿首。这种礼属于地位相等或平辈间相交的一般礼节。拜时头，手触地，触后即起。由于头触地面的时间很短，所以，叫“顿首”。这种礼同现在的鞠躬礼近似。

空首。空首也叫拜手，或简称拜。是古代国君回答臣下的拜礼。所谓“空”，就是头并没有真正叩到地面。行礼时，拜跪在地上，先以两手拱至地，然后行头至手。

振动。振动也叫振董。由于《周礼》无明文说明，所以，后世多猜测之词，至今没有一个定论。

吉拜。吉拜是一种丧拜，是非三年之服者所行的一种丧拜。拜时，先空首，后顿首。拱手时男尚左手，女尚右手，即男左手在外，女右手在外。

凶拜。凶拜也是一种丧拜，是三年之服者所行的一种丧拜。拜时，一般先顿首，后空首。拱手时男尚右手，女尚左手。其程序与左右手的位置和吉拜刚好相反，是一种重于吉拜的丧拜。

奇拜。奇拜也有两种说法。一种认为是汉朝时称为雅拜的一种拜礼，拜时，先屈一膝，然后再空首拜；一种认为奇是奇偶之奇，即只拜一拜的拜礼。

褒拜。褒拜指拜两次以上的拜礼，是一种表示恭敬的跪拜礼。古人行礼多用一拜，再拜三拜都是用来表示恭敬的意思。“褒”是大的意思。

肃拜。肃拜也叫手拜，在几种礼节中，肃拜为最轻的跪拜礼，在军中使用。由于兵士甲胄在身，所以，只直身肃容，微微下手以拜即可。肃拜也是女子常用的跪拜礼。行礼时，双膝跪地，手至地面，而头不下垂。

在各色拜礼中，常礼为两拜稽首，有时也为三拜稽首。三跪九叩首为大礼。

◎ “拱手”的姿势为何与带手枷的奴隶相似

拱手是古人最普遍、最常用的一种交往礼节，也叫捧手。这种礼节在现在见面或答谢时还经常用到。施礼者两手合抱于胸前，一般是左手在外，右手在内。但是如遇凶丧，则应该反过来。

古代拱手礼

拱手礼在周朝时已经很普遍了。《礼

记·曲礼上》说："遭先生于道，趋而进，正立拱手。"《论语·微子》也有子路遇丈人"拱而立"的记载。从这些记载来看，拱手礼主要用来表示对长者的敬意。

据考证，拱手的姿势最初是双手抱拳，模仿前面带手枷的奴隶，意思是愿为对方做奴仆，供其驱使。古人的自谦语中有一个"仆"字，"仆"就是奴隶、奴仆，似乎也正是一个佐证。《尔雅·释诂》释"拱"为"执也"，《甲骨文编》收"执"字32个，均为枷住人双手之状。看来拱手礼就是用这种与戴手枷的奴隶相似的形状来表达对对方的敬意的。

◎ "作揖"有哪些讲究

作揖也是古代常用的相见礼仪。作揖时，两手抱拳于前，轻微晃动，身体略弯，以此向人表示问候、致谢、邀请或讨教等意思。行礼时，还常伴以敬辞或谦辞，并因对象的不同而有土揖、时揖、天揖、长揖和高揖的种种区别。

土揖是对没有姻亲关系的异姓所行的揖礼。行礼时双手稍稍往下，俯身。

时揖是对有姻亲关系的异姓亲族所行的揖礼。行礼时双手从胸前平推，俯身。

天揖是对同姓亲族所行的揖礼。行礼时双手从胸前微微向上推举，俯身。

长揖是对尊长者所行的揖礼。行礼时身体站直略折，两手合抱，拱手高举，然后自上而下缓缓移动。

高揖多为平辈间所行的揖礼。行礼时双手高高拱起，不需弯腰俯身。

作揖是以拱手为基本姿势而辅以上下动作的一种礼节。行拱手礼时双手是不动的，而作揖双手则须有相应的动作，两者原先是不相同的两种礼节。但后人在行此礼时，多分不清它们的区别而逐渐混为一礼了，所以，常连名称之为"拱手作揖"或"打拱作揖"。

◎ "长跪"有哪些讲究

双膝跪地，上体伸直，离开小腿，这个动作就叫"长跪"，也叫跽。行这种礼时以示庄重。

古汉语中，坐、跪、跽这三个词的动作姿势有一个相同的地方，那就是膝盖都是着地的。它们的区别只在于臀部是否靠着脚跟和上身是否挺直。

坐为臀部靠着脚后跟的姿势，这是一种相对比较安稳舒适的姿势。

跪为臀部离开脚后跟的姿势。这种跪姿与坐相比显得较为谦恭有礼。《穀梁传·僖公十年》："君将食，丽姬跪而请曰：'食自外来者，不可不试也。'"由于跪姿臀部悬浮，不太安稳，所以，又称"危坐"。东方朔《非有先生论》："吴王矍然易容，捐荐去几，危坐而听。"吕延济注曰："危坐，敬之也。"

跽为臀部离开脚后跟且耸身直腰的姿势。《史记·孟尝君列传》："秦王跽而问之曰：'何以使秦无为雌而可？'"秦王向冯谖请教时，为表示自己对他的敬意而跽。但跽有时也可用来表示心情急切或紧张的状态。如《史记·项羽本纪》："哙遂入，披帷西向立，瞋目视项王，头发上指，目眦尽裂。项王按剑而跽，曰：'客何为者？'"项王对樊哙的突然闯入，心中有所戒备而"跽"了。

由于跽是在跪的基础上耸身直腰的，腰挺直以后，身体似乎有所加长，所以，就有了长跪的说法。《史记·留侯世家》："良业为取履，因长跪履之。"《孔雀东南飞》："府吏长跪告：'伏惟启阿母。'"长跪多为晚辈对长辈表示敬意的姿势。

在先秦的古文中，"作"有时也是长跪的意思。如《论语·先进·侍坐章》写孔子问各弟子的志向，问到曾皙时，写他"鼓瑟希，铿尔，舍瑟而作"。这里的"作"就是起，也就是长跪。这是当时学生回答老师问题时必须有的礼节，就像现在的起立回答问题一样。

◎ 古人的谦称因身份不同而有什么差别

中国古人在说话时非常注意称谓，在提到自己时，一般都会使用谦称，称对方时则用尊敬之语。在说自己时，谦称又因身份不同而千差万别。

最常见的为"鄙人"。"鄙人"的本意是指居于郊野的农人，引申为无地位、无文化之人，即所谓鄙俗之人。古人常用来表示自己地位不高，见识短浅。

另外，"愚"，谦称自己不聪明。"敝"，谦称自己或自己的事物不好。"卑"，谦称自己身份低微。"窃"，有私下、私自之意，使用它常有冒失、唐突的含义在内。"臣"，谦称自己不如对方的身份地位高。"仆"，谦称自己是对方的仆人，使用它含有为对方效劳之意。

帝王称呼自己则常用"寡人"、"孤"等词，孤指单，寡指少。君主称"孤"道"寡"，是一种自我贬损。"孤家寡人"后来成为君王的专有称谓，其自谦的色彩也逐渐消失。

官吏在觐见上级时，则一般会谦称自己为"下官"、"末官"、"小吏"、"卑职"等；下级将领在统帅面前称自己为"末将"。

读书人的自谦词，有"小生"、"晚生"、"晚学"等，表示自己是新学后辈；如果自谦为"不才"、"不佞"、"不肖"，则表示自己没有才能或才能平庸。

古人称自己一方的亲属朋友时，常用"家"、"舍"等谦词。"家"是对别人称自己的辈分高或年纪大的亲属时用的谦词，如"家父"、"家母"、"家兄"等；"舍"用以谦称自己的家或自己的卑幼亲属，前者如"寒舍"、"敝舍"，后者如"舍弟"、"舍妹"、"舍侄"等。

古代女子的谦称也有很多，如"妾"、"妾身"、"贱妾"、"奴家"。出家人自称"贫僧"、"贫道"、"贫尼"等。

此外，因为古人坐席时尊长者在上，所以，晚辈或地位低的人谦称自己"在下"；有一定身份的人自谦"小可"，意为自己很平常、不足挂齿；子弟晚辈对父兄尊长，自称"小子"；老人自谦时用"老朽"、

“老夫”、“老汉”、“老拙”等。

◎ 古人的尊称因身份不同而有何差别

与谦称相对，尊称是对对方表示尊敬客气的称呼。

在古代，最普通的尊称是“君”，不论对方身份高低，都可称“君”，意为“您”或“先生”。下级对上级以及平级之间，常用尊称“公”，而在“公”前加姓，也是当时非常流行的称谓，如称李渊为唐公。“子”原是五爵之一，后演变为尊称，如称孔子、孟子、老子、庄子、程子、朱子等。

臣子称君王则为“陛下”、“万岁”、“圣上”、“圣驾”、“天子”等，称太子为“殿下”，称将军为“麾下”，对使节称“节下”；对三公、郡守等有一定社会地位的人称“阁下”，君王呼臣子为“爱卿”。称别人的意见为“高论”、“高见”；称别人的文章为“大作”；称友人为“先生”、“足下”、“阁下”；称和尚为“圣僧”、“高僧”；称尊师为“夫子”、“师父”、“先生”、“先哲”等。

在提到对方或对方家属时，敬称有“令”、“尊”、“贤”等。“令”，意为美好，用于称呼对方的亲属，如称别人的父亲为“令尊”，母亲为“令堂”，亲属为“令亲”、“令兄”、“令妹”，儿子为“令郎”，女儿为“令爱”，等等。

“尊”，用来称与对方有关的人或物，如“尊公”、“尊君”、“尊府”（皆称对方父亲）、“尊堂”（对方母亲）、“尊亲”（对方亲戚）、“尊驾”（称对方）。

“贤”，用于称平辈或晚辈，如“贤家”（称对方）、“贤郎”（称对方的儿子）、“贤弟”（称对方的弟弟）。

“仁”，表示爱重，应用范围较广，如称同辈友人中长于自己的人为“仁兄”，称地位高的人为“仁公”等。

称谓前面加“先”，表示已死，用于敬称地位高的人或年长的人，如称已死的皇帝为“先帝”，称已经死去的父亲为“先考”或“先父”，称已经死去的母亲为“先慈”或“先妣”，称已死去的有才德的人为“先贤”。称谓前加“太”或“大”表示再长一辈，如称帝王的母亲为“太后”，称祖父为“大（太）父”，称祖母为“大（太）母”。

与谦称的贬损意味不同，尊称多为表示美好、高贵、高尚的字眼。这些称谓有很多至今还在使用。

◎ 姓和氏最初是一回事吗

“姓氏”是一个重要的文化传承符号。据考证，最早的姓可以追溯到母系氏族社会，当时的人由于血缘关系的不同，也会分为若干氏族，每一个氏族都有一个族号，这个族号就是“姓”。不过当时还没有文字，“姓”也只是在口头上流传。经历了无数世代以后，开始有了文字记载，才有了现在的“姓”字。姓字的古形字是“人”和“生”组成的，意为人所生，因生而为姓。《说文解字》说：“姓，人所生也。古之神圣，母感天而生子，故称天子。从女从生，生亦声。”

秦朝以前，姓和氏是含意不同、各有所指的两个单音词。氏字早在甲骨文中就已出现。清代文字学家朱骏声在其名著《说文通训定声》中，释“氏”字本意为木本，是植物之根，为象形字，后来被转注为姓氏的氏，应是取木之根本的意思。“姓”的社会职能是表示一个人的血统来源，“氏”则是姓的分支和发展。

商周以前，“姓”用以区别婚姻，故有同姓、异姓、庶姓之说。中国最早的姓都带有“女”字，如姬、姜、妫、姒等，姓是由母权制社会中妇女的地位所决定的，其作用就是便于通婚与鉴别子孙后代的归属。“氏”用以区别贵贱，贵者有氏，而贫贱者有名无氏。氏同姓不同，婚姻可通；同姓不可通婚。西汉时期，姓和氏的区别分野已经微乎其微，后来就逐渐将姓氏混为一谈，成为不可分割的一个词了。

据说周代是氏产生最为频繁的时代。据知周王室同姓封国得氏近50个。还有异姓封国得氏高达60个。周朝过后，各种不同的氏也陆续出现，越来越多，甚至在数量上超过了姓。

姓氏在形成上也很有意思，有的以古国名为姓，如夏、商、周等；有的以城邑名为姓，如詹、鲍等；有的以先人名或字为姓，如高、刁等；有的以职官名称为姓，如史、司徒、司寇等；有的以职业技艺为姓，如巫、屠、优、卜等。

◎ 郡望和姓氏有什么关系

郡望，是古人用来表明自己出身名门望族的一种文化习俗。

秦汉以后，有的家族由于世居某地而人才辈出，有的家族由于战功显赫而世代高官，这些都可能在当地形成巨大的影响。而这些家族在当地所具有的政治、经济或文化方面的巨大的威望，就会使其自身成为当地人所仰望的对象，从而成为一地之望族。当地人常以有此望族而感到骄傲，后人也常常会借用古代同姓者的这个地望来为自己增光，这在中国历史上并不少见。

北宋祖无择是上蔡人，但他在题碑时却自署范阳人，借用的就是晋代名人祖约和祖逖的地望。

韩愈是河内河阳人，但也自称祖籍昌黎，这是因为昌黎的韩氏在唐代是望族，所以，韩愈就常以“昌黎韩愈”自称，世人亦称之为韩昌黎。其实昌黎的韩氏和韩愈的家族之间未必存有某种亲族关系。

因为古人总喜欢把自己和历史上曾产生过影响的人物联系起来，希望能和名人的血缘挂上钩，希望自己的地望能叫得响，希望能让别人明白自己的出身和来历是非同一般的，等等，于是就有了太原王、汝南周、天水赵、颍川陈和陇西李、南阳张等以地名相标榜的姓氏，从而使姓氏和地域产生了某种固定的联系。

而姓氏一旦和地域联系起来，就有了高低贵贱之分，就有了所谓的“国姓”、“郡姓”、“州姓”和“县姓”的等级差异。中古时代的南北朝至隋唐时期，当时的北方就有所谓的四大望族，即范阳卢氏、清河崔氏、荥阳郑氏和太原王氏。

◎ 名、字和号有什么区别

古人的“名”，是社会上一个人的特称。古代早期的人名一般都很朴素，后来，随着语言文字和文化观点的发展，人名才变得越来越复杂。

“字”往往是“名”的解释和补充，是与名相表里的，故又称“表字”。周代贵族男子年二十行冠礼，即结发加冠，以示成年，也就是说，“字”是男女成年后才加取的，这表示他们已经开始受到人们的尊重了。

“号”是别号，即人的别称。封建社会中的士大夫，特别是文人往往有自己的别号，如唐代李白，号青莲居士，宋代以后，别号之风尤盛。

一般来说，名、字、号其实都是人的名称，只是在取用的时候，才显示出其间的不同。通常名、字多由父母长辈所取，其中多体现了长辈对子女的期望与想法；别号则是使用者本人起的，并不受家族、行辈的制约，可以更自由地寄托或标榜自己的某种情操。

◎ “行辈”能看出一个人的长幼次序

“行辈”是中国特有的表示家族纵横关系的方式。行，指排行，是一个人在家族中的长幼次序。表示行辈的方法主要是用字，即以字入名，通过用字区分辈分、排行。

这些字因时代不同而各有特色，在先秦时期，最常见的行辈用字是：孟、伯、仲、叔、季，如伯禽、仲山、叔向、季路等，排行长幼一目了然。

之后的排行如长、次、幼、少、元等也很常见。长、元表示排行第一，如司马长卿；次，是次子，指排行第二，如祭肜，字次孙；幼、稚，表示排行最末，如东吴孙坚的弟弟孙静，字幼台，东晋葛洪，字稚川；少，指弟弟，如东汉时人许荆上有兄长，字少张。

民间的普通百姓还常以数字为名表示排行。魏晋以后，表示行辈的字逐渐从字转向名，这就是现在的家谱中一般的行辈字派了。如唐代杜甫的两个儿子分别叫宗文、宗武；颜真卿、颜杲卿、颜春卿三兄弟则同属颜家的“卿”字辈。

一些大家族通常规定出若干代的辈字，这样，同一家族即使历经数代，分散各地，从名字上也能分辨出辈分关系来。行辈字快要用完的时候，就由家族中德高望重的族长再次续字延长。

除了以字入名外，以偏旁作规定也是标明行辈的主要形式，如宋代“三苏”中的苏轼、苏辙兄弟，偏旁都为“车”。

因为行辈有其特定的意义，因此，到了宋元以后，宗谱在中层以上的家族中十分盛行，甚至影响到了皇族。

◎ 古人如何确定座次位置

古时官场座次尊卑有别，规定十分严格。官高者居上位，位卑者处下位。秦汉以前，人们以右为尊，“左迁”即表示贬官。

古代建筑通常是堂室结构，前堂后室。在堂上举行的礼节活动是南向为尊。

皇帝聚会群臣，他的座位一定是坐北向南的，因此，古人常把称王称帝叫作“南面”，称臣叫作“北面”。室东西长而南北窄，因此，室内最尊的座次是坐西面东，其次是坐北向南，再次是坐南面北，最卑是坐东面西。

集群宴会中座次的排列，也是很有讲究的。两汉以前，人们习惯“席地而坐”，“上坐”，乃宴席的“尊位所在”，亦即“席端”。“席南向北向，以西方为上”，即以面朝东坐为上。在“室”内设宴，座次“以东向为尊”。而在位于宫室主要建筑物前部中央坐北朝南的“堂”上，则是以南向为最尊，次为西向，再次为东向。

隋唐以后，开始了由坐床向垂足高坐起居方式的转变，方形、矩形、圆形诸形制桌椅的出现，让座次利益也有了新的改变。

以圆桌为例，它是应聚宴人多和席面大的要求而产生的，其最初让用惯了方桌的人很不适应。清中叶以后，圆桌成为酒楼流行的餐台式样，座次一般是依室的方位和装饰设计风格而定，或取向门、采光，或依厅室设计风格所体现出的重心与突出位置设首位。通常侍者会用餐巾折叠成花、鸟等造型摆台，由于十分醒目，首位一望便知。

总而言之，上下前后左右的尊卑古今一样。尊位既定，那么，排座次的传统规矩往往以官场中级别的高低为序，分就主次位。在民间，多以辈分长幼为序，长辈、长者坐尊位；在师门，则以进门的先后为序。

◎ 结发礼有什么讲究

自古以来，人们习惯将原配夫妻称为结发夫妻。为什么要这样称呼呢？要弄清这个问题首先得弄明白“结发”的含义。

结发是中国古代婚礼中的一个重要仪式。上古社会的结发婚仪已不可考。据《曲礼》云：“女子许嫁，缨。”“缨”是一种丝绳。女子许配人家以后，便用它来束发，以此表示她已有了对象。即“示有从人之端也”。直到她成婚时，那条丝绳才由新郎亲手从她的头发上解下，这就是《仪礼·士婚礼》中说的“主人(婿)入，亲脱妇之缨”。

可见，“缨”确是夫妻间的信物。汉、唐诗歌中，多有“结发为夫妻，恩爱两不疑”（汉·苏武诗）、“与君初婚时，结发恩义重”（曹植《种葛篇》）、“结发为君妻，席不暖君床”（杜甫《新婚别》）之类的诗句，说的就是这种结发婚仪。

到了唐代中、后期，“结发”由婚前系缨、成婚时脱缨，演变成新婚夫妇在喝交杯酒前，各剪下一绺头发，绾在一起表示夫妻同心。宋代孟元老《东京梦华录·娶妇》记载：“凡娶妇，男女对拜毕，就床，男左女右，留少头发，二家出匹缎、钗子、木梳、头须之类，谓之合髻。”文中写的就是这种婚仪。后来，人们就习惯将结发夫妻作为原配夫妻的代名词了。

◎ 古人斋戒有哪些禁忌

斋戒是指古人祭祀或举行重大典礼时沐浴、更衣、独居，戒其嗜欲，以示虔诚的程序。严格说来，斋和戒是两回事。“斋”，又称“致斋”，致斋三日，宿于内室，要求清心洁身、思想集中。“戒”，又称“散斋”，散斋七日，宿于外室，不参加一切娱乐活动，也不参加哀吊丧礼，以定心静虑。

斋戒时有饮食方面的禁忌。《论语·乡党》云：“斋必变食。”即要改变饮食。虽有改变，但并非禁食鱼肉荤腥，而是忌食有辛味臭气的食物，如葱、蒜、韭等，这些气味被认为是对神灵的不敬。

值得一提的是，在东汉前，斋戒祭祀期间要三餐食肉，学者朱骏声考证认为，这是为了保证人在斋戒期内有充沛的体力完成祭祀。东汉后，受佛教影响，人们开始食素，忌辛成了忌荤。

到后来，随着佛教的盛行，斋戒期的规定更加细致烦琐，如“八关斋戒”中有不杀，不盗，不淫，不妄语，不饮酒，不坐高广大床，不涂饰，不歌舞唱妓，不故往观听，过午不食，等等。所有种种，都是为了表达对祭祀的无比虔诚。

◎ 古时丧葬习俗大概情形如何

丧葬礼仪，是人结束了一生后，由家属、邻里、友好等进行哀悼、纪念、评价的仪式，同时也是殓殡、祭奠、安葬的仪式。

中国传统的丧葬礼仪包括居丧礼仪和安葬礼仪，居丧礼仪还可分为丧礼、丧服礼制以及“谥”礼。

居丧礼仪中的“丧礼”，民间俗称“办丧事”，古代视其为五礼中的“凶礼”之一。它是从死者初死至埋葬过程中，生者对死者所施行的各种礼节、仪式、祭奠等。《周礼·春官·大宗伯》载：“以丧礼哀死亡。”以汉族为代表的丧礼，都是从周礼演变而来的。通行的“办丧事”名目繁杂，择其大的仪式就有招魂、停尸、报丧、吊孝、入殓、送葬、葬后祭祀与扫墓等，无数繁文缛礼，杂陈其间。随着各代风俗的变化，丧礼在细节上也有所增改。至于其他各民族的丧礼更是复杂多样。

丧服礼制是有关死者亲属吊丧时所穿衣服、服丧期限等的规定。中国传统丧服制度中著名的“五服”制度是宗法制度的表现形式，它清楚地显示了父系母系有别、男女有别、亲疏有别、嫡庶有别的特点。

“谥”制是关于人死后获得“谥号”的规定，也就是获得一个褒贬善恶的“评价”称号。能够获得这种“身后名”的妇女仅仅是皇后、妃嫔、公主、命妇们。作为一种礼制，谥的内容、赐谥的礼节都有严格的规定。

“葬”是指处置死者遗体的方式。因而安葬礼仪是丧葬礼仪的重要组成部分。中国是个多民族国家，处置死者遗体的方式是多种多样的，安葬方法与形式五花八门，有土葬、火葬、天葬、水葬、崖葬、塔葬、荒葬等。

岁时节令

◎ 元旦是怎么定下来的

每年的一月一日，也就是新年的第一天，称为“元旦”。

“元旦”按单个字来讲，“元”是第一或开始的意思；而“旦”则是指一天，或是早晨，对于“旦”的释义，还有文物佐证。在出土的大汶口文化遗物中，有图画描绘太阳从山巅升起，中间云烟缭绕，经考证，即是“旦”字的象形写法。

把“元”和“旦”合起来，指的就是第一天。虽然我们现在都知道每年一月一日是元旦，可是，这是怎么确定下来的呢？

在历法上，人们习惯把地球绕太阳公转一周所用的时间，称为一年。但是在地球运行的轨迹上，没办法像学校操场的跑道那样，清楚地标上哪是起点，哪是终点。所以，一年的起点和终点其实都是人为规定的。

相传，“元旦”一词最早来自中国上古时期的皇帝颛顼，他规定，正月为“元”，初一为“旦”，“元旦”这一日因此得名。但以后各朝均对元旦的具体日期有所改动，夏朝时，“元旦”在正月初一；商朝时，“元旦”在十二月初一；到了周朝，“元旦”在十一月初一。六国统一后，定十月初一为元旦，从此历代相沿。到了西汉司马迁重定历法，最后才确定了正月初一为元旦。

1911年，辛亥革命成功后，孙中山为了“顺农时”、“便统计”，定正月初一为春节，而以西历（公历）1月1日为新年。

1949年9月27日，中国人民政治协商会议第一届全体会议通过使用“公元纪年法”，将农历正月初一改为春节，将公历1月1日定为元旦。

◎ 过年的由来及习俗

《谷粱传》说：“五谷大熟为大年”；《尔雅·释天》说：“年者，禾熟之名，每岁一熟，故以为岁名。”甲骨文中的“年”字是果实丰收的形象；金文中的“年”原是预祝丰收喜庆的日子。人们为庆贺丰收，迎接新一年的生产，就在立春前后的正月初一这一天，欢聚庆祝，一起过年。

关于过年的来历，还有一个饶有趣味的传说。相传，远古时期，黄帝曾跟蚩尤大战，在农历正月初一那一天，黄帝战胜了蚩尤，于是，人们就把这一天定为节日，以纪念黄帝的战绩。

民间还有另外一种传说：古时候，有一种叫作“年”的凶猛怪兽，每到腊月三十，便走街串巷，觅食人肉，残害生灵。

有一个腊月三十的晚上，“年”到了一个村庄，适逢两个牧童在比赛甩牛鞭子。

“年”忽闻半空中响起了啪啪的鞭声，吓得望风而逃。

“年”又窜到另一个村庄，迎头看到一家门口晒着件大红衣裳，它不知其为何物，吓得赶紧掉头逃跑。

后来，“年”又来到了一个村庄，朝一户人家门里一瞧，只见里面灯火通亮，刺得它头昏眼花，只好又夹着尾巴溜了。

由此，人们摸准了“年”有怕响、怕红、怕光的弱点，便想到了对付它的方法，最后逐渐演化成现在过年的风俗。

古人“过年”，总是和祭祀活动分不开的。人们用自己劳动换来的肉食、谷物祭祀祖先和鬼神，饮酒宴乐，祈求幸福。后来，佛教、道家的思想影响渐渐渗透进来，给过年的仪式又增添了许多内容，如贴春联、放爆竹、吃年糕等。

◎ 除夕的由来及习俗

“除夕”是中国的传统节日，在每年农历腊月的最后一天的晚上，与春节首尾相连。“除”字的本义是“去”，引申为“易”，即交替；“夕”字的本义是“日暮”，引申为“夜晚”。“除夕”即含有旧岁到次夕而除，明日即另换新岁的意思。

据《吕氏春秋·季冬记》记载：古人在新年的前一天，击鼓驱逐“疫疠之鬼”。这就是除夕的由来，它源于先秦时期的“逐除”。

最早提及除夕这一名称的，则是西晋周处的《风土记》等书。在古代，除夕还有许多雅称，如除傩、除夜、逐除、岁除、大除、大尽等。

由于除夕是农历全年的最后一个晚上，因而全部活动都围绕着除旧迎新，消灾祈福进行，如贴春联、贴门神、放鞭炮等。

年画

在先秦时期，每年将尽的时候，王宫中都要举行“大傩”仪式，击鼓驱逐疫疠之鬼，称为“逐除”。又称除夕的前一天为小除，即小年夜；除夕为大除，即大年夜。除夕因常在夏历腊月三十，因此，又称年三十。

除夕夜，人们往往通宵不眠，为新年来临守岁。守岁之俗由来已久，最早的记载见于西晋周处的《风土志》：除夕之夜，各相与赠送，称为“馈岁”；酒食相邀，称为“别岁”；长幼聚饮，祝颂完备，称为“分岁”；大家终夜不眠，以待天明，称曰“守岁”。

◎ 元宵节的由来及习俗

元宵节，即农历正月十五日，是中华民族的传统节日，也是过年的最后一个高潮。每逢这一天，家家户户要挂彩灯，放焰火，大街上高挂千万盏琳琅满目的花灯，东北和新疆等寒冷地区，还要制作千姿百态的冰灯，到了晚上，一家老小围坐在一起，品尝各种元宵风味。

相传元宵节起源于西汉。当时，周勃、陈平等一起设计解除了“诸吕之乱”，汉文帝登基，这一天正是正月十五。汉文帝深感太平盛世来之不易，为纪念平息“诸吕之乱”，每年正月十五夜，他都要出宫游玩，与民同乐。

“夜”在古语中，又叫“宵”，正月又叫元月，汉文帝就将正月十五定为元宵节。每逢这天晚上，举国上下都要张灯结彩，欢度元宵节。

不过，元宵节开始盛行还是在隋唐时期。隋文帝年间，京城长安和各州县，每逢元宵节来临，大街小巷熙来攘往，有人举着火炬，有人敲着鼓点，有人戴着动物面具，有的男人穿着女装。

唐代首都长安规定，为维护首都的治安，每天夜晚街鼓鸣响以后，所有行人要回到家里；但是，每年的正月十四、十五、十六三天夜晚，长安城内却允许百姓放三夜花灯。在当时的长安，“西域灯轮千影树，东华金阙万重开”；在当时的洛阳，“月下多游骑，灯着绕看人，欢乐无穷已，歌舞达明晨”。元宵节的玩灯、制灯、观灯，便逐渐成了一种民间的风俗。

元宵节，古又称“上元节”。古时有“三官”，即天官、地官、水官，都是道教信奉的神，并说“天官赐福，地官赦罪，水官解厄”。后来道教以三官配三元，说天官正月十五生，为上元；地官七月十五生，为中元；水官十月十五生，为下元。由于道教的上元节和传统的元宵节同在正月十五，两者便逐渐合二为一了。

元宵节除吃元宵、观花灯等习俗外，历代还有迎紫姑祭厕神、过桥摸钉走百病等习俗，以及击太平鼓、扭秧歌、踩高跷、舞龙、舞狮等活动。

◎ 中和节的起源

中和节是唐德宗李适在贞元五年（789年）所钦定的，又名二月二日“龙抬头”。本来在二月一日，后将土地神生日纳入其中，故改为二月二日。

据《唐书·李泌传》记载，唐中叶以前，春天只有三个节日——正月九、正月晦（三十日）和三月上巳节，二月没有节日。唐德宗时，李泌上书，废正月晦，以二月一为中和节，以示务本。德宗十分赞同，并下令以正月初九、二月朔和三月上巳合称三令节。

这些记载表明，中和节是在唐德宗时期确认的。但是，中和节有些活动内容却非自唐代始，如周朝就有春分时去东郊祭日，秋分时去西郊祭月的习俗。用以祭祀太阳的太阳糕来源也较早，一直沿用到隋唐。唐德宗时，从春分活动中吸取了祭日的内容，充实了中和节，于是中和节与春分混而难分。

◎ 上巳节的由来

“上巳节”是中国传统的节日，俗称三月三。

相传汉代时，平源人徐肇在三月初连生了两个女儿，可是三日内都死掉了，人们以为有邪恶附体，于是相携来到水边洗濯，以驱邪避怪。

后来每年这一天，人们便自动来到溪边河畔，戏水洗濯。人们分别坐在水流弯曲的岸边，在上游放置酒杯，任其顺流而下，停在谁的面前，谁即取饮，叫“流觞”。

《荆楚岁时记》载：“三月三日，士民并出江渚池沼间，为流杯曲水之欢。”传诵千古的《兰亭集序》就是王羲之于这一天吟诗作赋后写下的。

唐玄宗时，每逢上巳节，文人学士、贵族男女多聚于城南的曲江池边游览宴饮。曲江池，原为汉武帝所造，因水路曲折，似广陵之江，故名。后来曲江池淤塞，唐玄宗派人疏凿，大加兴建，遂愈发明媚繁华，成为贵族文人春游宴饮的胜地。杜甫曾以《丽人行》诗记录：“三月三日天气新，长安水边多丽人。”上巳节之盛景，可见一斑。

◎ 寒食节源于何时

寒食节在中国农历清明节前一天，古人从这一天起，三天不生火做饭，所以叫寒食节，亦称“禁烟节”、“冷节”。

相传春秋时晋文公重耳烧死介子推后，非常后悔，便规定每年此时不得生火，只能吃冷食，寒食节由此得名。

其实，寒食节真正起源于古代的钻木、求新火之制。据《周礼·秋官·司烜氏》载：“中春以木铎修火禁于国中。”古人因季节不同，用不同的树木钻火，有改季改火之俗。而每次改火之后，就要换取新火。新火未至，就禁止人们生火，这是当时的一件大事。禁火之时，备以冷食，由此遂相沿成俗，春秋之后始逐渐与介子推的传说相融合。

寒食节的主要活动内容是禁火三日，吃冷食，即隔日做好的饼和糕。此外，还有上坟、郊游、斗鸡子、荡秋千、打毬、牵钩（拔河）等。其中上坟是很古老的习俗。

◎ 清明节扫墓源于何时

清明，二十四节气之一，在仲春与暮春之交，古称“三月节”，一般为冬至之后106天，寒食节的后一天，公历则在四月五日前后。

《岁时百问》曰：“万物生长此时，皆清洁而明净，故谓之清明。”其时正是兴农事的大好时节，故有“清明前后，点瓜种豆”的俗谚。

清明扫墓习俗

清明成为节日，相传出自帝王将相的“墓祭”之礼，后来民间亦相仿效，于此日祭祖扫墓，经过历代沿袭，于是成了固定的风俗。

我国广大地区都有在清明之日祭祖扫墓、插柳踏青，以寄托中华民族对先人的慎终追远之情的习俗。作为综合性节日，它亦添有竞技游艺的内容，节日中斗鸡走狗，抛球拔河，是从唐代便有的活动。唐代诗人杜牧的“清明时节雨纷纷，路上行人欲断魂。借问酒家何处有，牧童遥指杏花村”一诗可谓是对清明节的经典写照。

◎ 端午节的由来及习俗

端午节是汉族的传统节日，时间为农历五月初五，晋周处《风土记》中说：“仲夏端午，端，始也，谓五月初五也。”古代“午、五”同音，所以，端午又称端五。又因两五相重，故称“重五”，或“重午”。又因为午时是阳气最旺的时刻，端午又可称为“端阳”。

关于端午节的起源，历来众说纷纭。一般传统的说法认为其源自对屈原的纪念活动，然而据文献记载与考古发现，端午节最初萌芽于民间的巫术巫医活动。

农历五月是仲夏疫疠流行的季节，民间有“恶月”之称。因此，早在先秦时期，北方中原地区就把五月五日作为驱邪避瘟的日子。

端午节的主要风俗有赛龙舟、裹粽子、挂艾草、饮菖蒲酒、驱五毒等，均属驱邪避瘟之列。秦汉以后，赛龙舟和裹粽子这两项节俗逐渐与屈原的故事相结合，获得了新的历史意义。相传楚国伟大诗人屈原忠而被谤，流放他乡，却仍不忘忧国忧民，终于五月五日自投汨罗江而死。人民为了纪念他，于是把赛龙舟、裹粽子说成是为了捞救和祭祀屈原，端午节也由此而成为中国传统中最富有诗意和悲情的节日。

◎ 七夕节有哪些习俗

“七夕”是农历七月初七的晚上，或称“乞巧节”、“女儿节”。七夕节起源于牛郎织女的传说。

相传，织女本是天帝的女儿，却爱上了人间放牛的青年牛郎，牛郎在老牛的帮助下，与织女见了面，很快相爱结婚，生出一男一女，过着男耕女织的幸福生活。

王母娘娘知道这件事后，把织女捉回天庭，当牛郎担着两个孩子到天上追织女的时候，王母娘娘用她头上的玉簪划出了一条银河。这条银河又长又宽，牛郎过不去，他们就这样被分开了。

后来，王母娘娘只许牛郎和织女每年七月初七见一次面。每到七月初七夜里，成群的喜鹊都飞来给牛郎织女搭桥，让他们在鹊桥上见面，这就是七夕节的来历。夏秋之夜，晴空万里，繁星满天，白茫茫的银河横贯南北，河的东西两岸，各有一颗闪烁的星星，遥遥相对，那就是“牛郎”星和“织女”星。

每年的七夕，各地的少女们往往结伙祭拜牛郎织女星。她们用茶、酒、水果、“五子”——桂圆、红枣、榛子、花生和瓜子作供品，还有化妆用的花粉。这种仪式叫贺双星。焚香礼拜之后，把所供花粉分为两半，一半投到屋顶上献给织女，余下的自己用。

七夕最重要的活动是乞巧。在七月初七这一天，姑娘们摆上瓜果，向织女乞巧。如果夜里有喜子（蜘蛛）结网于瓜果上，就被认为是得到了织女的青睐，必然乞得心灵手巧。

有的地方，年轻的姑娘们用七根线和绣花针进行比赛。谁能以最快的速度把七根线穿进针孔里，就表明谁最手巧，也就代表她乞到“巧”了。

人们同情牛郎织女，关注鹊桥相会，有许多感人的民间活动。比如，有的地方在七夕那天把全村的雄鸡杀掉，意思是没有雄鸡报晓，牛郎织女就可朝夕相守，永不分离。

◎ 中秋节的由来及习俗

农历八月十五，是我国传统的中秋节。中秋节与元宵节、端午节并称三大节。每到这天，人们都要赏月、吃月饼、祝福全家团圆。

中秋一词最早出现于《周礼》，但它不是指中秋节，而是秋季的第二个月；汉代有秋节，时间定在立秋这一天，也不是八月十五。

唐朝初年，中秋节才成为固定节日。《唐书·太宗记》记载有“八月十五中秋节”。中秋节的盛行始于宋朝，至明清时，成为我国的主要节日之一。

中秋节的由来，可能与以下两种说法有关。

一是起源于古代帝王的祭祀活动。《礼记》记载“天子春朝日，秋夕月”，夕月就是祭月亮，可见，早在春秋时代，帝王就已开始祭月、拜月了。后来贵族官吏和文人学士也相继效仿，逐渐传到民间。

二是与农业生产有关。“秋”字的解释是“庄稼成熟曰秋”。八月是秋季中间的一个月，称为“仲秋”。此时，各种农作物相继成熟，为了庆祝丰收，表达喜悦的心情，便以八月十五这天作为节日。八月十五又在“仲秋”之中，所以称“中秋节”。

中秋节的主要内容是赏月和吃月饼。宋代的中秋之夜，显贵豪门、民间百姓多以先睹月色为快，或者登小小月台，摆开家宴，全家团圆。后来在赏月之时又融入了赏灯的风俗，但与元宵节不同的是，这些灯多放置于水面。各地街市的悬灯，也是为助月色。明代的祭月活动已遍及全国，亲友互赠月饼、月果已成礼俗。

月饼象征着圆月从空中来到人间，象征着亲友的团圆。每逢中秋，江苏一带的人民就用月饼招待归家的亲人，此习由来已久，后来这种风俗流传到了全国。月饼也称为“团圆饼”，中秋节亲人团圆是相沿已久的习俗，故俗称“团圆节”。

观桂是中秋节另一个重要的习俗。传说桂树是月宫仙境中唯一的植物，又是人间清纯的象征。“桂兰之交”是高尚的友谊，“桂子兰孙”是父母对后人的美好期望，因此，赏桂也寄托了对友情亲情的期盼和思念。

此外，杭州的观潮、北京的饰玉兔习俗，使中秋节变得更加丰富多彩。

◎ 重阳节有哪些习俗

农历九月初九重阳节，又称为重九节、老人节。《易经》以“阳爻为九”，将九定为阳数，两九相重，故名“重阳”。

重阳的说法起源于春秋战国时期。屈原在《楚辞·远游》中曾写道：“集重阳入帝宫兮，造旬始而观清都。”至西汉时，重阳节已成为固定节日。

重阳登高，是节日主要习俗，所以，重阳节又叫“登高节”。历代以来，汉族官民到九月九日成群结队爬山登山。住在平原地区的百姓苦于无高可攀，就仿制米粉糕点，在糕面上插上一面彩色小三角旗，借“糕”与“高”的同音，以吃糕表示登高消灾。

历代诗人都喜欢重阳登高赋诗。杜甫的七律《登高》，就是其中的名篇。唐代大诗人王维的《九月九日忆山东兄弟》写道：“独在异乡为异客，每逢佳节倍思亲。遥知兄弟登高处，遍插茱萸少一人。”这首诗表达了诗人在重阳这天登高时，思念亲人的浓烈感情。

王维诗《九月九日忆山东兄弟》配画

重阳节还有插茱萸，饮菊花酒，吃重阳糕等风俗。茱萸，也叫越椒，是一种中药植物，气味辛烈，古人认为折以插头，能够防止恶浊邪气的侵袭；燃熏后可以避虫虺。在这“百足之虫，死而不僵”之时，熏佩以避之，犹似端午节熏雄黄一样，是很符合传统卫生习惯的。

菊花是我国一种历史悠久的名花，饮菊花酒、赏菊，这也是重阳节的主要习俗之一。东晋文人陶潜在重阳节时沉湎在“采菊东篱下，悠然见南山”的意境中；唐代杜牧则追求“菊花需插满头归”的风雅。清代人把不同品种的盆菊放在庭院中，并给它们起了各种美丽的名称：潇湘妃子、平沙落雁、杏林春燕、朱砂盖雪、玉池桃红、秋火芙蓉……

在民间，还有吃“重阳糕”的习俗。讲究的重阳糕要做成九层，像座宝塔，上面还做成两只小羊，以符合重阳（羊）之义。

时至今日，重阳饮酒食糕、登高赏菊的习俗依然流行于世，同时还开展了敬老活动，以与“宜于长久”之古意完全合应。

◎ 腊八节为何要吃腊八粥

农历十二月初八的“腊八节”，是我国古代民俗化的宗教节日，为古时“腊日”之一。腊是远古时代一种祭礼的名称，即一年辛勤耕作，喜获丰收，一般会在年底举行的一种对自然界风调雨顺的答谢祭。

自秦以来，“腊日”都作为年节来庆贺，日期一般定在冬至后三戌举行，至南北朝时才固定于腊月初八日。在古代，瘟疫大概曾经极度骚扰过我们的祖先，人们传说那位头触不周山的英雄共工有个儿子死后变成了瘟疫鬼，到处散布瘟疫。

这个鬼天不怕地不怕，却单怕赤豆。于是人们在腊八节的活动中又加入了以赤豆打鬼的内容，一边打还一边喊“傩！傩！”这种民间大傩十分热闹，驱瘟疫的内容也越来越被游艺娱乐的成分所取代，最后竟发展为一种地方戏曲。

佛教传入我国后，借助腊八祭祖与吃粥的民俗，进行布道，又新编了十二月初八是佛祖释迦牟尼成道日的传说故事。其大意是释迦牟尼成佛之前，曾修苦行多年，饿得骨瘦如柴，决定放弃苦行。此时遇见一位牧女，送给他乳糜充饥。食后体力恢复，坐菩提树下沉思，于十二月八日成道。为纪念此事，佛教徒便以米加果物煮粥，届时供佛，称为腊八粥。

据周密《武林旧事》载：“八日，则寺院及人家用胡桃、松子、乳蕈、柿、栗之类作粥，谓之腊八粥。”大约至明代，家家百姓盛行自己煮腊八粥祭祀祖先，同时合家团聚在一起食用，并馈赠亲朋好友。这一活动除了品味各种杂粮外，也包含让人珍惜米粮，勿暴殄天物的意思。

今天，民间仍有过腊八节的习俗，各家在熬粥之余，还腌制“腊八蒜”，留到春节时食用。

◎ 古代冬至都有哪些习俗

冬至既是二十四节气之一，又是一个传统节日的名称。

冬至成为节日，最早可以追溯到周代。当时国家即有节日祭祀神鬼的活动，以求其庇佑国泰民安。到了汉代，冬至正式成为一个节日，皇帝于这一天举行郊祭，百官放假休息，次日吉服朝贺，这个规矩其后一直沿袭。

魏晋以冬至贺仪“亚以岁朝”，并有臣下向天子献鞋袜礼仪，表示迎福践长；唐、宋、元、明、清各朝都以冬至和元旦并重，百官放假数日，并进表朝贺。

民间的冬至节俗，又要比官方礼仪丰富得多。东汉时，天、地、君、亲、师都是冬至的供贺对象。南北朝时，民间又有了于冬至日食赤小豆以避邪的习俗。唐宋时，冬至与岁首并重，于是穿新衣、办酒席、礼祖先、庆贺往来等，如同过新年一样。

明清时，官方依然维持着“一如元旦”的冬至贺仪，民间却不似过去那样大事操办了，主要集中在祀祖、敬老、尊师三个项目上发展，由此衍生出裹馄饨、吃圆子、学校放假、百工停业、慰问老师、相互宴请及全家聚餐等活动，因而相对过新年来讲，更富有个性。

◎ 十二生肖是如何起源的

十二生肖是我国一种传统的纪年方法。办法是，在采用天干配地支纪年的同时，又用十二地支各配一种相应的动物名字，表示这一年的顺序和名称，排列办法为：子鼠、丑牛、寅虎、卯兔、辰龙、巳蛇、午马、未羊、申猴、酉鸡、戌狗、亥猪；如甲申年又称猴年，这一年出生的人便属猴。

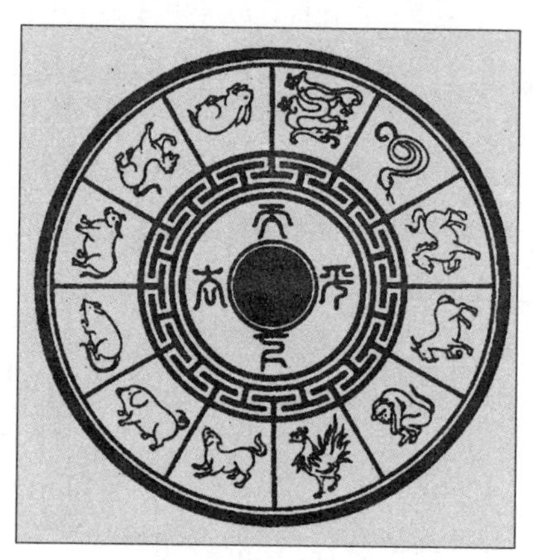

十二生肖图

探究十二生肖的起源，部分学者认为，它与原始时代人们对动物的崇拜有关。原始社会生产力低下，认识自然能力极其有限，人们对与自己生活息息相关的动物产生一种依赖感（如马、羊、鸡、牛等），对危害自身安全的动物产生一种恐惧感（如虎、蛇），对一些器官功能超过人类的动物产生崇敬感（如狗的嗅觉等），导致产生对动物的崇拜。

关于十二生肖的记载，在现有文献中以《诗经》为最早，以王充的《论衡》记录最全面。《诗经·小雅·吉日》里有："吉日庚午，即差我马。"以午对马。《论衡·物势》载："寅，木也，其禽，虎也。戌，土也，其禽，犬也。……午，马也。子，鼠也，酉，鸡也。卯，兔也。……亥，豕也。未，羊也。丑，牛也。……巳，蛇也。申，猴也。"给出了完整的对应关系。

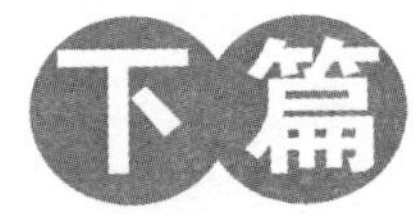

下篇 国学语文精粹

第五章 幽默诗文

◎ 花与美人

清朝末年，有位止水道人创作了一篇奇文《花约》，这篇文章写道：

花犹美人也：可玩而不可亵，可视而不可折，可矜而不可侮，可增而不可缺。

撷花一瓣者，是裂美人之裳也；掐花一痕者，是挠美人之肤也；拗花一枝者，是折美人之肱也；以酒喷花者，是唾美人之面也；以香触花者，是熏美人之目也；解衣揎拳狼藉而对花者，是与美人裸而相角也。

语云：猛虎可惧，俗子难当。夫唯雅人，可持此约。

作者以生动感人的比喻，点明了花与美人之间的联系，读来让人产生共鸣。花如有灵，会把止水道人引为知己。

◎ 晚秋即景

古代诗词中，咏秋之作较多。有一首回文七绝——《晚秋即景》，给人们留下的印象尤其深刻。究其原因，一是诗本身写得好，二是顺读倒读皆不失佳妙，三是诗

中流露出的情调，暗合了诗人当时那颗快要破碎了的心。诗曰：

烟霞映水碧迢迢，暮色秋色一雁遥。
前岭落晖残照晚，边城古树冷萧萧。

若是倒过来读，便是：

萧萧冷树古城边，晚照残晖落岭前。
遥雁一色秋色暮，迢迢碧水映霞烟。

这首回文诗，顺读倒读均如行云流水，顺理成章，实不可多得。且诗中意境深远，耐人寻味：秋色万里，暮色沉沉，烟霞映水，碧波迢迢，一只孤雁，雁翅上映着落日的余晖，向着遥远的天边飞去。边城的古树映着夕阳的残照，越发显得萧索凄凉。山岭的那边，不时传来孤雁的哀鸣……真是一幅美妙的悲秋图啊！

◎ 郑板桥的铜壶诗

郑板桥弃官后，一日来到扬州字画社，恰逢一些文人墨客正在饮酒。此时，他又渴又饿，见屋内炉上的一把铜壶里水已翻腾，便伸手提壶要冲茶。

忽听一阵哈哈的笑声，众雅士中的一位长者道："新来的先生请听着，想喝茶不难，要知我们有个规矩，喝前须赋诗一首。请以你手中的铜壶为题，若赋得好诗，莫说是茶，即便是酒也由我包了。"

老者话音刚落，郑板桥微微一笑，即吟道：

口小腹大鼻耳高，烈火烧身称英豪。
量小岂能容大物，二三寸水起波涛。

众文人一听目瞪口呆，当得知此人是郑板桥后，都对他拱手相敬。

◎ 王守仁《哭象棋诗》

明代哲学家、教育家王守仁，自幼才思敏捷，经常逢事作诗，一首《哭象棋诗》就是他逢事而作的。

有一次，因他贪下象棋，忘了回家吃饭，母亲一气之下夺了他的象棋，扔到河里。他看着象棋随水漂走，捶胸顿足。哭之以诗：

象棋在手乐悠悠，苦被严亲一旦丢。
兵卒堕河皆不救，将军溺水一齐休。
马行千里随波去，士入三川逐浪流。
炮响一声天地震，像若心头为人揪。

诗的开头一句先点出惋惜之情，中间两句写各兵种被流水卷走，似有千军万马之状。末一句忽然笔锋一转，却是雄浑悲壮的余声。整首诗构思巧妙，纵横得体。

◎ 鸡有七德

一教馆主人待教师甚薄，教师见他家有许多肥鸡，笑着问道："君家七德禽如此之盛？"

馆主说："我闻鸡称五德，未喻七德之说。"

教师说："五德之外，更有二德：我吃得，你舍不得。"

古人谓鸡有五种德行，《韩诗外传》曰：

君独不见夫鸡乎！首戴冠者，文也；足搏距者，武也；敌在前敢斗者，勇也；得食相告，仁也；守夜不失时，信也。鸡有此五德。

教师故意以"得"谐"德"，加上"我吃得，你舍不得"说成七德，以嘲主人之吝啬，这种措词法称为"异类并列"。

◎ 李调元诗咏麻雀

清代，李调元有一次去江西主考，公毕回京时，州官在十里长亭设宴为他

送行。席间，州官应举子们的请求，站起来说道："久闻主考大人才高盖世，诗追李杜，今日请即席赋诗一首以壮行色，如何？"

李调元请州官命题。这时正有麻雀在屋檐上跳叫，州官便指着说道："请咏麻雀。"李调元略一思索，便慢慢念出第一句：

一窝两窝三四窝，

众人一听，无不掩口。李调元又慢慢念道：

五窝六窝七八窝，

有人再也忍不住，笑着问："主考大人，这也是诗吗？"

李调元毫不理睬，接着吟道：

食尽皇王千钟粟，

凤凰何少尔何多？

这两句一出，众人无不惊讶，都觉得如异峰突起，有起死回生之妙，同时又觉得讽刺辛辣，因此个个都很难堪。

◎ 咏针讽独眼

蒲松龄曾经得罪过王大官人，王大官人的独眼管家便出主意借请客为名来羞辱他。

这一次，王大官人把蒲松龄让到了上座。独眼管家斟酒，先从上座开始，可偏偏把蒲松龄落下，还把壶嘴儿朝着他，在当时这是最忌讳的。

王大官人好像没看见一样，端起酒杯来说："蒲先生，喝呀！"酒杯里没有酒怎么喝呢？

蒲松龄却笑着说："大家先别喝酒，

我先说个笑话助助兴吧。临来时，家里的正在缝衣裳。现以针为题作首诗。”

说完诵道：

一头尖尖一头扁，扁头只有一个眼。

独眼只把衣衫认，听凭主人来使唤。

“你们说这事可笑不可笑？”这一问，大家不禁一齐朝独眼管家望去，忍不住都笑了起来。王大官人只得把独眼管家打发走了。

◎ 桃花诗

唐代诗人崔护，年轻时相貌出众。有一年清明，他独游桃花盛开的都城南庄，见一美貌姑娘，便向她讨水喝。当崔护辞别时，姑娘送他出门，眉目间暗含不舍之情。

次年清明，崔护又独自到那里游玩，

想起那位姑娘，径往寻找，见门已反锁，十分惋惜，便在门上题了一首诗：

去年今日此门中，人面桃花相映红。

人面不知何处去，桃花依旧笑春风。

那位姑娘从外面回来，见了题在门上的诗，入门而病，卧床不起，求医问药均不见效。数日后，崔护又去找她，进到房内，姑娘见了，病马上就好了。姑娘的父亲大喜，于是就将她嫁给了崔护。

◎ “一”的情趣

清代名臣张伯行禀性刚正，极恨收受贿赂，他写有一篇《禁止馈送檄》，其中不乏警世的名句：

一丝一粒，我之名节，一厘一毫，民之脂膏。

宽一分，民受赐不止一分；取一文，我为人不值一文。

张伯行足足用了八个“一”字，痛快淋漓地表达自己的禁馈意志。一位公正廉洁的古代清官形象跃然纸上，给人以深刻的印象。

◎ 两句九悲

万里悲秋常作客，百年多病独登台。

这是杜甫的七律《登高》中的著名诗句。这两句诗的妙处何在呢？前人对其进行了深刻剖析，认为它有“悲意”九层：

他乡作客，难返故里，一可悲；

经常作客，漂泊无定，二可悲；

万里作客，长期流落，三可悲；

时逢秋天，万物萧索，四可悲；

重阳佳节，登台无酒，五可悲；

亲朋寥落，独自登台，六可悲；

孤寂一躯，抱病登台，七可悲；

年过半百，人近寿终，八可悲；

忧国忧民，壮志未酬，九可悲。

两句话，十几个字，却包含如此丰富的内容，怎能不令人称赞，且千古流传呢？

◎ 千里送鹅毛

唐朝时，有一个地方官为了取悦皇帝，以实现升官发财的美梦，派一个名叫缅伯高的人到京城长安进贡珍禽天鹅。路经沔阳时，他好心给天鹅洗去一路风尘，不料偶一失慎，竟让天鹅飞跑了，只落下一根小小的天鹅毛。

倒霉的缅伯高垂头丧气而又无可奈何，只好带着这根天鹅毛进京。因为怕皇帝震怒，降罪下来，他就作了一首打油诗，连同天鹅毛一起呈上。那首打油诗写得非常有趣：

将鹅贡唐朝，山高路远遥。

沔阳失珍禽，奴才哭号号。

上复唐天子，可饶缅伯高。

礼轻情意重，千里送鹅毛。

皇帝看了这首诗，觉得情真意切，将一个朴素的道理说得头头是道，不但未加责罚，反而给了他一些赏金。后来，缅伯高的打油诗流传开来，便形成了一句成语：千里送鹅毛，礼轻情意重。

◎ 我侬词

相传元代书画家赵子昂一度喜新厌旧，想休妻另娶。其妻得知后，便作一首《我侬词》对他进行规劝。词曰：

你侬我侬，忒煞情多。情多处，热如火。把一块泥，捻一个你，塑一个我，将咱两个，一齐打破，用水调和。再捻一个你，再塑一个我。我泥中有你，你泥中有我。我与你，生同一个衾，死同一个椁。

此词采用了比喻、反复的表现手法，想象丰富，有巧妙的构思，写得情意绵绵，不由得负心汉不动情。

◎ 清廉自白

明代刘应麟，字东海，江西人。在江苏巡抚任上告老还乡。他为官清廉，严于律己，体恤百姓。临走时，在巡抚衙门墙上写了一首诗，作为清正廉明的自白：

来时行李去时装，

午夜青天一炷香。

描得海图留幕府，

不将山水带还乡。

诗的大意是：我来时带来什么，走时也只带走什么，这事是有天可以作证的。我连画的海图都留下，熟悉的山水我也不带走。

◎ 谢赠火腿

清代诗人陈斗泉机智幽默。一次，有位朋友将一块火腿馈赠给他，这块火腿由于存放时间太长，甚是坚硬，刀砍不入，水煮不烂，牙啃不动。

陈斗泉枉担了受人恩惠的虚名，却没得到半点好处，还得感谢这位朋友，心中愤然不平，于是作诗致谢道：

金腿蒙君赐，全家大喜欢。

柴烧三担尽，水至一缸干。

肉似枯荷叶，皮同破马鞍。

牙关三十六，个个不平安。

◎ 咏雨伞

陈细怪是清末湖北蕲州有名的怪才，他成亲后没几个月，便要冒雨出远门。当时正值梅雨季节，妻子张氏与他难分难舍，便撑了把伞，冒雨送丈夫，送了一程又一程。

一路上，小两口有说不尽的离别话。待到分手的时候，妻子看到陈细怪撑的伞檐儿上不断地滴着雨水，好似人的断肠泪，不禁触动诗心，遂以雨伞为题，作了一首五言绝句，为丈夫送别：

害得相思病，身体瘦如柴。

巴到团圆时，却又泪满腮。

诗中的意思是说，当伞撑开以后，每根伞骨都分离了，圆圆的，张开着，流着相思泪。张氏是举人的女儿，很有才情，咏物抒怀，诗作缠绵多情，生动传神之至。

陈细怪听后十分感动，也以雨伞为题，作了一首七言绝句，与爱妻话别：

偶因一语蒙抬举，反被多情又别离。

送得郎君归去也，倚门独自泪淋漓。

诗中有两个谐音字，一个是“语”（雨）字，一个是“情”（晴）字。诗的大意是说，伞啊，因为下雨你才受到人的抬举，因为天晴你才与人别离。爱妻啊，你送别我回去之后，千万别像靠在门边的雨伞一样淌太多的泪水呀！

陈细怪也是托物抒情，诗作得更加生动传神，幽默有趣。

◎ 七步诗

据传，曹丕刚登上皇位不久，就把他的弟弟曹植叫来，对他说：“你必须在走七步路的时间里作一首诗，要是作不出来，就将你处以极刑。”但是曹植还没走完七步，就高声朗诵起来：

煮豆燃豆萁，豆在釜中泣。

本是同根生，相煎何太急。

曹植用豆萁煮豆来巧妙地比喻骨肉相残，发出了“相煎何太急”的抗议，使曹丕深感惭愧。

◎ 司马光岭头吟诗

传说，司马光在东都洛阳闲居之时，一日外出游山，登上岭头时，即兴吟诗曰：

一上一上又一上，看看行到岭头上。

身旁的游客听了不以为然，说："你这是吟诗吗？"

司马光对自己的诗作不置可否，只是继续吟道：

乾坤只在掌中拿，四海五湖归一望。

续句一出，同游者都点头称赞："妙！妙！"

前两句说登山，语言毫无味道，根本不像是诗；后两句一出，则气势不凡，文采飞扬，给人柳暗花明之感。

◎ 燕子矶诗

明代的开国皇帝朱元璋有一次微服私访，在金陵（今南京市）郊外，遇到进京赴试的众举子正在候船。

有一个举子遥望着燕子矶不禁诗兴大发，便随口吟道：

燕子矶兮一秤砣。

众举子不由得叫起好来，但好久没人能续上，一阵沉默。朱元璋心中觉得好笑，略加思索对众人说："待我试续几句。"当即接吟道：

燕子矶兮一秤砣，长虹作杆又如何。

天边弯月是挂钩，称我江山有几多。

此诗首句比喻词便将诗意隐含语句之中，第二句和第三句比喻词为"作、是"，都产生暗喻的效果。朱元璋视江山为己物，其帝王的霸气充分显示了出来。

◎ 睡觉歌

五代时有个陈抟，屡考进士不第，上武当山过起隐居生活，后来又避居华山，不愿意再踏入仕途半步。他每天闭门不出，一睡就是几十天。

周世宗召他入宫，结果他关上门只顾睡觉。睡了一个多月，才开门，周世宗进去一看，他似睡非睡、似醒非醒地对皇上唱道：

臣爱睡，臣爱睡，不卧毡，不盖被。片石枕头，蓑衣铺地。震雷掣电鬼神惊，臣当其时正酣睡。闲思张良，闷想范蠡，说甚孟德，休言刘备。三四君子，只是争些闲气，怎如臣：向青山顶上，白云堆里，展开眉头，解放肚皮，且一觉睡，管甚玉兔东升，红轮西坠。

周世宗本要封他为谏议大夫，看他无意仕途，就准他留在华山了。

◎ 吟诗送贼

一个细雨蒙蒙的寒夜，有一个小偷摸进了郑板桥的家，把郑板桥惊醒了。他坐在床上轻轻吟了一首打油诗：

细雨蒙蒙夜沉沉，梁上君子进我门。

腹内诗书存千卷，床头金银无半文。

小偷听后，便转身向外走。这时，郑板桥又继续念道：

出门休惊黄尾犬，越墙莫损兰花盆。

天寒不及披衣送，趁着月亮赶豪门。

郑板桥就这样客客气气地把小偷打发走了。

◎ 桐城六尺巷

清代康熙年间，桐城人张英进士及第后，官至文华殿大学士兼礼部尚书。张英在朝为官，其家人在桐城办起事来也就非常神气。有一年其家人打算扩修府第，不巧张府的邻居是叶府，叶府的主人也在京为官，且官至侍郎。

张府扩修府第，提出让叶府让出三尺地面好修院墙，叶府主人坚决不答应。张府人觉得张英比叶侍郎官大，就想让张英以官势压服叶侍郎，长一长张府的威风。于是他们就修书一封，派人送上了京城。

张英接到家信，知道家人倚仗官势，欺凌同乡，心中大为不悦。他手捧家书十分忧虑，最后挥笔给家人写了一封信说：

千里投书只为墙，让他三尺又何妨？

万里长城今犹在，不见当年秦始皇！

信的意思是要家人不要要求叶府让出地面，而是自己往里缩三尺来构筑院墙。家人见了张英的回信，就不去与叶府争了。

叶府人听说张府有人上京去找张英，以为张英必定主张强占三尺地面，正愁得无计可施，却见到张家动工修墙时退后了三尺，一打听才知是张英有诗指示张家人这么做的。叶府人就把这个情况也上京报告给了侍郎。

叶侍郎得知情况，也指示家人把自家院墙向后移三尺。这样，在桐城便出现了一条六尺宽、百米长的小巷——六尺巷。张、叶两府还成了通家之好。

◎ 巧断《凉州词》

据说，在乾隆皇帝的寿诞之日，纪晓岚在他的宝扇上题写了唐人王之涣的名诗《凉州词》，由于疏忽大意，竟把首句“黄河远上白云间”的“间”字漏掉了。

乾隆佯装大怒，指责纪晓岚“目无君上”，要把他处死以泄愤。纪晓岚急中生智，连忙解释说：“万岁息怒，臣是用王之涣的原诗改填的一阕新词。”于是念道：

黄河远上，白云一片。孤城万仞山，羌笛何须怨！杨柳春风，不度玉门关。

乾隆见他急中生智，虽属狡辩，却也辩得不无道理，就免了他的“死罪”。

纪晓岚巧断误写的唐诗，总算免去“死罪”。可见，如何断句还会与人的生死产生关系哩！

◎ 解缙写《有喜》诗

明代皇帝朱元璋曾命才子解缙写一首《有喜》诗，他不知是祸是福，忐忑不安地写出第一句：

君王昨夜降金龙，

这是把皇子比喻为金龙，但朱元璋却说：“生下的是个女孩儿。”解缙想了一下，笔锋一转又写道：

化作嫦娥下九重。

用一个“化”字便将皇子易为公主，真是补得天衣无缝，但朱元璋看后却说：“已经死了。”解缙立刻露出惋惜之色，走笔写道：

料是世间留不住，

对噩耗的处理多么妥帖！公主又回到天上去了。朱元璋却不无奚落地说道：“已把她抛到水里去了。”解缙随即挥笔写出最后一句将公主的“龙种”身份点明：

翻身跳入水晶宫。

是啊，龙是遨游在大海中的啊！朱元璋边看边说边思量，觉得此诗结尾与开头呼应得很紧密，构思十分奇特，他反复吟诵，给予了很高的评价。

◎ 欧阳修巧劝宋祁

北宋时，宋祁写文章喜用冷僻字，比如“迅雷不及掩耳”这样的话，他非得写成“震雷无暇掩聪”，生怕别人轻易地读懂。欧阳修和他合修《新唐书》，对他爱用冷僻字这件事很有意见，于是决心帮助宋祁改掉这个毛病。

一天，欧阳修在宋祁书房的墙上写了“宵寐匪祯，札闼洪休”两句话。宋祁看后，批评欧阳修说：“这是‘夜梦不祥，题门大吉’的意思，你何必用这样冷僻的字眼呢？”

欧阳修笑着说：“你在编写《新唐书》时，不正是这样的吗？”

宋祁听了，脸立刻红了，他知道欧阳修是有意教训他。从此，他决心改正。后来，他不但克服了自己的缺点，还写出“红杏枝头春意闹”的名句，被人誉为“红杏尚书”。

◎ 白鹤变黑鹤

一次，乾隆皇帝想去游览名胜古迹，就御驾南巡，去了风景颇负盛名的江南。一天黄昏，天际飞来一只白鹤，乾隆大喜，立即让随从的文人赋诗咏鹤。有个叫冯诚修的诗人，即景信口吟道：

远见天空一鹤飞，朱砂为颈雪为衣。

冯诚修兴致很浓，正要吟第三句时，乾隆皇帝突然阻止他道：“你不要往下吟了。现在我命你把吟的白鹤变成黑鹤。”

听了乾隆的话，旁边的文人个个瞠目，觉得这个要求太难以完成了。只见冯诚修略作停顿，不慌不忙地继续吟道：

只因觅食归来晚，误落羲之洗砚池。

这精巧的构思，真有扭转局面之功，赢得在场众人的交口称赞。

◎ 逐留两可

徐渭（字文长）是明代有名的才子，一次他去一位朋友家谈文论道，正值梅雨季节，阴雨连绵，索性待在朋友家中，安吃稳睡。

几天过去了，朋友见徐渭并无离开之意，顿生逐客之意，却又难以启齿，于是写了一张纸条贴在客厅显眼之处：

下雨天留客天留我不留。

徐渭踱到客厅时，很快瞧见了那张纸条，他对这“逐客令”非常恼怒，暗想：真不够朋友，你以这种办法对待我，我偏要作久居之计，还不给你留颜面，于是高声朗诵道：

下雨天，留客天，留我不？留。

由于逻辑重音与停顿的不同，纸条上的文字可产生多种歧义。主人强调“天”与“我”，徐渭强调“留”，并借助停顿，使一张冷冰冰的逐客令变成了温情倍增的留客令，使主人啼笑皆非。

原句还可有以下几种标示法：

下雨天留客，天留我不留。

下雨天，留客天，留我？不留！

下雨天，留客天，留我不留？

◎ 读得书多胜百丘

有一天，解缙坐在门口看书。村人见了嘲笑道：“解缙，你看书能顶吃顶穿吗？你看我从不读书，却有吃有穿，多快活呀。倒不如你丢掉书，来给我看大门吧！”

解缙把气往肚里咽，笑往脸上挂，问道：“你为什么要人守大门呢？”

村人得意地说：“我屋的钱财多呗！因为白天老是有人来借来讨，夜里总怕盗贼，我心烦不过，哪像你屋里，狗屁也没有一个！”

解缙装作恍然大悟的样子，接话道：“哦！原来你屋里到处都是狗屁呀！”

村人气得说不出话来：“你，你，你说什么……”

解缙大笑道：“我，我怎么啦？我比你快活多了！”

村人不服气道：“笑话，你怎么比我快活多了？”

解缙摇头晃脑地吟道：

读得书多胜百丘，不需耕种自然收。

日里不怕人来借，夜里不怕贼来偷。

村人听了，气得老半天说不出话来。

◎ 吾为吾弟改文章

有一位落第秀才，为解决生计欲寻一教书之职，便去一家教馆应聘。馆主想试探他的学识，就说：“请问当今之世，谁的文章最好？”

秀才想了想，没有进行正面回答，而是作出一首诗，朗朗念道：

天下才多数三江，三江妙手数吾乡。

吾乡风雅数吾弟，吾为吾弟改文章。

馆主听罢，连连称善，欣然录用此人。

从诗句本身看，真是吹足了牛皮。但作者采用了“顶真法”，使诗句首尾相连；采用了“阶降法”，通过地域范围由大到小进行逐层剖析；采用了“衬托法”，先颂扬别人，最后吹捧自己，构思还是很巧妙的。

◎ 何月仙的数字信

朱载堉是明代的律学家，在散曲、科技方面成绩斐然。朱载堉15岁时，父亲被人诬陷入狱。随后，他筑土屋于宫门外，每日闭门读书，一心研究律学、算术、天文学、计量学、戏曲和舞蹈等。

19年后，父亲冤情被君王平反。此时，34岁的朱载堉已是中年人了，他给离别19年的恋人何月仙寄去一封奇怪的数字信：

一、二、三、四、五、六、七、八、九、十、百、千、万、十万、百万、千万、亿。

亿、千万、百万、十万、万、千、百、十、九、八、七、六、五、四、三、二、一。

远在他乡的何月仙，收到盼望已久的信，打开信来阅读，始觉迷茫，继而明白朱载堉在苦心试探自己是否变心改志，同时，也在考她的学识。于是，便用这两行数字，写下两首长短句：

一别之后，二地思念；三月等来四月盼，谁知一等五六年；七弦琴，无心抚弹，八行书，九夜写完，十里长亭我望眼欲穿。百思念，千思念，万般无奈叫丫鬟。小丫鬟，你休言，十万火急把信传，要花百万银两送差官。临行前，有嘱言，千万要你亲阅览。亿（忆）往昔，情深似海，翘首望，早日花轿抬月仙。

亿（忆）当年，青梅竹马，两情深远；离别时我言语千万，百万家财，不求不恋；十万针线做成了衣帽罗衫，好寄托万语千言，相思百日常挂牵，少女心事十（实）难言。你离去却忘情九霄云天，只年年八月中秋月圆人不圆。七根弦，六根断，好比冬日五更过了天更寒；四月麦黄我梳妆懒，难道你不知三月桃花正鲜艳：载堉呀，盼望二人早见面，一齐拜地又拜天。

收到回信后朱载堉大喜，二人终于结合。

嵌数列回信，构思巧妙，内容感人至

深，实乃趣味书信中的佳品。

◎ 雇工打伞送雇工

蒲松龄在毕际有家当塾师时，有一次回家遇雨，毕家雇工丁国祥担心他病刚好，淋坏身子，便紧跟在后面给他打伞。蒲松龄抬头看见山前山后细雨蒙蒙，不禁触

景生情，道出一句：

山前山后雨蒙蒙。

因他没有作诗的心情，所以半天也没有下文。丁国祥望着他，想了想，便续上了下句：

雇工打伞送雇工。

蒲松龄听了，心里寻思，自己毕竟还是一个教书先生，怎么和雇工相比呢？自觉身份不同，便说道：

酒席筵前分上下，

丁国祥跟着又续上了一句：

期满价足一般同。

这最后一句牵动了蒲松龄的心，他仔细一想，不禁点了点头，两人走在雨里更加亲近了。

◎ 请把蝗虫押回来

在一个大旱之年，蝗虫颇多，文泉与德政两县遇此大灾，生产都受到影响，百姓不堪其苦。德政县发现灾情立即据实上报，请求赈济。文泉县却隐瞒灾情，蒙骗上司说："本县境内无蝗，更不用说蝗灾。"

知府觉得奇怪，两县相邻，一个县蝗灾严重，另一个县却没有发现蝗虫。知府便微服私访，当他了解到文泉县虫灾的实情后，非常气愤，便传令把该县县令叫来，狠狠地训斥道："你身为父母官，为何不体恤百姓的困苦，欺上瞒下，隐情不报？"

县令一时语塞，但立刻想到向邻县推卸责任，于是胡编乱造，申诉道："大人，敝县本来无蝗，都是近几天从德政县飞来的。"

文泉县县令一回到县衙，迅速向德政县发出一份公文，满篇讲的都是歪理：

敝县原本无蝗灾，均从贵县飞过来。

请您赶快搜捕净，免得再把我县害。

德政县县令打开公文一看，啼笑皆非。他受了委屈，哪有不回击之理，于是就在该文后面，也以打油诗回敬：

蝗虫本是天之灾，并非本县无德才。

既从敝县飞过去，还请贵县押回来！

写完后即将公文退回文泉县。那县令看后，心中生起气来，两耳嗡嗡作响，双眼圆睁，半晌说不出一句话来。

文泉县县令谎报实情，被上司察觉后，又推卸责任，称他是伪君子真是一点不冤枉。两首打油诗都采用了拟人手法，一个请对方将蝗虫赶快搜捕干净，一个请求另一方将蝗虫押解回来，诙谐有趣。

◎ 圣上题诗不敢留

一日闲暇，明太祖朱元璋忆起幼年在皇觉寺为僧，曾在殿宇的门侧屋角写了些打油诗抒怀言志，不知如今诗还在否，便下诏，定于某月某日驾临皇觉寺。

到了那天，皇觉寺方丈率全寺僧众，穿袈裟，击法器，下山恭迎圣驾。

朱元璋进入寺内，四处寻找以往亲笔所题之诗，竟了无痕迹。他把方丈召来，责问他为什么不保护好。方丈奏曰：

圣上题诗不敢留，诗题壁上鬼神愁。

谨将法水轻轻洗，犹有龙光射斗牛。

朱元璋听后变嗔为喜，厚赐寺僧而返。

◎ 徐文长西湖救渔民

有一年春天，徐文长坐小船云游西湖，遇见一个十多岁的女孩子在哭，细问情由，才知女孩父亲是个渔民，今早出来捕鱼，不料正遇杭州太守来游西湖，因躲避不及，太守硬说他有意冒犯，竟捉去问罪。

徐文长听了，带着女孩坐上小船，直朝太守的大花船驶去。太守见状，大发雷霆，问他："你是何人？胆敢冲撞我的官船！"

徐文长答道："我是个秀才。"

太守见他穿戴寒酸，就故意刁难道："你既自称秀才，我现在就罚你作一首诗。"

徐文长说："只要你答应把刚才抓去的那个渔民放了，我就作诗。"太守料他作不出来，于是满口答应。说着，就吩咐左右取来纸笔。

徐文长提笔，略加思索，便一连写了8个"天"字。太守等一见，不禁放声大笑，并大骂他是笨蛋，只会写"天"字。徐文长见太守得意忘形，便奋笔疾书，成诗一首：

天天天天天天天天，天子新丧才半年。

山川草木皆含泪，太守西湖独放船。

原来老皇帝刚在半年前死去，新天子才即位不久。太守见徐文长写的诗，吓了一跳，只好把那位渔民放出来，并客客气气地送走了徐文长。

◎ 打你这倾国倾城帽

一日，钱牧斋身穿满洲服装、头戴清朝帽子出门，途中有一老叟用拐杖敲打他的头："我是个多愁多病身，打你这倾国倾城帽。"

钱牧斋即钱谦益，明朝官至礼部侍郎，却变节降清，多为众人所指责。王实甫《西厢记》中张生有两句唱词："小子多愁多病身，怎当他倾国倾城貌？"老叟借此二句唱词，改了数字，便以开玩笑的方式给这叛逆一次教训。

◎ 紧蒙密钉，晴雨同音

有一则制鼓歌诀仅有20字：

紧紧蒙张皮，密密钉上钉。

天晴和落雨，打起一样音。

后来，在传诵中被减至12字：

紧紧蒙，密密钉。

晴和雨，一样音。

最后，又被删减成八字诀：

紧蒙密钉，晴雨同音。

至此，字比原来少了12个，但原意未失。

写一篇好文章，应反复推敲，力求简练传神，正如郑板桥所说："删繁就简三秋树，领异标新二月花。"

◎ 才女救夫

相传古代有一位才女，她和丈夫一起进城，因所骑的毛驴受惊，撞了县官的八抬大轿，县官大怒，没收了她的毛驴，并要打她丈夫40大板。才女苦苦为其夫求情。

县官说："人们都说你是才女，一出口就是文章，如果你能当堂作诗表示八个'不打'之意，却不说'打'字，老爷就还你毛驴，不打你丈夫。"

才女问道："但不知老爷以何为题？"

县官见天已黄昏，便将胡子一捋，乘兴说："就以'夜'字为题吧。"

才女略加思索便朗声吟诵道：

月移谯楼更鼓罢，渔夫收网转回家，

卖艺小店去投宿，银匠熄炉正喝茶，

猎人山中缚死虎，飞蛾团团绕灯花，

院中秋千已停歇，油郎改行谋生涯。

毛驴受惊碰尊驾，望求老爷饶恕他。

县官听罢，知道前八句都暗含“不打”之意，而且诗句合辙押韵，又顺理成

章，不由得拍案称赞。高兴之下，随即还了才女毛驴，并赦免了她的丈夫。

◎ 除非猫子不吃鱼

父子俩打算戒酒，可想了很多办法，却没有什么效果。

有一天，吃饭时，桌上又放了一壶酒，父子俩都想品尝一点美酒，却又被戒酒之心所约束，各自闷着想主意。一阵沉默后，父亲先开口：“今天喝酒有个规矩，各作诗一首，开头结尾都要有酒字，作不好，就不能喝！”

“行！”儿子看到有饮酒的机会，不由得喜出望外：“那就请父亲先来吧！”

父亲略加思忖，说：

酒，酒，酒，

左边三点水，

鱼在水中游，

猫在岸上守，

除非猫子不吃鱼，

老子今生不戒酒！

儿子二目圆睁，望着正把手伸向酒壶的父亲，大口大口的涎水直往肚内咽，活现出一副馋相，急忙诵道：

酒，酒，酒，

三点加上酉，

阿婆在屋内，

阿公门外守，

除非阿公不进屋，

小子一世不喝酒。

“妙，妙，妙！”父亲竖着大拇指，一阵称赞。只见酒杯来来往往，二人酣畅地对饮起来。

◎ 扯谎歌

古代时流传一首《扯谎歌》，摘录如下：

太阳落坡坡背坡，听我唱个扯谎歌。

扯根茅草三抱大，吊起太阳往上拖。

半天云里安磨子，推得月亮转哆嗦。

白云高头搭灶火，抓把星宿下油锅。

一脚踏倒五根树，两拳打破太虚穴。

王母娘娘来找我，将她琼浆当水喝。

玉帝气得吹胡子，牛郎乐得笑呵呵。

扒块石头来烧火，水上浮萍放茅坡。

两个跳蚤比大腿，两个虱子比耳朵。

两个和尚来打架，头发抓成乱鸡窝。

作者故意无中生有，或者颠倒、夸大

事实，把互相矛盾的事理并列到一起来说，使作品幽默生动。

◎ 才女端午吟诗

有夫妇二人，妻子能吟诗作文，有才女之称，而丈夫却不学无术，好吃懒做，因此家境越发贫寒。

端午节到了，他家没钱购买过节的物品，见别人家买这买那，妻子又是怨恨又是气愤，于是便吟诗一首：

家徒四壁学相如，佳节端阳百物无。

寂寞凄凉寻底事，聊将清水洗苍蒲。

丈夫虽不能完全看懂，但也知是妻子的埋怨之词，惭愧之下，便离家而去。为了筹备过节的费用，他竟夜入民宅去偷牛。他毕竟是头一次做贼，一时不慎，被人抓住，送到县衙。

县官问他为什么偷牛，他说因为妻子写诗埋怨自己无力养家，以致“佳节端阳百物无”。谁知县官对作诗一事非常着迷，听说他妻子能作诗，便立刻派人把这人的妻子传来，并命她当众吟诗一首，说如果诗作得好，就赦免她丈夫的罪。她听后心头一喜，立即吟道：

滔滔银汉向东流，难洗今朝满脸羞。

自笑妾身非织女，夫君何故夜牵牛？

县官听了，不住地称“好”，真的当堂释放了她的丈夫。

◎ 柴米油盐酱与茶

明朝有一位妇女对丈夫纳妾一事非常恼怒，于是给丈夫写了一首诗，诗曰：

恭喜郎君又有她，侬今洗手不理家。

开门诸事都交付，柴米油盐酱与茶。

本来开门七件事为“柴米油盐酱醋茶”，妻子只交付六件，却把“醋”意单单留下，利用“缺省”措辞法，使此诗别具情趣。

◎ 秋夜回文诗

清代时，云南张月错先生善作诗词，一生著作很多，可惜留下较少。他死后50年，《随园诗话》的作者袁枚从他孙子张旭那里得到一首《秋夜回文诗》：

烟深卧阁草凝愁，冷梦惊回几树秋。

悬壁四山云上下，隔帘一水月沉浮。

翩翩影落飞鸿雁，皎皎光寒静斗牛。

前路客归萤点点，边城夜火似流星。

这是一首写景诗，绘声绘色地描写了边城秋夜的清冷和萧瑟情景。如果倒过来读，也还清新有味，不失为一首好诗：

星流似火夜城边，点点萤归客路前。

牛斗静寒光皎皎，雁鸿飞落影翩翩。

浮沉月水一帘隔，下上云山四壁悬。

秋树几回惊梦冷，愁凝草阁卧深烟。

◎ 二郎庙记

四川某地有一座二郎庙，庙内竖着一个石碑，刻着一篇《二郎庙记》，总共是72个字。文曰：

好人莫如行善，行善莫如修二郎庙。二郎者，大郎之弟，三郎之兄，老郎之子也。庙前有二株树，人皆以为树在庙前，我独以为庙在树后。庙内有钟鼓二楼，钟声咚咚，鼓声嗡嗡，因而为之记。

碑文短则短矣，却言之无物，多用废话，读之令人发笑。

◎ 王安石改诗

北宋时期，王安石有一次外出巡视，夜宿于一座寺院中，见寺院墙壁之上题有一首诗：

彩蝶双起舞，蝉出树上鸣。

明月当空叫，黄犬卧花蕊。

王安石看罢连说“荒唐”，问寺僧是何人所写，寺僧说题写者是山下一个屡试不第的秀才。王安石听后说：“像他这样的蠢材，若能及第岂不是笑话！”并随即将诗的后两句改为：

明月当空照，黄犬卧花荫。

王安石改罢，其随从大赞“改得好”。而寺僧却对王安石说：“丞相有所不知，秀才写的是一首即景诗，诗景是一幅画，不是两幅画。明月并非月亮，是本地的一种鸟，它能对天气的阴晴进行预报。白天如能听到它的叫声，夜里必是晴天，并能看到月亮。黄犬并非黄狗，它是一种金黄色的小虫，习惯躲在花蕊里睡觉。”

王安石听了这一番话，非常惭愧，说道：“都怪我不了解情况，妄下雌黄，请容我再改过来。”

◎ 袁枚得诗于民

清代诗人袁枚自称“随园主人”，非常注意向平民百姓学习。他说：“村童牧竖，一言一笑，皆吾之师，善取之皆成佳句。”

一个冬天的夜晚，袁枚借着朦胧的月光在家里的随园散步，欣赏有岁寒三友之誉的松竹梅。偶然间，他发现一仆人挑着粪桶路过，那仆人看到一树梅花含苞待放，便在主人面前信口赞道：“有一身花矣！”

他的意思是把梅比作妇人，孕育着一树繁花。袁枚暗暗记在心中，后来竟据此点化出两句名诗：

月映竹成千个字，

霜高梅孕一身花。

有一次，袁枚出门，在某僧人处借宿，趁机在主人花园中观赏梅花。第二天告别，主人送行时风趣地说：“可惜园中梅花盛开，公带不出！”袁枚听后，诗兴大发，随即吟诵道：

只怜香雪梅千树，

不得随身带上船。

◎ 逆挽诗

作诗要有妙句，但如果句句皆工稳守旧，便不奇妙。有一种逆挽诗，前头不像诗，在平淡之后却迭出佳句，化腐朽为神奇，令人惊讶、拜服。

明太祖朱元璋有一次与群臣饮酒，约定好以“金鸡报晓”为题作诗，庆贺鸡年来到。朱元璋吟道：

鸡叫一声撅一撅，鸡叫两声撅两撅。

群臣一听，无不窃笑，这两句一点诗意都没有，如何算得诗？朱元璋停了停接着吟道：

三声唤出扶桑日，扫败残星与晓月。

众人听完，没有不连声叫好的。

郑板桥有一次应朋友李君之请，冒着雨去赴宴祝寿。主人请郑板桥作诗一首相贺，他写道：

奈何奈何可奈何，奈何今日雨滂沱。

众人面面相觑，都不知板桥所吟为何意。只见郑板桥接着写道：

滂沱雨祝李公寿，寿比滂沱雨更多。

大家看了，个个称赞。郑板桥还写过一首《雪》诗：

一片两片三四片，五六七八九十片，

千片万片无数片，飞入梅花都不见。

前三句平淡无味，末尾一句见神奇，把前面的三句都救活了，这首诗历来为人所称道。

◎ 张玉书写题画词

清代有一个暴发户得到一幅好画，画面是垂柳夹道，小鸟啁啾，中有一行人呈欲行又止之状。因为画上无字，实在是美中不足，暴发户便大摆宴席，请人题字。

客人们个个凝视画面，过了很久都无人动笔。这时，有位路过此处的闯馆先生毫不谦让地提笔写道：

前面一棵杨柳树，后面一棵杨柳树，

左边一棵杨柳树，右边一棵杨柳树。

主人看到这里，不由得勃然大怒道：“先生如此诗句，岂不是懵童都能写出的吗？”闯馆先生听了，从容不迫地答道：“我还没有题完，尊翁怎么就下断语？”

说完接着写道：

树，树，树，凭你千丝万缕，哪能留得行人住。前面啼杜鹃，后面啼杜宇，一个说：“行不得也哥哥！”一个说：“不如归去！”

众人见写的竟是一首绝妙的好词，于是一起喝彩。最后，先生落款时写了“张玉书”三个字。主人看了，大惊失色，连连谢罪不止。

注：张玉书，字素存，自幼专心苦读，顺治年间进士，官至文华殿大学士兼户部

尚书。参与《平定朔漠方略》、《明史》纂修，任总裁官。

◎ 郑板桥游春赋春词

有一年春季，几个秀才陪同郑板桥去郊外踏青。郊外的春色格外迷人，大家被大自然风光所陶醉。于是，兴之所至，便作成了一首嵌满“春”字的《春词》：

春风，春暖，春日，春长，春山苍苍，春水漾漾。春荫荫，春浓浓，满园春花开放。门庭春柳碧翠，阶前春草芬芳。春鱼游遍春水，春鸟啼遍春堂。

春色好，春兴旺，几枝春杏点春光。春风吹落枝头露，春雨湿透春海棠。又只见几个农人谈笑开口：“春短，春长，趁此春日迟迟，开上几亩春荒，种上几亩春苗，真乃大家春忙。”

春日去观春景，忙了几位春娘，头戴几枝春花，身穿一套春裳；兜里兜的春菜，篮里挎的春桑。游春闲散春闷，怀春懒回春房。

郊外观不尽阳春烟景，又只见一个春女，上下巧样春装。满面淡淡春色，浑身处处春香，春身斜倚春闺，春眼盼着春郎。盼春不见春归，思春反被春伤。春心结成春疾，春疾还得春方。满怀春恨绵绵，拭泪春眼双双。总不如撇下这回春心，今春过了来春至，再把春心腹内藏。

大家装上一壶春酒，唱上几句春曲，顺口春声春腔。满目羡慕功名，忘却了窗下念文章，不料二月仲春鹿鸣，全不念平地春雷声响亮。

一般情况下，诗词中的字要避免重复，而这首《春词》共56句，除3句没有“春”字外，其余诸句，句句不离“春”字，共计有68个。但该词“春”字用得自然流畅，生动新颖，别有一番情趣，全无重复之弊。

◎ 柳絮飞来片片红

清代大书画家金农居住扬州时，有一次宴请宾客，以“飞”、“红”二字行酒令，请众人吟诗行乐。

有个商人学问不高，只听他吟道：

柳絮飞来片片红。

这一诗句显然与常理不合，白色的柳絮怎么成了红色的？金农只好为其掩饰，前补三句成七绝一首：

廿四桥边廿四风，凭栏犹忆旧江东。

夕阳初照桃花坞，柳絮飞来片片红。

“柳絮飞来片片红”，不合常理，明明是死句；然而，通过“逆挽法”，妙用“夕阳初照桃花坞”为衬托，则诗风大变，不但死句复活，而且诗意盎然，诗味极浓。

◎ 无限风光在九溪

“上有天堂，下有苏杭”是中国人常讲的一句话，苏州以园林著称，杭州以风景驰名。而有人认为，杭州风景绝佳之地是九溪十八涧。

有一次，清代学者俞樾约了几位朋友，经虎跑、龙井，过杨梅岭到九溪十八涧游玩。因翻山越岭，路途较远，大家都有疲劳之感。于是走走歇歇，缓步而行。有一人触发诗兴，随口吟道：

坐坐停停行，山山水水情。

前前后后看，大大小小岭。

俞樾说："好则好矣，可不是诗。"

那人道："信口胡诌，原不是诗。要说作诗，当然还得俞学政（俞樾曾为河南学政，掌管学校生员考课升降之事）。"他的提议引起大家的兴趣，于是众人一致要求俞樾作诗。

俞樾不负众望，略一思考，随即吟道：

重重叠叠山，曲曲环环路，

叮叮咚咚泉，高高下下树。

刚一念完，大家齐声称妙："好诗，好诗！"

通过用重重叠叠、曲曲环环、叮叮咚咚、高高下下等一系列重叠词进行修饰，形象而又鲜明地将山、路、泉、树的特色描绘出来。寥寥20字，写尽了九溪十八涧的自然风光。

◎ 落地无声令

苏东坡、晁补之、秦少游三人一同去见佛印禅师，佛印留他们喝酒聊天——佛家称酒为"般若汤"。众人喝酒行令，上句要求是落地无声之物，中间要贯穿人名，末了要一句诗。

东坡说：

雪花落地无声，抬头见白起。

白起问廉颇：如何爱养鹅？

廉颇曰：白毛浮绿水，红掌拨清波。

补之说：

笔花落地无声，抬头见管仲。

管仲问鲍叔：如何爱种竹？

鲍叔曰：只须两三竿，清风自然足。

少游说：

蛀屑落地无声，抬头见孔子。

孔子问颜回：如何爱种梅？

颜回曰：前村风雪里，昨夜一枝开。

佛印说：

天花落地无声，抬头见宝光。

宝光问维摩：僧行近如何？

维摩曰：对客头如鳖，逢斋项似鹅。

"白起"可指雪飘，亦可指战国时大将名；"孔子"一指虫蛀之洞，一指春秋时大思想家、教育家名；"管仲"一指毛笔（人称"管城子"），一指战国时相国名；"宝光"一指佛光，一指佛名，都是"双关法"。

"……见白起，白起问……"等是采用顶真词格。末了各说一句诗，是引用法。以上酒令，有极强的艺术性，尤其是双关法的运用十分巧妙，不可多得。

◎ 张恨水的补白

著名小说家张恨水思路非常敏捷，构思片刻即能写出锦绣文章。他曾在《南京人报》任职。一天夜里，报纸即将排版，但有一版上还有一小块空白。张恨水得知后，略加考虑，便信手写了几句打油诗：

楼下何人唤老张，

老张楼上正匆忙。

时钟两点刚敲过，

稿子还差二十行。

该诗见报后，报界同人和广大读者都说此诗的安排实在太恰当了。

◎ 谭鑫培临场应变

京剧表演大师谭鑫培年轻时，因为经验不足，演出时曾出现过一些差错。但是由于他聪明过人，善于随机应变，因而不但没露出破绽，反而使演出效果得到增强。

有一天晚上演出《文昭关》，谭鑫培在剧中饰伍子胥。伍子胥应当腰挂宝剑，上场后有这样四句唱词：

过了一天又一天，

心中好似滚油煎。

腰中枉佩三尺剑，

不能报却父母冤。

但是，由于管道具的人一时疏忽，错把宝剑换成了刀。谭鑫培当时也没注意，出场后才注意到这一点，但又来不及更换，他急中生智，手握腰刀唱道：

过了一朝又一朝，

心中好似滚油浇。

父母冤仇不能报，

腰间枉挂雁翎刀。

这一改，改得天衣无缝，再加上他那美轮美奂的唱腔，立刻博得了满堂彩。

◎ 代数题诗

清人徐子云《算法大成》中有一首诗：

巍巍古寺在山林，不知寺内几多僧。

三百六十四只碗，看看周尽不差争。

三人共食一碗饭，四人共吃一碗羹。

请问先生明算者，算来寺内几多僧。

这是一道代数题：三个和尚吃一碗饭，四个和尚吃一碗羹，刚好用了364只碗，请问寺内有多少和尚？

答案很容易得出。由于这道题用诗的形式表示，使数学与文学相结合，就具有形象性和趣味性了。

◎ 几何诗

抗日战争时期，四川大学招考新生。校方规定，根据考生各学科考试总成绩择优录取，某些学科考分低些，只要总分高也可录取，但只要有一门学科成绩为零分就将毫不留情地予以淘汰。

有位考生其他学科的功底都不错，唯独几何学成绩历来较差。考几何时他抓耳挠腮，毫无办法。如交白卷，肯定落榜，实在心有未甘，于是就在考卷上写了一首打油诗，一则解嘲，一则泄怨。诗云：

人生在世能几何？

为何苦苦学几何？

学了几何值几何？

不学几何又几何！

诗中用了六个“几何”，其中第二、第三、第五个“几何”指几何学，其余的“几何”则有“多少”、“若干”之意。

时任四川大学文学院院长的向楚教授知道后说：“该生几何学极差，意志又消沉，毫不足取。但他的打油诗尚有巧思，还是给他个五分（百分制）吧。”

亏得这五分，这位考生考取了四川大学。

另一学生考文学时，因题目深奥，如坠雾中，便戏仿李煜《浪淘沙》作词一首道：

窗外雨潺潺，心潮滚翻！荏苒光阴当等闲，急时佛脚难抱得，恨作洋盘！

独坐讲台前，书也难翻，混时容易考时难，报道一声交卷也，分数若干？

向先生闻听后说：“此生尚能悔悟，可得60分。”最终也被录取了。

◎ 马虎图

宋朝时候，京城里有个画家。有一次，他铺开纸作画，刚画好老虎头，就来了一个人请他画马。于是，这位画家在虎头后面画了马身子。

那位请他画马的人一见，惊奇地问：“先生，您这画的是马还是虎？”

画家答道：“马马虎虎矣。”

随后，画家就将这幅画挂在自己家的墙上，每天都来欣赏。大儿子问他画的是什么，他回答是虎；二儿子问他画的是什么，他又回答是马。

后来，他那大儿子出去打猎，遇见了一匹马，就认为这是一只虎，拿起弓箭把那匹马给射死了。结果，马主人不干了，他没办法，只好出钱赔偿损失。

再说他那二儿子出门游玩，在野外碰上一只老虎，想起挂在墙上的那幅画，误认为是匹马，就跑上前要去骑它。结果，老虎毫不留情，二儿子活活地被咬死了。

画家为此事痛苦不堪，他取下墙上的画烧掉了，并作了一首诗自责：

马虎似马又似虎，

长子依图射死马，

次子依图喂了虎。

堂前焚毁马虎图，

奉劝诸君莫学吾。

从此，人们就把那些办事不认真负责、粗心大意、草率从事的人称做“马虎先生”。

◎ 解缙献宝

一天，永乐皇帝下旨：所有在朝文武官员，七天内务必每人向皇上献宝物一件。众官听旨后不敢怠慢，派人到处征集稀世珍宝，只有学士解缙无动于衷。

一晃期限已到，众官一个个向永乐皇帝献上宝物。轮到解缙时，在众目睽睽之下，解缙不慌不忙地从袖筒里摸出一个小纸包，双手捧着献给皇帝。

永乐皇帝小心翼翼地打开纸包一看，是一小撮谷物，便面有愠色，责备解缙："此乃常物，何谓宝也？"

解缙从容不迫地朗声说道：

此宝真是宝，人皆不可少。

皇上三日无此宝，走起路来孱孱倒。

永乐皇帝思忖片刻，点头称是，并对解缙加以重赏。

◎ 偶然诗

朱然是清代嘉兴城里的一个学子，平时读书总是得过且过，所以几次考试都名落孙山。后来，他发奋努力，日夜苦读，不但在童试中考取了秀才，而且在乡试中考取了举人。

但是，当初同他一样调皮捣蛋不求上进的纨绔子弟不以为然，认为这是偶然的运气，便在朱然家的大门上写了一句话来嘲讽他："偶然中试是朱然。"

第二年春天，朱然满怀信心地参加了会试，并且再一次高中。这时候，朱然用诗句来回答那些怀疑派、偶然派，他把门上那句话续成：

偶然中试是朱然，难道偶然又偶然？

世间多少偶然事，要道偶然不偶然。

这首诗，一口气竟用了六个"偶然"，不仅巧妙地运用了反复的修辞手法，而且既形象又深刻地说明了偶然与必然的辩证关系。

◎ 吟"庄"诗

一首诗的字数从一至七或从一至九，字数逐句增多，把全诗横写，可构成宝塔形，称为"宝塔诗"。其中从一言至七言的，又称为"一七体诗"。

庄，庄。

临堤，傍冈。

青瓦屋，白泥墙。

桑麻映日，榆柳成行。

山鸡鸣竹坞，野犬吠村坊。

淡荡烟笼草舍，轻盈雾罩田桑。

家有余粮鸡犬饱，户无徭役子孙康。

这种一七体诗，指物为题，以题为韵，一韵到底，每一句都各自成对。第一字（也是第一句）既是题目，又是音韵，同时也规定了全诗描写的对象和范围。第二字往往是第一字的重复。

其他六对，都是隔句押韵。总之，一七体诗的特点是结构紧凑，对仗工整，使人读后感到余味无穷。

◎ 苏东坡对诗

北宋时，有一个阔秀才，不学无术。一天去城外游山，发现山间流泉瀑布甚美，一时诗兴大发，便高声吟唱起来：

泉泉泉泉泉泉泉……

可是除了一个"泉"字，他再也吟不出来别的词句了。忽听背后有人吟道：

好似珍珠倒卷帘。

这个秀才十分惊异和钦佩，脱口问道：

此人莫非苏东坡？

那人答道：

然然然然然然然！

秀才听说苏东坡在此，羞得面红耳赤，赶紧溜走了。

◎ 遍地灰尘上九霄

一天，陈细怪和几个同学在去学堂的路上，走着无聊，便提议联诗消遣。

正说着，忽然刮起一阵大风。于是，陈细怪说道："谁愿意和我联一首不带'风'字的咏风诗呀？"

大家都说愿意。陈细怪于是道："我说完一句之后，谁联得最快，就算谁最好啦！"几个同学都没意见，认为这样很公平。

陈细怪望见学堂门外的竹林，正被大风吹得不住地摇曳，便吟道：

门外无云竹影摇，

有个叫张正人的同学，看到池塘里的水被大风吹得波浪汹涌，接口吟道：

水里鱼儿逐浪跑。

陈细怪又吟道：

满畈黄秧齐作揖，

张正人爱逞能出风头，没想出来却抢着说道："我有了！"可是，他却老重复着："齐作揖，齐作揖……"半天也续不出诗句来。

另一个叫王啸林的同学，突然看见远处有个女子穿的红裙子，正被风吹得飘起来，他受到启发，便脱口道："你不中，让我来！"接着也不顾张正人的颜面，念道：

女钗红裙往起飘。

同学们都称赞王啸林续得好，唯有张正人又羞又恼。他发现那女子是先生的女儿，便跑到学堂向先生告了一状，说王啸林在联句时戏谑先生的女儿。

先生听了很生气，便追问："王啸林续的是一句什么？"

陈细怪抢在张正人开口之前，机智地接过问话答道：

遍地灰尘上九霄。

先生将四句咏风诗连起来念了一遍：

门外无云竹影摇，水里鱼儿逐浪跑。

满畦黄秧齐作揖，遍地灰尘上九霄。

"嗯！不着一个'风'字，而将刮风时的情景尽收诗中，作得好，作得好哇！"先生见诗中并无张正人说的意思，便高兴地夸奖了陈细怪他们一番。

◎ 分明君高臣下

唐叛臣史思明进军东都，正遇樱桃熟了。他挂念在河北的儿子，想送些樱桃去，以表思念之情。为此，他特地写了一首诗：

樱桃一笼子，半赤已半黄。

一半与怀王，一半与周至。

怀王即是他的儿子，周至是其师傅、臣僚。诗成之后，部下齐口赞美，都说：“明公此诗大佳，若能言‘一半周至，一半怀王’，即能与‘黄’字押韵。”

史思明听了大发雷霆，说：“我儿岂可居周至之下！”

为使儿子居于臣僚之上而不顾诗须押韵，实不足取。“押韵”是诗的要素，不讲押韵，就谈不上是诗。史思明之无知与霸道，甚是荒唐可笑。

◎ 蜃 景

王果《蜃景》诗曰：

那是青山北郭，那不是青山北郭。

那是飞阁流丹，那不是飞阁流丹。

那是大漠落日，那不是大漠落日。

那是白波九道，那不是白波九道。

那里莺歌燕舞，绿肥红瘦，

那里莺也不歌燕也不舞，

那里绿也不肥红也不瘦。

那些奇异的迷人的万千景象，

原来是一片空荡荡，一片白茫茫！

这首诗写法怪异，对景物肯定之后又予以否定，有意制造矛盾，同时用了回环反复的修辞格，把“海市蜃楼”描绘得似真非真，若隐若现，虚虚幻幻，缥缥缈缈，达到了“物我同一”的艺术境界。

◎ 黄庭坚扩写《渔歌子》

宋代大诗人黄庭坚曾将张志和的《渔歌子》扩写为词，其词《浣溪沙》曰：

西塞山前白鹭飞，杨花洲外片帆微。桃花流水鳜鱼肥。自庇一身青箬笠，相随到处绿蓑衣，斜风细雨不须归。

这是用《浣溪沙》词调扩写《渔歌子》，上阕增“杨花洲外片帆微”，下阕在“青箬笠”、“绿蓑衣”前增“自庇一身”、“相随到处”，这样就把读词的体会写出来了，词的意境较原作有所变化，内涵也有所增加。

◎ 郑板桥为老师改诗

清代“扬州八怪”之一的郑板桥在童年时，曾跟着老师去郊游。他们忽然看见小桥下面漂浮着一具少女的尸体，惊异之后，老师随口吟诗一首：

二八女多娇，风吹落小桥。

三魂随浪转，七魄泛波涛。

郑板桥听了，不由得左右推敲，终觉不妥。他问老师道：“如何知道这位少女16岁？如何知道她是被风吹下去的？如何看见她的三魂七魄随着波浪在转动呢？”

这些问题，老师都不能回答，便问他可不可以修改。郑板桥想了想，把诗改为：

谁家女多娇？何故落小桥？

青丝随风转，粉面泛波涛。

老师听了，连声称赞。

◎ 山巅一寺一壶酒

从前，有位私塾先生，书教得不错，就是有个好喝酒的毛病，这位先生经常因为醉酒而耽误学生的学业。

先生有一位最要好的酒友，是个和尚，就住在离学馆不远的山上寺庙中。有

一天，先生又被和尚邀去喝酒。临行前给学生布置了作文题，让学生就以《酒》字为题，写一篇短文，他回来检查。谁写不出来，就要打手板。

先生走后，学生就淘气起来了，看看日影偏西，这才想起先生留的作文还没完成。这时，一个学生正翻着一本关于祖冲之的书，忽有所悟，提笔写道：

山巅一寺一壶酒，尔乐苦杀吾。把酒吃，酒杀尔，杀不死，乐尔乐。

傍晚，先生醉醺醺地回到学馆，问学生：“文章写好了吗？”学生递上这篇《酒论》。

先生一看，开始很是生气，心想：“好大的胆，竟敢奚落起先生来了！”又一琢磨，转怒为喜，连连夸奖说：“写得好！写得好！”

原来这篇文章竟是由圆周率派生出来的。

圆周率最早又最精确的近似值，是由我国古代数学家祖冲之推算出来的。

这篇《酒论》，受“祖率”启发而成，乃是利用圆周率前二十几位数字的谐音，即：3.1415926535897932384626写就。

意思是说：高山顶上有一座寺庙，寺庙中摆着一壶酒，先生你喝酒取乐去了，留下作文让我们写，可苦死我们了。你就尽情把酒吃吧，酒会杀死你的，杀又杀不死，那你就乐你所乐吧！

◎ 杨升庵旅吴

据说杨升庵中状元不久，听说江南一带文人以“自古江南出才子”为由，对他不服，他

便决定去江南各地一游，以观江南才子如何。

行前，他命书童先行作好安排。江南才子得知消息，便议定通过书童一试杨升庵的才学。

至书童抵达之日，江浙文士聚集一堂，设宴款待。席间，文人学士纷纷向书童敬酒，且有意激他作诗。书童以无题相辞。众学士请他以由蜀乘舟至江南一事为题。书童满口应允，且就席前端着酒杯，口占一绝云：

纰艳一叶舟，咿呀顺水流，
乒乓几桡板，啊嘀下扬州。

众文士边听边记录，但书童是用四川方言吟这首诗的，文人们对“纰艳”、“咿呀”、“乒乓”、“啊嘀”等词语既未听清，也写不出，又不好问，彼此面面相觑。他们只得满口称赞：“吟得好！吟得好！”于是服了杨升庵。

◎ 海棠诗

书吏是过去官署衙门中负责写例行公文的小官，所写例行公文，有一套固定的格式，甚至有一套专用的词汇。如说“命令你”，就用“着尔”；说“为什么”，就用“缘何”；说“急速”，就用“火速”等。

有一个书吏想让自己的儿子继承自己的事业，每天都教他儿子背诵公文的模式、套语，弄得他儿子晕头转向。有一年春天，他家院子里海棠树开花较迟，书吏让儿子写一首海棠诗，结果使他哭笑不得：

庭前一株海棠树，缘何至今不发芽？
着尔东风齐助力，火速明朝便开花！

◎ 图画禽兽

解缙7岁时，有人慕名找上门来，要他在一幅画像上题诗。这幅画上画的是来人的父亲。解缙慨然应允，约定对方第二天来取。

然而，他从别人口中得知，画中人原来是邻县的乡绅，平日横行霸道，欺压乡民，恶名远扬。解缙对这种人恨之入骨。他眉头一皱，在画像上“刷刷刷”横着写下了四个大字。求诗人第二天一看，原来上面写的是：图画禽兽。

当时，只见此人拿画的手在颤抖，脸涨红得犹如猪肝。父亲被人骂为禽兽，哪有不生气的道理！解缙觉得出了一口气，心中非常痛快。

当此人要发作时，解缙指着画像说道：“我的诗还没写完，这四字是每句诗的第一个字。”说罢，从桌上提起笔，续成一诗：

图公之像，画公之形，
禽中之凤，兽中之麟。

来人见解缙把他父亲比作凤凰和麒麟，顿时由嗔转喜，付了润资，把画像取走了。他不知道这是一首嵌字诗，其关键只在“图画禽兽”这四个字。

◎ 女孩7岁作诗

唐朝时，有个7岁的女孩子很会作诗。武则天闻知此事，立刻召见她。女孩的哥哥就把她送到京城。武则天出题让女孩当面作诗，果然作得又快又好，武则天很喜欢她，便要把她留在宫里，让她的哥哥独自回家。

临别那天，武则天让女孩写诗送别哥哥。女孩看见远处云雾蒙蒙，近处秋风吹动，黄叶纷飞，天空中一行大雁排成人字飞过，想到马上就要同哥哥分离，不禁流下眼泪，随口吟道：

别路云初起，离亭叶正飞。

所嗟人异雁，不作一行归。

诗中流露了对家乡的向往，对亲人的留恋，以及离别的伤感情绪，武则天听了很同情，就让女孩和她哥哥一起回去了。

◎ 蔡锷买笔

蔡锷出生于湖南省邵阳蒋河桥乡，6岁启蒙读书，11岁师从当地名人樊椎，12岁中秀才。1895年春，湖南省学政江标到宝庆（今邵阳）举行岁试。蔡锷随父亲蔡正陵来到宝庆城应考。

一天，蔡锷到著名的宝元文具店买笔。当老板听说这位小孩是前来应试的，心里非常高兴，拿着一支笔说："我出个上联，你若能对出下联，这支笔就送你。"老板的上联是：

小学生三元及第；

蔡锷晃晃小脑瓜，对曰：

大老板四季发财。

说完，拱手作揖，接过笔，乐滋滋地离开了文具店。

◎ 林则徐应考

清代爱国英雄林则徐，幼年时参加科举考试，由于路途遥远，父亲便让他骑在自己的肩上，送他到考场。

主考官见到这一情景，便有意跟他开个玩笑，说要他对出一句下联，方准进入考场，并即景出上联说：

以父作马；

林则徐的父亲一听，立刻羞得面红耳赤，但又无可奈何。但林则徐眼珠一转，立刻应对说：

望子成龙。

主考官听后大吃一惊，这对句不仅为其父解了嘲，而且把原来的贬抑戏弄化为褒扬赞美。主考官很满意，便高兴地让他进了考场。

◎ 父子对句

袁枚生了个儿子取名叫袁桐，他和袁枚一样聪明。在袁枚的熏陶下，袁桐也喜欢读书写诗。一年重阳，袁枚偕同儿子登高，一路上两人赏景摘花，不觉到了山顶。

袁枚见天下万物尽收眼底，不觉

吟道：

家有登高处；

袁桐听了父亲所吟，忽地想到自己在学堂乏味的生活，随口答道：

人无放学时。

袁枚听了，虽感儿子之幼稚，却又觉得儿子对得工整，不禁哈哈大笑。

◎ 先生与老子

古时候有个秀才很自负。一日，他经过一所学堂门前，看见一群学童在兴致勃勃地交谈，便想在他们面前显示一下自己的才学。他一语双关地问：

稻粱菽，麦黍稷，这些杂种，哪些是先生？

众学童面面相觑，无言以对。这时，一个眉清目秀的学童走了出来，一本正经地答道：

诗书易，礼春秋，许多正经，何必问老子！

众学童听了，哈哈大笑起来。狂秀才羞得满脸通红，灰溜溜地走开了。

◎ 于谦讥僧人

于谦，浙江钱塘（今杭州）人。他从小聪慧好学，才思敏捷，七八岁时便能出口成对，挥笔成章，人称“神童”。

某年盛夏，由于天气十分炎热，去学馆前，他的母亲便让他把头发梳成两个上翘的羊角辫。在去学馆的路上，于谦碰上一位和尚。这和尚见于谦的两条辫子恰似一对小角，便和他开玩笑道：

牛头且喜生龙角；

和尚只是出于对幼童的喜爱，其实并无恶意。谁知于谦听了，以为和尚在取笑他，很是恼火，立即反唇相讥道：

狗嘴岂能吐象牙。

和尚讨了个没趣，但也只好作罢。

第二天，母亲又把于谦的头发梳成三角发结。他恰巧又碰上了那个和尚。和尚一见小于谦改了发型，又出一条上联来逗他，联曰：

三角如鼓架；

于谦又以为和尚在取笑他，非常生气，便不甘示弱地回敬道：

一秃似捣锤。

这时，和尚才知少年于谦的厉害。

◎ 解解元妙对乐乐府

有一次，解缙游山口渴，便来到一家农舍要茶喝。这时，出来了一位白发老人，问他是何人。解缙出口答道："吾解缙解元是也。"

老人笑道："哦，你原来就是号称神童、善对对联的解缙？要喝茶，可以，但得先对下联。"

解缙说："老丈请讲！"

老人即出句道：

一碗清茶，解解解元之渴；

解缙一听，觉得这三个解字连用，还真不易对出。茶且慢喝，先聊了起来。当他得知老人姓乐，曾在朝廷乐府供职，又见壁上挂着七弦琴，便说："请老丈抚琴，我自有对。"

"好！好！"老人取琴，弹奏了一曲《高山流水》。解缙笑着说："请听下联！"接着高声念道：

七弦妙曲，乐乐乐府之音。

"妙啊！不愧是号称神童的解缙啊！"老人赞不绝口，捧出了上好的茶让解缙品尝。

原来，老丈上联中的"解解解"三字，三音三义：第一个是动词，解除的意思；第二个是解缙的姓；第三个是解缙的身份，解元。

解缙对句的"乐乐乐"三字，也是三音三义，恰好与"解解解"为对：第一个是动词，喜欢的意思；第二个是老丈的姓；第三个是指老人的身份，乐府，即在乐府供职的人。巧出巧对，留下一则联坛佳话。

◎ 李白输句

李白小时候聪明绝顶，但有个坏毛病，就是不认真读书。他还交了一些无赖朋友，四处生事。虽然他父亲将他送去读书，但他经常逃学。

有一天，他又从学馆逃了出来，玩耍了一会儿，出了一身汗，他便脱了衣服，一头钻进水塘中玩了起来，将一塘清水弄得混浊不堪。

恰巧一个丫鬟前来担水，李白急忙躲进草丛中。丫鬟见水浊已不能用，便埋怨道："不知哪个混账将水弄脏。"

李白一听，立将头从水中探出，并向岸上拨水，说道：

挑水丫头谁家女？

那丫鬟被拨了一身水，很不高兴，认出是李白，便道：

混账小子隔墙人。

说完转身便走，李白想再叫骂，但丫鬟已经远去了。李白碰了一鼻子灰，便上岸穿起衣服回家。

饭后，在父亲的督促下，李白正装模作样地读书。忽见隔墙的丫鬟正在踏着梯子，采摘自家庭院中的桑葚。他立即“嗨”了一声，先将丫鬟吓一跳，再道：

南院北邻近居，偷摘人家桑葚子，该也不该？

小丫鬟一看，见是李白，朝他做个鬼脸，笑道：

东游西逛瞎混，不读古今圣贤书，羞也不羞？

两次都对输，李白自此发奋读书。

◎ 焉知鱼不化为龙

明代学者邱濬，字仲深，琼山人。幼年在学堂念书，一天，大雨滂沱，有的座位漏雨，大家争坐不漏雨的座位，当时和邱濬争座位的，是一个当地显贵的儿子，两人互不相让，争得面红耳赤。

老师看见了说：“你俩不要争，我有一句五字联，能对上的坐好位子。”接着道：

细雨肩头滴；

显贵的儿子一听，目瞪口呆，对不上来。邱濬却胸有成竹地对道：

青云足下生。

老师听了，只好把不漏雨的座位让给邱濬。显贵的儿子不服气，放学回家，将争座位的事，向父亲哭诉。

显贵听了大怒，即差人把邱濬叫到家里来，一见面，就气急败坏地喝道：

谁谓犬能欺得虎！

邱濬鄙夷地一笑，从容答道：

焉知鱼不化为龙？

显贵一听，吓了一跳，知小邱濬非等闲之辈，长大后定有出息，无话可说，只好放他回去。

◎ 腹内孕乾坤

清末思想家、史学家魏源九岁那年，到邵阳县城参加童子试。唱名时，县令指着茶杯上画的太极图说：

杯中含太极；

当时，魏源怀中正揣着两张麦饼，他应声答道：

腹内孕乾坤。

众人大惊，县令也觉得奇怪，就问：“何为乾坤？”

魏源答道：“天地谓乾坤，我吃了怀中这两张麦饼，就要考虑天下大事……”县令听了连连点头，称赞他年幼聪颖又有大志。

魏源不但聪颖，而且性情爽直，从小就疾恶如仇。在他的家乡，有个无耻又无能的举人，好抄袭别人的诗作。一次被年方11岁的魏源揭了老底，举人恼羞成怒，想借机报复。

有一天，他找到魏源，声称要和魏源对对子。举人指着灯笼里的蜡烛，出了个上联：

油蘸蜡烛，烛内一心，心中有火；

魏源随声应道：

纸糊灯笼，笼边多眼，眼里无珠。

举人挨骂，不肯罢休，又气冲冲地说：

屑小欺大乃谓奸；

魏源又立即回敬：

愚犬称王即是狂。

妄自尊大的举人面红耳赤，狼狈不堪。

◎ 九节虾与五爪龙

明朝时，福建省晋江县陈家出了个聪明的孩子，名叫紫峰。陈紫峰家境贫寒，生活艰难。当地有“祭冬”的风俗，每年“祭冬”时节，陈紫峰看到有钱人家买鱼买肉，大办酒席，而自己家里却什么也没有，心中未免不乐。

九岁那年，“祭冬”又到了，小紫峰大

胆地坐在祭祖的筵席上。几个乡里的老人见陈紫峰虽然衣衫单薄，但眉清目秀，活泼伶俐，便指着桌上一盘“九节虾”，开玩笑地对他说：“用这盘九节虾作对，对上了，你拿去吃，对偏了，就不能吃。”

小紫峰听了，大眼睛一转，便大大方方地伸出一只手，抓起九节虾，就往嘴里送，众人见了，忙加阻止，并问：“还没对上，怎么就抓虾吃呢？”

“怎么没对上？”陈紫峰面朝这几位老人，伸出小巴掌摇了摇，理直气壮地回答：“五爪龙，不是对九节虾吗？”

几位老人听后连连点头，称赞他对得好。这时，外面传来“祭冬”的炮声，这几位老人又出一上联：

枪装药，药装枪，射去浓烟散雾；

小紫峰听后，走到厅中央，转动着水灵灵的大眼睛，抓起八仙桌上的花瓶，摔个粉碎，随口答出下联：

瓶插花，花插瓶，打破落花流水。

众人听了，又惊又喜。

◎ 李自成属对

明末农民起义领袖李自成，陕西米脂双泉里人。据说他6岁那年的夏天，一天傍晚，雨过天晴，星月皎洁，他的老师乘兴叫他来对句。

师出上联为：

雨过月明，顷刻呈来新境界；

李自成想了许久，也未找到恰当的下联。谁知天有不测风云，霎时狂风骤起，云遮月蔽，李自成触景生情，随即对道：

天昏云暗，须臾不见旧江山！

联语含意极深，观其少年志气就不凡。

◎ 欧阳修露锋芒

北宋欧阳修4岁而孤，其母含辛茹苦，亲自教其识字。因家贫买不起纸，以芦荻画地成书。贫苦的生活令欧阳修磨炼出刚强的个性，从不向恶势力低头。

一年，街上来了一个算卦者，鹤发童

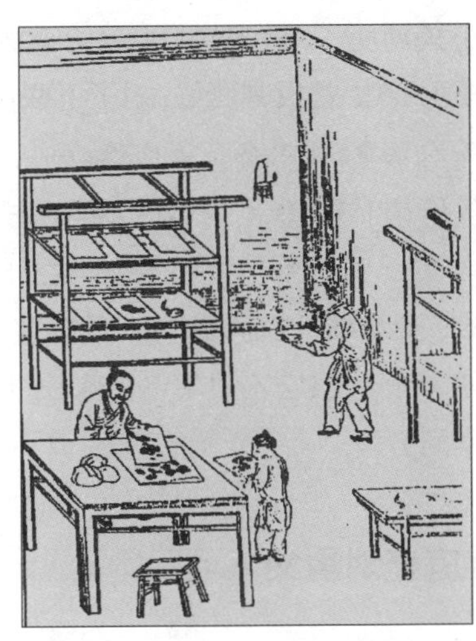

颜，望之有如神仙。其实那老者是一个辞官的读书人，因看破世情，隐于市井，并精研出一套柔能克刚的处世哲学。

他见欧阳修天庭饱满，认定他他日必成大器，但过于刚强，日后仕途恐有挫折。老者有意开导他，便说道："看你的机灵模样，想必读书不少，能对句吗？"

欧阳修当然不能示弱，老者便道出上联：

齿刚唇柔，刚者不如柔者久，柔能克刚；

欧阳修年纪还小，一时不明老者之意，还以为老者讥笑于他，于是答道：

眉先须后，先生何似后生长，后来居上。

老者点头称赞，但不禁心中暗叹。后来欧阳修果然大有作为，但由于数次直谏逆旨，屡遭贬谪，晚年锐气尽消。

◎ 对句赢玉佩

唐伯虎小时候，有一次，几位客人到他家中做客，他的父亲十分高兴，拿了些炒豆招待他们。其中一位朋友知唐伯虎善于对句，便对唐伯虎道："我出个对子，敢对吗？"

唐伯虎笑道："我要对不上，甘愿受罚。对上了，我要你腰间玉佩为奖品。"朋友笑道："好，要是你对不上，我就打你屁股。"

说完，顺手捻开一粒炒豆，说道：

炒豆捻开，抛下一双金龟甲；

不想唐伯虎实在聪敏过人，他话音方落，唐伯虎便手举甜瓜，说道：

甜瓜切破，分成两片玉玻璃。

众人一听，皆吃惊，想不到唐伯虎对得又快又工整。那朋友笑道："好孩子，果然了不起。"说完便解下腰间玉佩赠给了唐伯虎。

◎ 鲁迅对业师

鲁迅少时，就读于绍兴东昌场口的"三味书屋"。有一天，寿镜吾先生出了个三字对：

独角兽；

有的学生对"两头蛇"，有的学生对"九头鸟"，还有的对"八脚虫"、"四眼狗”，等等。寿先生问鲁迅，鲁迅记起了《尔雅》中的“比目鱼”，便站起来对道：

比目鱼。

寿先生连连点头称好。独角兽的“独”字不是数量词，但有单、一的意思；比目鱼的“比”也不是数量词，但有双的意思。这两个字对得很准。同时，独角兽是麒麟，乃天上之祥物；而比目鱼是海中

之珍品，意义相对应。况且词性平仄都很工整，是副好对。

◎ 杨溥巧对免父役

杨溥，字弘济，石首人。杨溥幼年家贫，父亲年老多病。在这样的家境下，他孜孜不倦，刻苦学习，年纪虽小，文才却不凡。

有一次，县官派人捉他的父亲去服劳役，当时，他的父亲有病在身。杨溥到县衙里，再三恳求，请求免除父亲的劳役，县官看他是个小孩子，就刁难说：“我出个对子，如你对上了，我可以释放你的父亲。”

接着，出了上联：

四口同圖，内口皆归外口管；

这个上联构思奇妙，县官利用“圖”（图的繁体）字的结构，拆字起意，乃是说，在我统治的范围内，百姓就必须服从我。

小杨溥听了，得知这个县官喜欢人奉承，稍思片刻，就投其所好，对了下联：

五人共傘，小人全仗大人遮。

杨溥这个下联，也是运用“拆字法”，拆开“傘”（伞的繁体）字，既表达了自己的请求，又恭维了县官，而且对仗工整，表达适切。因此，县官不得不点头称赞，免了他父亲的劳役。

◎ 黄庭坚对舅父

北宋诗人黄庭坚自幼聪颖非常，他的舅父叫李常，是京城大官。一年，李常因公事路过家乡，黄庭坚和父母到访，李常早闻黄庭坚聪明好学，决意考他一考。

在傍晚时分，大家在院中纳凉，一阵风吹得院子里的桑树枝叶摇曳，李常随口道：

桑养蚕，蚕结茧，茧抽丝，丝织锦绣；

黄庭坚听罢，正思索着要对出下联，他见表哥正在院子里练字，于是对曰：

草养兔，兔生毫，毫扎笔，笔写文章。

舅父见外甥对得工整，不禁颔首赞许。

◎ 烧　鹅

明朝有个士子叫陈裳，虽然名不见经传，但他学富五车，很有才华。他小时十分好学，能吟能对，少年中了举人后，被称为陈举人。

一天，当一群小朋友正在上课时，忽然一声雁唳，他们都向窗外看，却见一群雁儿飞过，老师脱口吟道：

一群征雁天空过；

其他小朋友都看着雁群，悠然神往，独陈裳在苦思下联。忽有一路人高叫："好一群北雁南飞。"

陈裳见那人手持半只烧鹅，正好经过窗外，顿时灵感涌现，高声吟道：

半只烧鹅地上行。

下联一出，全学堂的小朋友都大笑起来。老师更是赞赏，上下联都十分应景工整，并将对联写下，及批上：鹅者，烧熟而不死，且半只能行，吾不敢啖也。

◎ 万里长江作浴盆

解缙年幼时，父亲带他到长江里游泳，当父亲看到他将衣服挂在老树上时，即景出上联：

千年老树当衣架；

解缙马上对道：

万里长江作浴盆。

气魄之大，很难想象是出自一个孩子之口。

◎ 张居正年小志大

明嘉靖初年，湖北巡抚顾璘在视察江陵时，听属下说当地有一个7岁的幼童，聪明伶俐，十分可爱。于是派人把他找来，要试试他的才华。

顾璘见到幼童，随口说一个上联：

雏凤学飞，万里风云从此起；

幼童稍加思索，朗声对出下联：

潜龙奋起，九天雷雨及时来。

顾巡抚听后，连忙夸奖，并将自己腰上的玉带解下来相赠。这个幼童便是被人称为"江陵神童"的张居正。

有一年夏天，新上任的湖广巡抚带着大队人马风尘仆仆地来到江陵，在岑河口附近的东司庙休息。庙里的住持连忙叫小僧到庙后瓜园，摘了十多个大西瓜来招待客人。

和尚种的西瓜又沙又甜，巡抚和手下人吃了，只觉得清甜可口，舒服极了。巡抚一时高兴，便顺口吟出一联：

东司和尚送西瓜，些小礼物；

他让前来迎接的江陵知县对下联，这江陵知县是个草包，根本对不上来，被巡抚训斥一顿，赶出庙门。

知县狼狈不堪地从庙中出来，刚好碰到在庙里玩耍的张居正。知县想："这小子号称神童，不如问他一问。"

知县叫住小居正，将刚才巡抚出的上联告诉他，并求他对出下联。小居正听后说："这有何难？"

南极仙翁拜北斗，天大人情。

知县喜出望外，转身又上殿去，复述

了小居正的下联。巡抚转怒为喜，但他不相信是知县自己对的，知县只好说出真相。巡抚把张居正找来一看，原来是个十岁左右的孩子，十分惊异。

◎ 林则徐对对联

虎门销烟、抗击列强的近代民族英雄林则徐，从小就聪明过人，同时又受过良好的家庭教育。他的父亲林宾日是个很有经验的教师。林则徐七岁时，他的父亲就教他作文、吟诗、对句。

一次，林则徐到姑父家做客。姑父家的门槛特别高，姑父见他半天还迈不过门槛，便取笑说：

神童足短；

林则徐马上回答：

姑父门高。

当天，姑父家来了许多客人，大家都想看看这位远近闻名的神童。其中，一位客人指着塘里游水的鸭子，出了个上联：

母鸭无鞋空洗脚；

林则徐马上答道：

公鸡有髻不梳头。

客人们惊奇不已，连声夸奖。其中，有位麻脸的客人有些不服气，他看林则徐长得瘦弱，便出联相嘲：

小孩子两腿木耳；

林则徐马上反唇相讥：

老大人一脸花椒。

众人听了，笑得前仰后合，那位麻脸客人面红耳赤，尴尬得很。

晚上，月上中天，皎洁的月光洒在园中，一位客人望着水中的北斗七星，又出了一上联：

北斗七星，水底连天十四点；

林则徐沉思片刻，一抬头，看见空中孤雁飞过，便答道：

南楼孤雁，月中带影一双飞。

过了年，林则徐上学，随私塾先生念书。开学伊始，适逢上元佳节。先生针对上元佳节闹花灯的情景，出了上联，叫学生应对。联文是：

点几盏灯，为乾坤作福；

林则徐抢先应声答道：

打一声鼓，替天地行威。

先生连声称好，对这下联十分赞赏。

◎ 陈洽巧对谐音联

据说明代陈洽幼年时才思敏捷，有一天，他与父亲在江边散步，恰巧江上有两船齐发，一只摇橹，一只扬帆，扬帆的居先，陈洽的父亲即景出上联曰：

两船并行，橹速不如帆快；

此时，远处有笛声传来，近处又有一人在吹箫，陈洽从中获得了灵感，即拟句对曰：

八音齐奏，笛清难比箫和。

他的父亲听后赞不绝口。

“橹速”与三国时东吴大都督“鲁肃”谐音，“帆快”与西汉大将“樊哙”谐音；对句中，“笛清”与北宋大将“狄青”谐音，“箫和”与西汉宰相“萧何”谐音。

以古人名谐音成联，不仅道出眼前之景，又叙出古人之事，鲁肃不如樊哙之勇，狄青也难比萧何之智。

◎ 可惜了一园竹子

解缙家的房子正对着曹尚书的竹林。某年除夕，年幼的解缙在大门上贴了一副春联：

门对千根竹；

家藏万卷书。

曹尚书见此联后，心里很是不悦，心想贴副春联干吗拿我的竹林作陪衬。于是叫人把竹子砍掉一半，有意使解缙无法作联。

解缙见此情景，便在联末各加一字：

门对千根竹短；

家藏万卷书长。

曹尚书见后，非常恼火，干脆把剩下的竹子全部砍掉，心想：看你解缙如何再写？可是解缙泰然自若，只是在上下联又各添一字：

门对千根竹短无；

家藏万卷书长有。

解缙两次在联尾加字，表面上看很有些“无理”。从内容上讲是画蛇添足，语法上也有些不通。但在这则故事具体情况中，这种“无理”却是绝妙的“有理”。真是“运用之妙，存乎一心”！曹尚书终于无计可施，只可惜了那一园好竹子。

◎ 解缙助秀才

有一年，某大户的千金以才招婿，那千金小姐是出名的美人才女，慕名而来的人不少。但那小姐只以文择婿，不求富贵，所以求婚之人虽多，能进门的却很少，因为门上贴着一句上联：

蒲叶桃叶葡萄叶，草本木本；

小解缙在门外偷看，见那些纨绔子弟在门外急得团团转，心中暗自好笑。忽然，又一人匆匆而至，解缙见那人英俊潇洒，认得是县中秀才，便上前看他如何应对。

但那秀才也只摇了摇头，便愁眉苦脸地转身而去。解缙也觉得可惜，追上前去，见秀才摇头叹气，便笑道：“要进此门，有何难哉？”

秀才急道：“难道你能对此联？”

解缙点了点头，说道：

梅花桂花玫瑰花，春香秋香。

秀才大喜道：“真不愧为神童，不知如何谢你。”

秀才本身也有才华，由此过关斩将，终于抱得美人归。

◎ 人名巧对

李梦阳是明代的一位文学家，他在江浙一带任督学时，发觉某考生竟与他同姓同名，心里很是不悦，便出句命考生试对。上联曰：

蔺相如，司马相如，名相如，实不相如。

此联居高临下，盛气凌人。考生思考片刻，对曰：

魏无忌，长孙无忌，彼无忌，此亦无忌。

对句绵里藏针，不卑不亢，且和上

联一样，巧用历史人名，浑然一体，令人叫绝。

◎ 三姊妹联对征婚

从前山东登州府有个宋家庄，宋家庄有位宋员外，他有三个如花似玉的女儿，个个都是掌上明珠。

三姊妹长大后，不仅长相出众，而且都能诗善文，擅长对联，是远近闻名的才女。女大当嫁，宋员外见女儿们都到了出嫁的年龄，就张罗着她们的婚事，可三个女儿都不要媒人介绍，她们告诉父亲，姐儿仨择婿的条件只有一个，只要能对上她们出的上联，便以身相许。

于是，三姊妹各出了一个上联，张贴出去征婚，大姐的上联是：

天垂山边走进山边天还远；

二姐的上联是：

船载货物货重船轻轻载重；

三妹的上联是：

北雁南飞双翅东西分上下；

宋氏三姊妹征婚联一出，方圆百里马上传开，凡肚子里有点墨水的都跃跃欲试，但一个多月过去，三姊妹虽然收到了许多下联，却仍未有一条中意的。

距宋家庄百里外有个周家庄，周家庄有位周塾师，膝下有三个儿子，都已成年，但尚未婚配。三位儿子虽然没有考取功名，但在周塾师的调教下，个个出口成章，提笔能文，尤其是擅长对对联。

当听说宋氏三姊妹用对联征婚，哥儿仨便摩拳擦掌，下决心想出漂亮的下联前去争个高低。哥儿仨一宿未睡，并分工明确，大哥对大姐，二哥对二姐，三弟对三妹。

大哥对大姐的下联是：

月出水面拨开水面月又深。

二哥对二姐的下联是：

丈量土地土长丈短短量长。

三弟对三妹的下联是：

前车后辙两轮左右走高低。

三姊妹一看周家三兄弟的下联，个个满意。于是，宋氏三姊妹同周家三兄弟便结成三对夫妻，花好月圆，传为美谈。

◎ 苏黄巧对

苏轼是宋代著名的文学家，他才华横溢，诗文盖世。他出任杭州知州时，一到任，就喜欢上了这块风水宝地，公务外的时间就交友游湖，饮酒吟诗。

一年秋天，苏轼的好友黄山谷来杭州看望苏轼，黄山谷也是当时的大文豪，苏轼便带着黄山谷游览杭州的美景。一天，两人游玩了半天，有点累了，就到一个寺院坐下饮茶，黄山谷见寺内有和尚在吃西瓜，于是来了雅兴，顺口吟出上联：

东塔寺和尚朝南坐北吃西瓜；

黄山谷在联中嵌入“东”、“南”、“西”、“北”，要对此联并非易事，但这难不住苏轼，他朗声道出下联：

春水庵尼姑自夏至冬穿秋衣。

苏轼用“春”、“夏”、“秋”、“冬”四个嵌字，对上联的“东”、“南”、“西”、“北”。

随即，黄山谷又吟出一上联：

雪落媳房媳扫雪；

这句上联“媳”、“雪”音近，又有两个“媳”字，想对上也是不易的。苏轼稍稍思索了一下，便吟出下联：

冰冻兵排兵敲冰。

两人相视而笑。

◎ 自我解嘲

一年中秋，乾隆皇帝召集众大臣在御花园赏月。乾隆提出与纪晓岚对句，以增雅兴。他还首先吟出上联：

玉帝行兵，风刀雨剑云旗雷鼓天为阵；

乾隆吟罢，踌躇满志地望了众大臣一眼，然后注视纪晓岚，看他如何对出下联。纪晓岚沉思了一会儿，吟道：

龙王设宴，日灯月烛山肴海酒地作盘。

纪晓岚对得十分工整，下联气魄之宏大，比起上联犹有过之。乾隆听后，方才吟出上联时的得意神色都不见了，正所谓伴君如伴虎，纪晓岚一看，立即明白了皇上好胜，自己实不应和他平对。

不过，纪晓岚并不害怕，他解释道：“主上贵为天子，故风雷雨电任从驱策，傲视天下。微臣乃酒囊饭袋，故视日月山海都在筵席之中，不过肚大贪吃而已。”

乾隆听后，得意之色再露，对纪晓岚笑道：“爱卿饭量虽好，如非学富五车，实不能有如此大肚。”

◎ 句服才子

李调元调任广东学政，赴任途中，经过洞庭湖，那里的抚台大人也十分有文采。抚台大人很欣赏李调元，便带领当地的文人设宴款待李调元。

抚台大人对李调元十分恭敬，但在座却有几位才子不知天高地厚，想难倒李调元以显示自己有才华，提出对句，其中一人吟道：

洞庭湖，八百里，波滚滚，浪滔滔，大宗师自何来？

吟完扬扬得意地说道：“大人，请！”

李调元知他自负，有心教训他，便道：

巫山峡，十二峰，云霭霭，雾蒙蒙，本主考从天降！

下联一出，众人皆叫好。那秀才还想挽回面子，于是说：“大人可否再赐教一联？”也不待李调元答允，便吟道：

五百罗汉过湖，岸边波心千佛子；

李调元稍加思索，便道：

一个淑女对月，人间天上两婵娟。

众人听后，再一次叫好，李调元却忘形地说道：“我也有一联，请大家赐教。”说完吟道：

枣棘为薪，截竖开横成四束；

上联一出，众才子哑然，无人能对得上。那抚台大人见李调元有些忘形，便想令他知道江山无限，能人辈出，接口吟道：

阖门启户，移多补少作两间。

众人听罢，莫不叫好，李调元更是心中一凛，收起了目中无人之态。

◎ 茶酒联趣

民国时期，有一位富商在福建泉州城北角建了一座茶楼，因地方较偏僻，来喝茶的人不多。

富商为了招揽生意，便想出了一个主意，他请人为茶楼题了一条向顾客征求下联的上联，悬挂在茶楼门口，并夸下海口，有能对出下联者，可免费到茶楼喝一年的茶，还赠特等好茶十斤。悬挂的上联是：

为名忙，为利忙，忙里偷闲，饮杯茶去；

这则上联挂出后，果然有不少文人墨客前来茶楼品茶对句，但始终没有妙句对出。不过，茶楼生意确实红火起来。

一天，一位学者装束的人走进茶楼，问："哪位是老板？"

此时恰巧富商在座，忙迎上前来，问："先生有何吩咐？"

学者装束的人说："老板挂联求对，赏赐可是当真？"

富商说："绝无戏言。"

学者装束的人说："好！"然后要来纸笔，一挥而就：

劳心苦，劳力苦，苦中寻乐，拿壶酒来！

对句一气呵成，与上联相映成趣，富商连连称妙，忙吩咐手下人去准备茶酒。

◎ 农家小事有奇联

有一天，唐伯虎同友人外出游玩，看见一个村妇一面打扫乱柴，一面叫小叔子捆柴。他见此景来了灵感，得一上联：

嫂扫乱柴呼叔束；

这句上联有两处地方运用了谐音手法。"嫂扫"两字谐音，"叔束"两字也谐音，因此，要对出下联还真不易。友人正在低头沉思之时，有一个少妇挑一担水走来，不料这少妇脚下一滑，木桶撞到了地上，突然裂开，水流一地。少妇便忙唤小姑子来把破桶箍紧。

这一幕映入眼帘，唐伯虎友人便大喊"有了"，对出下联：

姨移破桶令姑箍。

下联也是两处谐音："姨"与"移"，"姑"与"箍"，与上联绝配。上下联写的都是最寻常不过的农家小事，但一经高手锤炼，便成了千古妙对。

◎ 尚书与学士

明代旧例，翰林学士只一人，多者也不过三四人。弘治年间，宰相刘健为了显示自己的恩德，在《会典》修成后，一下子升了十个学士。同时，礼部尚书多达六名，又加一个道士。

当时，京城里流传着这样的说法：

礼部六尚书，一员黄老。

黄老，黄帝与老子。道家尊二人为始祖，故用来代称道家、道士。礼部尚书崔志端怀疑此语出自翰林院，很不高兴地对出下联：

翰林十学士，五个白丁。

白丁，指不学无术或缺乏知识的人，也指文盲。因为那十个翰林学士中，倪进贤等五人是被万安私下里照顾安置的。虽在翰林院，实际上读书不多，根本谈不上写文章，遇到非写不可时，则请别人代笔，所以称他们为“白丁”。

“礼部”与“翰林”，官署相对；“尚书”对“学士”，官职相对；“黄”与“白”相对，天经地义；几个数字相对，更是无懈可击。

◎ 祝枝山妙对徐子建

祝枝山是明代四大才子之一，其书法、诗文皆名扬当朝。一天，他闲游西湖，与杭州举人徐子建相遇。徐子建说：“久仰祝兄大名，今有一联请教，未知可否？”

祝枝山忙说：“岂敢！岂敢！你就马儿伸腿——出题（蹄）吧！”

徐子建心想：你这是借出题骂我呀，好，我就以“蹄”为题，于是出上联曰：

马过木桥，蹄擂鼓，咚咚咚；

说着，举手连打了祝枝山三拳。祝枝山想：你这是借联打我呀，我只有投桃报李了。于是，就随口吟道：

鸡啄铜盆，嘴敲锣，哐哐哐。

随手打了徐子建三个耳光。此时，徐子建不但不恼，还不得不佩服祝枝山的才思敏捷，连说：“佩服！佩服！”

◎ 张弓手与李木匠

从前有个叫张弓的弓手，他的箭法很好，但是有喜欢自吹的毛病。一次，他当众表演射箭，连发十箭，箭箭命中靶心，围观的人齐声叫好。张弓得意扬扬，当众写出了一个上联，要大家来对：

弓长张张弓张弓手张弓射箭箭箭皆中；

大家看都看不懂，更不用说对得上了。恰好这时来了一位卖弓的人，他看过上联之后，拿出自己的弓来，请张弓连连试拉。

张弓连试几张都拉不动，便奇怪地问：“这么硬的弓，是什么木做的？”

卖弓人回答：“李木做的。”

张弓觉得不可思议，说：“李木不是好材料，怎么能做出这样硬的弓呢？”

卖弓人笑着答道：“这就是木匠的功夫了。”说完，提笔对出下联：

木子李李木李木匠李木雕弓弓弓难开。

大家看了下联又是不知所云，卖弓人解释说：“他姓弓长张，我姓木子李，他叫张弓，我叫李木；人称他张弓手，却唤我李木匠；他善于张弓射箭，我却会用李木雕弓；他射箭是箭箭皆中，可惜拉我这弓却弓弓难开。”

◎ 亥子对己酉

唐伯虎、祝枝山、文徵明和徐祯卿同为明代吴中四才子。有一年深夜，徐祯卿的夫人临产，唐伯虎与祝枝山便陪徐祯卿守夜。

他们三人一直饮酒赋诗至夜深，仍无倦意，忽地，徐祯卿家人来相告，生了个儿子，三人皆大喜。

唐伯虎问徐祯卿家人，孩子是何时出生，家人答道：“小人一时高兴，没注意到时刻，只知是亥时后子时前。”

唐伯虎灵机一动，出了条上联：

半夜生孩，亥子二时难定；

上联将“孩”字拆成亥子两个时辰，祝枝山听后连连称妙。唐伯虎笑道：“上联既妙，那你对个更妙的下联，我洗耳恭听。”

祝枝山稍一思索，便对出下联：

百年匹配，己酉两姓相当。

下联将“配”字拆成己酉两个天干地支，表面上是说己酉相当。其实亥相属猪，酉相属鸡，旧时的人们相信这两相最匹配，他们的婚姻一定美满。

◎ 联斗群儒

宋湘性格豪迈，磊落倜傥，文采自成一家。有一次，宋湘北上至西北某省，和当地的才子会文。谁知那些文人都狂妄自大，不可一世，不把宋湘放在眼里。席间还出句力邀宋湘试对，上联是：

东鸟西飞，满地凤凰难下足；

联中恬不知耻地自比凤凰，还把来客比做鸟儿，目中无人。宋湘却并不介意，不卑不亢地说道：

南龙北跃，一江鱼鳖尽低头。

宋湘下联一出，满座皆惊，无不对他刮目相看。

◎ 苏辙改对显才华

一天，苏轼带着年少的弟弟苏辙游巫山。山上一位老道听说神童苏轼光临，便想当面考考他。

老道出了个异字同音对：

无山得似巫山好；

苏轼不假思索，立即对出下联：

何叶能如荷叶圆？

老道连连称好。

谁知，苏辙在一旁却说：“兄长的下联对得还不甚工整，不如改一改。”

苏轼问：“怎么改？”

苏辙便念道：

何水能如河水清？

苏轼和老道一听，以“水”对“山”更工整，齐声叫好。从此，苏辙也远近闻名了。

◎ 梁启超对张之洞

戊戌变法的主要人物梁启超是广东新会人，举人出身。有一年，梁启超到广州投刺，拜见两广总督张之洞。当时，张之洞在清政府中是一个举足轻重的人物，正兴办新式书院，开展洋务运动。

梁启超锐意改良，以力挽清王朝颓势，对张之洞寄予极大的希望。张之洞见投刺，落款为“愚弟梁启超顿首”，大不高兴，于是出联斥难。联文是：

披一品衣，抱九仙骨，狂生无礼称愚弟；

这上联狂傲无礼，且拒人千里之外。梁启超气度不凡，坦然对了下联，请来人带回给张之洞。联文是：

行千里路，读万卷书，侠士有志傲王侯。

对答不卑不亢，有理有据，文字高雅，气势慑人。张之洞一看，马上出衙门迎接，大有相见恨晚之意。

后来，张之洞调任湖广总督，名气更

大，傲气也更盛。一次，梁启超到湖北江夏拜访他。张之洞又出联求对：

四水江第一，四时夏第二，先生居江夏，谁是第一，谁是第二？

才思敏捷的梁启超，略加思索，巧妙地答出下联：

三教儒在先，三才人在后，小子本儒人，何敢在先，何敢在后。

张之洞吟读再三，不禁叹息道："此书生真乃天下奇才也！"

梁启超所对的下联非比寻常。他以自己的身份"儒人"二字拆开，在古代儒、佛、道三教中，以儒为首，在天、地、人三才中，则以人居末位。

梁启超以"何敢在先，何敢在后"巧对"谁是第一，谁是第二"，其含意深远，既挫了对方的傲气，又不失宾主之礼，难怪张之洞为之叹服不已。

◎ 乞丐对状元

明朝某地有个才子，自小家贫。但他勤奋好学，刻苦读书，时常挑灯夜读。终于学有所成，连试连捷，成了状元。

衣锦荣归之时，家中盖了座大房子。状元十分高兴，大摆筵席，遍请亲友乡绅。席上，那状元回想自己的出身，兴致勃勃，挥笔写下一个上联：

解会状连中三元，五凤楼前朝圣主；

状元以此求下联，但谁也不敢对。一则这上联口气极大，二则是状元所出，对低了惹人耻笑，对高了又恐得罪状元。

状元索句不成，闷在家中。数天后，忽然仆人禀报有人上门对句。状元大喜，却见来人是个乞丐，状元心中不屑，信口说道：

奈何乞儿身世；

乞丐嘻嘻一笑，答道：

本是相公口才。

状元大奇，心想此人出口不凡，必有真才实学。立刻请那人上座，奉上香茶及文房四宝。乞丐也不推辞，提笔写下：

嫖赌喝误此一生，十字街头喊老爹。

状元见下联虽然粗俗，但却十分工整，而且悔意溢于言表，便赠他白银三百两，助他脱离乞丐生涯。

◎ 朱元璋出对求贤

明朝开国皇帝朱元璋在举事前，有一次冒雪外出，路上遇见一名叫葛恩的人正在快步疾驰，朱元璋便问他有何急事，葛恩答道："天寒地冻，不知百姓如何御寒，特出来四处看看。"

顿时，朱元璋觉得此人关心百姓疾苦，可为己用，于是口出一联，以试其才学，联曰：

天寒地冻，水无一点不成冰；

葛恩一听，知是拼字对，"水"加一点是个"氷"字（冰的古时写法），遂据此结构，即刻对道：

国难民愁，王不出头谁是主？

王字上面加一点是个主字，好似"王"字出头，一语双关。朱元璋蓄积力量，正欲出头称王，听了十分高兴，于是相邀葛恩共图大事。

◎ 独　吞

明朝时，苏州有个人称“不是正经人”的读书人叫张敉。其人博学多才，却油腔滑调。一天，张敉准备了一桌丰盛的酒席，并在门外贴上了这副对联：

老不老，小不小；

羞不羞，好不好。

张敉言明，能由此引出其他对联者方能入席。张敉以为无人能对，谁知来人中有个叫王百谷的，略加思索便写下了：

太公八十遇文王，老，不老；

甘罗十二为丞相，小，不小。

王百谷还当众解说：“姜太公80岁遇文王，老矣，但他力保周朝八百年，却又不算老。甘罗12岁做了丞相，年纪虽小，官却不小。”

说完再续道：

闭了门儿独自吞，羞不羞；

开了门儿大家吃，好不好。

王百谷话音刚落，张敉慌忙顺口道：“好，好，各位请入席。”

◎ 师徒对父子

纪昀字晓岚，才华出众，博学多才，担任过清朝四库全书馆总纂官。一天，他的老师请他去喝酒，席上有父子两人，是在戊子年（1768年）科举考试时的同榜举人。

酒过数巡，喝得兴高采烈的老师忽然对纪昀说：“晓岚，你很会对对子，现在我出上联，如果你能即席对出下联，我将以一方百金古砚相赠，要是对不上来，就罚酒三大杯！”纪昀微笑点头答应。

于是，老师指着那对同榜的父子说：

父戊子，子戊子，父子戊子。

上联刚出口，在座的其他客人都觉得要对出下联很是不易。因为“父子”和“戊子”，下字相同，上字一为“父”一为“戊”，虽非同字，却是谐音（“父”音fù，“戊”音wù）。全句两“父”三“戊”五个“子”字，要对得字字工整，实在比登天还难哪！

才思敏捷的纪昀看了老师一眼，立即想到师徒两人的官职：老师现任户部尚书，自己现任户部侍郎，是一正一副的户部长官，而古代管领全国户口簿籍的长官叫司徒。因此，后世也将户部尚书和侍郎俗称为司徒。于是一句妙不可言的下联顿时脱口而出：

师司徒，徒司徒，师徒司徒。

众人无不拍案叫绝，满面春风的老师亲自把价值百金的古砚送到了纪昀的手上。

◎ 东西当铺当东西

相传，乾隆南巡时，一行人马来到顺天通州，乾隆来了雅兴，随即出了一句上联：

南通州，北通州，南北通州通南北；

乾隆让随行人员对出下联，众人想了半天，面面相觑，谁也对不出来。乾隆以目示纪晓岚，纪晓岚本无心应对，但到这了这份上，只好对道：

东当铺，西当铺，东西当铺当东西。

乾隆赞叹不已。

◎ 孙行者与祖冲之

陈寅恪先生是我国的国学大师，现代著名的史学家，他在1932年主持的清华大学入学考试的国文试卷上，加了一道对联题，出联是：

孙行者。

许多考生的应对让人啼笑皆非，有对“猪八戒”的，有对“唐三藏”的，甚至有人一气之下对了个“王八蛋”。

一位名叫刘子钦的考生对的“胡适之”，得了满分。胡适之即胡适，当时大名鼎鼎的文化名人。此对中，“胡”对“孙”为谐音借对，暗指猢狲。

还有一个对“王引之”的，也得了高分。王引之，清代著名学者，高邮人，与其父王念孙世称“高邮王氏父子”。

但陈寅恪的标准答案据说是“祖冲之”。这副对联是：

孙行者；

祖冲之。

“祖”对“孙”，姓氏对姓氏，又是辈分上的名字对；“冲”对“行”，动词对动词；“之”对“者”，文言虚词相对。真乃天造地设，无懈可击。有好事者为此捏了两句诗，曰：

天生一个孙行者；

地生一个祖冲之。

◎ 申红脸巧写对联

清朝道光年间，湖南祁东县一申姓男子能说会道，机智过人，碰到不平的事专唱“红脸”，加上他喜欢饮酒，一喝酒脸便红，因此，大家送他一个外号叫“申红脸”。

申红脸家与大财主五爪子家的高楼只隔几条田畦，一高一矮，一贫一富，正好南北相对，每当过新年时，五爪子都会在大门两边贴上一副春联。

五爪子虽然也读过“四书五经”，但写出来的春联不如申红脸的好。申红脸还常常利用写春联，掐掐五爪子的尾巴，揭揭他的老底。

五爪子因此差点气破了肚皮，于是横下心来，想出一个绝妙的办法，即以后每年的春联就索性照抄申红脸的。申红脸写什么，他也跟着写什么。

有一年，申红脸在大门上贴上这样的对联：

对门过年，我也过年，对门样样好；

我亦做人，彼也做人，我家事事难。

五爪子一看，眼睛笑得眯成一条缝儿了，可一转念，这怎么能照抄呢？他抓了抓头皮，左思右想，自己想不出更好的句子，最后还是照抄了。不过，第二天贴出来时，他略略地换了几个字，联文成为：

对门过年，我也过年，我家样样好；

我亦做人，彼也做人，对门事事难。

对联贴出后，五爪子自鸣得意。可他哪里知道，申红脸的对联只写了上半截。当五爪子的对联贴出来后，申红脸立即在自己门口的春联联尾各添了4个字，联文变成了：

对门过年，我也过年，对门样样好景长不了；

我亦做人，彼也做人，我家事事难处总有完。

大年初一，天还未亮，就有人把申红脸家的春联告诉了五爪子。五爪子一听，气得三天没吃饭。

◎ 蒲松龄巧骂石先生

蒲松龄屡试不中之后，决定发奋著述，他特地写了一联座右铭：

有志者，事竟成，破釜沉舟，百二秦关终属楚；

苦心人，天不负，卧薪尝胆，三千越甲可吞吴。

这副对联一时风传乡里。同乡有个姓石的豪绅，人称石先生，他粗通文墨，自命不凡。看到这副对联，石先生很不服气，他要和蒲松龄一比高低。

一天，石先生见一只小鸡死在砖墙后面，便以此为题出了句上联：

细羽家禽砖后死；

他要蒲松龄对出下联。蒲松龄看出他不怀好意，便暗想一计，故意装作初学无能，谦虚地说："我不会对，但又不能不从命，我就学着一字一字地对对看，望先生别笑话，并请一字一字地帮我记下来。"

石先生以为蒲松龄真无能，便笑着点点头说："你说我记。"

蒲松龄看着上联，一本正经地对道："粗对细，毛对羽，野对家，兽对禽，石对砖，先对后，生对死，完了。"

石先生写完一看，见录出的下联是：

粗毛野兽石先生。

他顿时面红耳赤，无地自容。蒲松龄说声"见笑了"，便昂然而去。

◎ 乾隆贺喜

清代乾隆皇帝好戏谑，某次出巡江南，途见一农家操办喜事，于是送上三个铜钱和一句上联，上联是：

三个铜钱贺喜，嫌少勿收，收则爱财；

谁知主人也是个知书才子，随即对上一句：

两间茅屋迎宾，怕穷莫进，进为贪吃。

◎ 一石三鸟

解缙的超群才智使朝中曹尚书不得不暗自叹服。一日，曹尚书又邀解缙进府，想试试解缙近来的学业是否有长进。

你来我往地对了几联后，曹尚书一直未占上风。于是，便使用最后绝招：利用谐音双关，企图"一石三鸟"压倒解缙。他出的上联是：

庭前种竹先生笋；

解缙立即对出：

庙后栽花长老枝。

曹尚书笑道："我这上联的意思是，庭院前面种的竹子，先长出了竹笋。"

解缙说："我下联的意思是，庙后头栽的花，长出了老枝。"

曹尚书又道，其上联另有别解，说是庭院种的竹子长得不好，教书先生把它砍了，所以是：

庭前种竹先生损；

解缙马上接着说，我这下联也还有层意思，说的是庙后栽的花被风吹斜了，长老用木棍把它支撑起来，故有：

庙后栽花长老支。

曹尚书哈哈大笑说，我上联还有第三个意思，说的是庭前种竹子，教书先生询问别人，这是什么原因，所以是：

庭前种竹先生询；

解缙也拍手笑道，其下联也另有意思，是说庙后栽上花，小和尚急急忙忙地去告诉长老，长老说早已知道了。所以是：

庙后栽花长老知。

曹尚书"一石三鸟"，仍然没有难倒聪明的解缙，不禁由衷地赞许道："真乃盖世奇才也！"曹尚书实在爱才心切，欣喜之余，就把爱女许配给解缙了。

◎ 东坡与佛印互嘲

苏东坡被贬黄州后，一日，好友佛印和尚来访，二人在江上泛舟。苏东坡忽然用手往左岸一指，笑而不语。

佛印顺势望去，只见一条黄狗正在啃骨头，顿有所悟，随手将自己手中题有苏东坡诗句的蒲扇抛入水中。两人互相看了一眼，不禁大笑起来。

原来，这是一副绝妙的谐音哑联。苏东坡的上联是：

狗啃河上骨；

佛印的下联是：

水流东坡诗。

"河上骨"谐音为"和尚骨"，"东坡诗"谐音为"东坡尸"，用的是谐音双关法。两位好友都多才善谑，可谓旗鼓相当，谁也没占着便宜。

◎ 唐伯虎巧对祝枝山

一年夏天，唐伯虎与祝枝山郊游。当时一些农夫正忙着插秧，一些农夫正在车水。唐伯虎看着农夫车水，看了又看。忽地，祝枝山对唐伯虎说道："贤弟，这水车很有意思，我有一上联，请你来对。"说完便吟出上联：

水车车水，水随车，车停水止；

上联用顶针续麻法，前一词的末字与后一词的首字相同，若要对出下联，必要下一番工夫。但这江南第一才子唐伯虎实至名归，他稍想了一想，便对出下联：

风扇扇风，风出扇，扇动风生。

祝枝山听后，大赞其妙。

◎ 张居正吃大亏

明朝嘉靖年间，据传张居正与艾自修同科中举，但艾自修是倒数第一名。一次闲谈中，张居正随随便便地对艾自修说，今有半联请教：

艾自修，自修没自修，白面书生背虎榜；

"虎榜"即是末名。说者无意，听者有心，张居正说完就完，但这半副对联却始终似石头般压在艾自修的心中，使他处处发愤，时刻留意张居正的一举一动，以便寻得下半联报仇雪恨。

万历初年，神宗年幼，国事由张居正主持，他大权在握，显赫一时。但人也有倒霉的时候。一天清早，天刚蒙蒙亮，艾自修想在上朝前拜访张居正，便来到张府。

家人告诉他说张居正在花园里，艾自修便径直走到花园，见张居正在一假山旁，但眨眼之间就消失了。他自修怕出意外，急忙跑去，只见一块石板刚刚盖上，还有一截被卡住的袍角正往里缩。他灵机一动，抽出佩剑割下袍角，离开了花园。

这天早朝张居正没来，艾自修心想：他到哪里去了呢？为了揭开这个谜，艾自修找了一个机会，从那石板洞里钻进去，原来是一条暗道，出口恰是太后娘娘的卧室。

艾自修此时心里有了底，久久压在他心头的那下半副对联终于有了。于是，他把下联写在黄绢上，并用它包了张居正的袍角，呈给了神宗皇帝。

神宗打开丝绢，先见袍角，再看绢上写道：

张居正，居正不居正，黑心宰相卧龙床。

先不说龙颜如何大怒，且说对联的巧妙。这是一副复字联，以双方的名字重复，寓意自然，平仄恰当，特别是后面的“白面”对“黑心”，“虎榜”对“龙床”，可谓绝对了。

◎ 解缙巧对权贵

明朝时，解缙刚正不阿，不媚权贵，常以诗文对联嘲讽封建统治者，他文思敏捷，出口成章。相传，在一次宴会上，一个权贵蓄意要当众讥笑解缙，出了一句上联让解缙对：

二猿断木深山中，小猴子也敢对锯？

解缙听后不慌不忙地对道：

一马陷足污泥内，老畜牲怎能出蹄？

两人皆用谐音双关法互嘲。那位权贵用“小猴子”喻指解缙，以“锯”谐“句”，出言不逊；解缙以牙还牙，以“老畜牲”喻指权贵，以“蹄”谐“题”，反唇相讥，针锋相对，锐不可当。

◎ 且停亭

1645年，清代大戏曲家李渔，因不愿在清廷做官，回到浙江兰溪夏李村老家，做了一名布衣。在他住的村前有一条大路，来往客商络绎不绝。为方便行人，李渔提议在路旁建一凉亭。村人赞许，亭遂建成。

同村有一个降清的州官名叫李不脸，人人不齿，他一心要给凉亭取名并亲书匾额，借以扬名，流芳百世，但众人却齐声反对。

司建凉亭的人一致推举李渔取名。州官仍不死心，厚着脸皮找到李渔说：“笠翁（李渔的号）兄，亭名可曾取好了？”李渔回答：“没有。”

州官说：“你我即兴各取一个，如何？”李渔说：“且停停。”州官说：“不用停了，我已想出好几个佳名来了，你就随便挑一个吧。”于是就在手掌上写起字来。

李渔察觉到李不脸这种沽名钓誉的丑态，心想，决不能违背乡民之托，让小人得逞。于是他灵机一动，立即接口说：“我不是说过了吗，‘且停亭’！”

州官面露得意之色地说：“到现在还要且停停，即兴比才，你输了，那就用我取的亭名吧！”李渔冷笑着说：“怎么，你还没听明白？我早就取好了，叫作‘且停亭’！”

州官还没有想明白，李渔已在一旁即兴吟出一副对联：

名乎利乎，道路奔波休碌碌；

来者往者，溪山清静且停停。

300多年过去了，李渔亲笔书写的“且停亭”与这一副楹联保存至今。

◎ 状元妻智对乾隆帝

乾隆年间，通州胡长龄赴京赶考，中了头名状元。乾隆帝爱他一表人才，心想招他为驸马。就派主考官王御史前往试探。胡状元因有结发之妻，婉言回绝。

乾隆帝听王御史回禀，新科状元不肯被招为驸马，想看看状元夫人到底是个什么样的美人，同时，要试试她的才学，于是下道圣旨，宣胡氏进宫。

乾隆皇帝率领三宫后妃，在后宫召见状元夫妇。胡氏农妇装束，青布衣裙，蓝布衣衫，举止大方，进殿跨槛时，轻轻提起裙角，开口说：“乡女村妇一条草裙，千万别污了万岁爷的金槛。”

乾隆帝听了，大吃一惊，万万没有想到，一个民间女子竟然如此大方，又如此知礼。他叫胡氏抬起头来，将她上下打量一番。

只见面前站着的状元夫人，既非红颜粉黛，又非绝色佳人，而是相貌平常，皮肤黝黑，体形壮硕，尤其是裙下露出的一双大脚一尺有余。乾隆不禁脱口而出：“其足之大，天下无双，男子莫及，见所未见。”

胡氏知是皇帝取笑自己，不慌不忙，从容说道：

脚大胜似舳舻履惊涛。

乾隆帝说：“依你所说，是脚大好啦！那么，朕宫中嫔妃人人都是小足，你说如何？”胡氏随声应道：

足小宛若画舫过浪尖。

乾隆帝心里明白，胡氏在讥诮行走不便，但又不得不佩服她出口成章，对答如流，便吩咐宫女奉茶。

胡长龄夫妇坐下，胡氏喝了一口香茶，脱口吟道：

饮啜香茗遥念故乡水。

乾隆帝被胡氏思乡之情感动，传令摆宴，为状元夫妇洗尘。胡氏接着又说：

食俸皇粮当思耕夫辛。

听了之后，乾隆帝更加敬佩胡氏的才学，便出个上联要她对。上联是：

远闻通州出才子；

胡氏不假思索，对道：

近观皇宫多佳人。

乾隆帝又出一联：

冠授官，官戴冠，官被冠管；

胡氏沉吟片刻，大声应道：

仁教人，人压仁，人受仁欺。

乾隆帝自知理亏，心悦诚服，称赞

胡氏才思敏捷，更赞叹新科状元不图富贵，不弃发妻，真是当世难得的人才。他拿起大笔，写下“翰墨竹梅”四个大字，并叫匠工刻在匾上，赠给状元夫妇，以表敬意。

◎ 巧妙的无情对

当代四川倪丁一先生有一无情对，颇耐人寻味。对联是这样的：

珍妃苹果脸；

瑞士葡萄牙。

“珍”与“瑞”乃奇珍异宝对吉祥如意，“妃”与“士”乃才子对佳人，“苹果”与“葡萄”皆水果，“脸”与“牙”皆人体器官名。

珍妃既指清代皇妃，又可通指美女，瑞士既是一个国名，也可通指美男子。上联说珍妃的脸像苹果一样美丽，下联讲瑞士的牙像葡萄串一样整洁干净。此联出语巧妙，妙趣横生。

◎ 醉对张灵

张灵是明代有名的画家，和唐伯虎是好友。他能诗善对，好酒狂放，有狂生的雅号。有一年春天，唐伯虎和张灵郊游，到中午时分，来到一个小镇。

二人进了家酒店，发觉酒店的小菜一般，酒却是极好。二人一杯又一杯，不觉酩酊大醉，张灵更是醉倒在地上。张灵虽然醉了，却还喃喃自语地说：

贾岛醉来非假倒；

唐伯虎听得张灵的上联，心想：醉成这样，还出对子？这上联却还不好对。想了想，便对出了下联：

刘伶饮尽不留零。

张灵躺在地上大笑：“好，对得实在太好了。”

◎ 徐文长妙联

明代才子徐文长自幼聪颖过人，但是屡应乡试不中。他擅长诗词、杂剧、书法，有多方面的才能。由于怀才不遇，晚年以卖书画为生。他曾为四川长文的朝云庙写过一副对联：

朝云朝朝朝朝朝朝朝退；

长水长长长长长长长流。

此联以某些汉字一字多音的特点作出，以同音假借的方法，形象地描写了海潮的变化。其意为：

朝云潮，朝朝潮，朝潮朝退；

长水涨，常常涨，常长常流。

这副对联问世后，人皆称颂，千百年来争相效仿和改写者不乏其人。有的将原联改头换面，如山海关孟姜女庙上的对联：

海水朝朝朝朝朝朝朝落；

浮云长长长长长长长消。

其意为：

海水潮，朝朝潮，朝潮朝落；

浮云长，常常长，常长常消。

还有的将原联掐头易尾，如福州罗星塔上的对联：

朝朝朝朝朝朝夕；

长长长长长长消。

上下两联写的都是海潮涨落的现象：

朝朝潮，朝潮朝夕；

常常涨，常涨常消。

但是，不管怎样改，都没有原作好。可见徐文长构思之巧，文才之高。

◎ 柳暗花明

对联里的“绝对”有两种意思：一是指对联极好，相当于“绝唱”；二是指上联出得很妙、很绝，甚至达到无人能对的地步。有时是始终无对，有时则是柳暗花明，终得以珠联璧合。明代才子唐伯虎曾在一和尚的荷花画上写了这样半副对联：

画上荷花和尚画；

这个上联构思奇巧，具有谐音和回文的特点，不管顺念、倒念，音皆相同。大约是想不出下句，就搁置在那儿了。

直到200多年后，清代奇才李调元才对出了下联：

书临汉帖翰林书。

上联说“画”，下联对“书”，工整有加。难得的是同样是谐音回文。

◎ 三元塔谐音巧联

四川内江市城郊的三元塔，塔有十层，用青砖砌成，上刻一副三国人名的谐趣联：

身居宝塔，眼望孔明，怨江围实难旅步；

鸟在笼中，心思槽巢，恨关羽不得张飞。

此联以谐音法写出了三国时的六位名人：诸葛亮（孔明）、姜维（江围）、吕布（旅步）、曹操（槽巢），以及关羽、张飞。

孔明、关羽、张飞在联中都不作人名理解，分别表示“窗孔明亮”、“闭合羽翼”、“展翅腾飞”之意，切景切物，巧妙非常。

◎ 中草药名巧对

民间流传这样一副中草药名对联：

稚子牵牛耕熟地；

将军打马过常山。

上联讲“稚子耕地”，下联说“将军打马”，对仗工整。

“常山”，在今河北，三国蜀国赵云的故乡，有“常山赵子龙”之说。全联包含了6种中草药，即稚子、牵牛、熟地、将军、打马、常山。稚子，就是枸杞子；将军，即大黄；打马，即藩打马。

◎ 孟昶题桃符

春节贴春联是我国的传统习俗，源于古代挂“桃符”神像以驱邪。唐代以后，渐有书对偶吉语的桃木板出现。在桃符上题写联语，最早见于记载的是五代后蜀主孟昶。

据宋人张唐英《蜀梼杌》载：蜀归宋之前一年，岁除日，昶令学士辛寅逊题桃符板于寝门，以其词非工，自命笔云：

新年纳余庆；

嘉节号长春。

清代学者纪晓岚、梁章钜都认为，这是最早的楹联，历来也被学术界认为是对联诞生的标志。

◎ 金庸小说联

香港著名作家金庸曾写过14部武侠小说，深受广大读者的喜爱，他自己把这14部小说名的首字，集为一联，既新鲜又巧妙。联文曰：

飞雪连天射白鹿；

笑书神侠倚碧鸳。

金庸小说原名为：《飞狐外传》、《雪山飞狐》、《连城诀》、《天龙八部》、《射雕英雄传》、《白马啸西风》、《鹿鼎记》、《笑傲江湖》、《书剑恩仇录》、《神雕侠侣》、《侠客行》、《倚天屠龙记》、《碧血剑》和《鸳鸯刀》。

◎ 古代人名趣联

我国古代奇联、趣联很多，这里介绍的，是从历史名人中选出6人，把他们撰成一联，让人为之叫绝。联文是：

邹孟子，吴孟子，寺人孟子，一男，一女，一不男不女；

周宣王，齐宣王，司马宣王，一君，一臣，一不君不臣。

上联中："邹孟子"，指的是战国时期的思想家孟轲；"吴孟子"为鲁昭公夫人，娶于吴国；"寺人孟子"是《诗经·小雅·巷伯》的作者，系宫中阉人，故称不男不女。

下联中："周宣王"即姬靖，西周国王；"齐宣王"指田辟疆，为诸侯，故为臣；"司马宣王"指司马懿，魏时谥为宣王，晋时又说为宣帝，故称之为不君不臣。

◎ 巧对寿联

乾隆50寿辰时，在乾清宫开了个千叟宴。全国各地寿龄在90以上者都进宫同贺。酒过三巡，问及在座中年龄最高之长者，乃141岁。

有人问他高寿的秘诀，长者言："饮食节，心气和，知足乐，随遇安。"乾隆趁着酒意，吟道：

花甲重开，外加三七岁月；

60为花甲，重开即120岁，再加三七二十一，恰好是141岁。乾隆说完上联，却怎样也想不出下联，焦急间向纪晓岚连使眼色，纪晓岚便脱口道：

古稀双兴，内多一个春秋。

乾隆大笑道："对得好，正合朕意。"70为古稀，双兴便是140岁，再加一个春秋，也恰恰是141岁。

◎ 外国人名联

用外国人名做对联，比以国人名字做对联自然要难得多。因为外国人名字是译音，字面上没有什么意义，基本上没有潜力可挖。不过，对于对联高手来说，还是有办法的。

此联见于《古今绝妙对联汇赏》：

马歇尔歇马；

华来士来华。

马歇尔，美国前国务卿。抗战结束

后，蒋介石发动全面内战，他曾来中国进行“调处”。华来士，也翻译成“华莱士”，美国前副总统，抗日战争时期曾访问中国。

对联巧将人名前两字倒置造成回文效果，意思也非常清楚。“歇马”，马歇尔作为国务卿，周游列国，到中国只算一站，“歇马”讲得通。下联“华来士来华”就完全是实录了。

◎ 虚词传神

以前有副酒店的门联，嵌进了“之乎者也”，很是巧妙。联曰：

入座三杯醉者也；

出门一拱歪乎之。

之乎者也同是文言虚词，一般用作语气词时，无实际词汇意义。但实词表义，虚词传神，此联妙就妙在这里。倘若去掉这四个虚词，也就索然无味了。

◎ 酒店续对

乾隆晚年，一日晚膳后，他召来大学士纪晓岚，二人换上民服走出宫外到承德大街上闲逛。见一个酒店的招牌上书“半联酒店”四字，门庭若市，人头攒动。

二人停下脚步，只听掌柜的拱手喊道：“多蒙诸位关照，小店屋内有半副对联，哪位能续上下联，美味佳肴尽用，敝人并愿赠纹银十两。”

君臣二人觉着好奇，便走进店内，见堂屋正中悬的半联是：

一串无鳞，鳅短鳝长鲇大嘴；

君臣二人琢磨半天，怎么也对不出适当的下联来。恰在这时，酒店的伙计抬进一筐大螃蟹来。其中还有一只龟，正仰面朝天四腿乱蹬呢。

纪晓岚灵机一动，吟出下联：

三元有甲，龟圆鳖瘪蟹短头。

此联意境别致有趣，且字句工整。以三元对一串，有甲对无鳞，龟圆对鳅短，鳖瘪对鳝长，蟹短头对鲇大嘴，可谓天衣无缝。老板开开心心将他们迎进屋内。

◎ 解缙巧对朱元璋

明洪武二十二年春天，解缙从江西老家吉水到南京参加会试。当时的科举制度规定：会试通过后，要再经一次复试，地点在皇帝的大殿，叫作“殿试”，殿试由皇帝亲自担任主考。

解缙在会试中，所做的文章气势磅礴，笔锋犀利，言辞质朴，博得主考官刘三吾的好评，要点他为一甲状元。由于有人反对，理由是说他对策言论过高，所以他殿试就被点为第7名进士。解缙的大哥解纶、妹夫黄金华，同时高中三甲进士。

解家“一门三进士”，不仅轰动了江西吉水城，也轰动了京师。万岁爷朱元璋得知这位江西矮子进士不但文章做得好，尤善对对，便将他召进宫来，亲自出题面试。

朱元璋说：“皇宫中有一大戏台，朕出上联，卿对下联。”

解缙叩头道：“万岁，臣遵旨。”

朱元璋道：

尧舜净，汤武生，桓文丑旦，古今来几

多角色；

解缙接口便应对：

日月灯，云霞彩，风雷鼓板，宇宙间一场大戏。

“好！”朱元璋满心欢喜。并再出上联：

日在东，月在西，天生成“明”字；

解缙立即续成下联：

子在右，女在左，世配定“好”人。

朱元璋顿时龙颜大悦，连声称赞。

◎ 撰联封秀才

乾隆下江南来到一个小镇上，家家户户门上的春联还依然如新。乾隆看见有些春联写得甚是巧妙，便一路审评观看。忽然，他看见一户人家的春联写着：

数一数二门第；

惊天动地人家。

横批：先斩后奏。

乾隆心中感到奇怪，对联口气之大，屋却是破旧茅庐。再三打听，原来是寻常人家。乾隆心中恼怒，便找了那户人家写春联的人来问。

来人却是个十多岁的小孩，乾隆又气又笑，质问那小孩。那小孩道：“我的父亲是卖烧饼的，不是一个两个地数给人家吗？我二叔是卖鞭炮的，一响不是惊天动地吗？我三叔是杀猪的，杀猪后还要吹气敲打，不是先斩后奏（揍）吗？”

乾隆一听，笑道：“果然说得有理，我封你做秀才，还赏你五百两银子作读书之用。”

◎ 济公续联

相传，济公年幼时，父母就已为他订了一门亲事，可他对婚姻十分淡漠，小小年纪竟喜欢上了佛事。

济公出家之后，这位姑娘坚守贞节，坚决不嫁给别人。谁知家运不济，正当她青春妙龄之际，公婆相继去世，被生活所迫，只得寄居于舅老爷家中。

济公一去不回头，众亲友出于关心，都来劝说姑娘，不要久守闺房，把青春耽搁了，应重新择婿，另觅前途。姑娘找不出理由来谢绝亲友们的劝告，便对众人说：“我已拟好一个上联，现写好抄在屋外墙上，有对出下联者，我就嫁给他！”上联是：

寄寓客家牢守寒窗空寂寞；

上联贴出后，远近轰动，很多读书人纷纷赶来对句，但没有一个能对出来的。

此后不久，济公因事返乡，听说姑娘求对，便来到贴联的地方，取过笔墨，对出了下联：

远避迷途退还莲迳返逍遥。

舅老爷家人见到下联，立即抄下，迅速跨入门内，送给姑娘。姑娘一看，惊喜交加，吩咐道：“快叫他进来见我！”家人出去寻找时，济公早已转身走了。

此上联全是宝盖头的字，下联全是走之旁的字。上联的意思是说：寄居别家，坚守贫寒、节操，不免有空虚、寂寞之感；下联的大意是说：远避世俗，走向佛门，达到逍遥的境界。

◎ 骑马挥鞭妙喻联

在高原牧场生活的一些人，根据牧场环境与实物的特点，撰写了一副奇特的对联，曰：

骑M马，挥L鞭，放开O口唱春色；

过H桥，走S路，登上T台迎未来。

"M"犹似马背之鞍，"L"像赶马之鞭，"O"若张开之口，"H"似横架之桥，"S"似弯曲之路，"T"如高起之台。比喻新奇形象，英语字母与汉字交辉，雅趣皆有。

◎ 巧对谜联

一天，纪晓岚儿时的友人来探访他，纪晓岚十分开心，和他倾谈到深夜。

第二天，纪晓岚便带朋友出外游玩。但见湖光山色，渔民都优游地捕鱼，纪晓岚不禁叹道："官场险恶，怎及渔家之乐。"

友人见纪晓岚情绪低落，便道："我有一上联，是个谜语，打一动物，请你来对吧。"

说完吟道：

卧也坐，行也坐，立也坐，坐也坐；

这一招果然有效，纪晓岚立时忘了烦恼，专心猜谜。走了一会儿，忽地一条小蛇游进草丛之中。纪晓岚笑道："有了！"于是随口对道：

坐也卧，行也卧，立也卧，卧也卧。

纪晓岚还说："横批——我吃你。你的是青蛙，我的是蛇。"

◎ 万岁，万岁，万万岁

武则天称帝后，喜好听臣民对她的歌功颂德之辞，可不好直接说出自己的想法。她朝思暮想，终于想出了"出题对答"的计策。

一日，武则天在金銮殿召集翰林院诸学士，出题令诸人对答，她的上题是：

玉女河边敲叽棒，叽棒叽棒叽叽棒；

学士们虽绞尽脑汁，也未能找出合适的对题。沉默了一阵，有个惯于献媚的学士，似乎明白了武则天的心思，忽地吟道：

金銮殿上呼万岁，万岁万岁万万岁。

武则天听后，笑逐颜开，大加赞扬。从此，"万万岁"一词便传播开来。

万岁本是祝颂欢呼之词，本无等级高低之分。秦汉以后，万岁限于臣对君王的拜恩庆贺，也用做对皇帝的称呼，词义的范围由此缩小不少。

◎ 谐音联

郑板桥退隐后，以卖字画为生，他的好友李啸村时常来探望他。一年冬天，瑞雪纷飞，郑板桥信步来到李啸村家门前。二人欢聚畅饮，并想赋诗作纪念。

李啸村便叫他家的牧童磨墨，那牧童一不小心将墨溅得满手都是，郑板桥乘势笑道：

牧童磨墨，墨溅牧童一脉墨；

李啸村文思不及郑板桥敏捷，正低头苦思之际，忽见丫鬟正在添加煤炭，正好有了下联：

梅香添煤，煤爆梅香两眉煤。

郑板桥赞道："对得好。"

李啸村心里也想难一难郑板桥，沉吟一会，说道："我也有一上联请对。"于是吟道：

童子打桐子，桐子正落，童子正乐；

郑板桥应声道：

麻姑吃蘑菇，蘑菇真鲜，麻姑真仙。

李啸村不禁佩服郑板桥的文思敏捷。

◎ 冯玉祥联讽汪精卫

冯玉祥是位有名的将领，自律极严，对那些不遵守制度，拖拖拉拉浪费时间的人深恶痛绝。1927年，他带领军队到达河南郑州。

他对当时国民政府机关、团体风气不正，疲沓散漫不守时间的作风极为不满。就连任国民政府要员的汪精卫也不遵守时间，开会时，往往迟到或无故缺席。

冯将军一气之下，撰了一副对联，派人送给汪精卫。联文是：

一桌子点心，半桌子水果，哪知民间疾苦；

两点钟开会，四点钟到齐，岂是革命精神？

◎ 捣蒜与抽葱

明宪宗成化年间，太监汪直独揽朝政，朝野官吏对其多阿谀奉承。汪直出外巡视，所到之处，都宪、侍郎等接待的礼节更是打破常规。

当时，有人作一副对联，对这些趋炎附势之辈进行了辛辣的嘲讽：

都宪叩头如捣蒜；

侍郎屈膝似抽葱。

◎ 改联讽财主

清朝嘉庆年间，有个叫花子头，由于长袖善舞，能广结人缘，渐渐摆脱了穷困。到了他的儿子时，更是青出于蓝，家财万贯，成了当地的富翁。

那叫花子头的儿子富起来之后嫌叫花子身份低微，便将叫花子头的位置让给了别人做，自己便当起财主来。但心中仍然觉得，自己虽然富有，但人家总当他是叫花子头，不大看得起他。

于是，他便花了数千两银子买通了官府，令三个儿子都有了功名。一年除夕，他还写了副春联挂在门上：

巷有几人，举贡，监生，进士；

家无别业，诗书，礼乐，文章。

数天后，新会才子萧燧和几位文友路过，见春联口气大，问及始末，心中不屑那财主的为人，提笔改写了副对联贴在其上：

巷有几人，花子，舞蛇，弄术；

家无别业，琵琶，绰板，三弦。

众人看后都捧腹大笑。

◎ 送炭与添花

从前，有个穷秀才，经常衣不蔽体，食不果腹。有时向一些有钱亲友借钱，这些亲友不但不借，还往往把他拒之门外。

后来，他考中了状元，荣归故里。当地名流富豪和原先那些有钱的亲友，都备了厚礼，约定某日去状元府攀附巴结。

这新状元非常痛恨这种势利眼，到了那天，他不但不备酒礼相迎，而且还在关着的大门上贴了一副对联，拒见这些势利客。对联曰：

忆当年，一贫如洗，缺柴缺米，谁肯雪中送炭？

到今朝，独占鳌头，有酒有肉，都来锦上添花。

这类对联在民间流传甚多，如下面这一副：

回忆去岁饥荒，五六七月间，柴米尽焦枯，贫无一寸铁，赊不得，欠不得，虽有远戚近亲，谁肯雪中送炭？

所幸今朝科举，一二三场内，文章皆合式，中了五经魁，名也香，姓也香，不拘张三李四，都来锦上添花。

◎ 糊涂蛋升官

明朝时，济南有个家伙不学无术，名叫张好古。有一天，有个自称“半仙”的江湖术士为他看相，说他脸上有魁星痣，如若应试，必中前三名。

张好古乐呵呵地来到京城，糊里糊涂撞上了魏忠贤的大轿，被人捉住。张好古大喊：“我是济南举子，来京考前三名的。”

魏忠贤想：此人的口气好大，我倒要看看他是否有真才实学，便派人用自己的名帖将张好古送进考场，并说明此人是来考前三名的。

主考一见是魏忠贤的名帖，不敢得罪，便为张好古答好试卷，又点了第二名。魏忠贤一看张好古果然有才，便与他结为死党，并让他做了翰林学士。

魏忠贤60岁生日那天，许多大臣都送礼祝寿，张好古也送了一份厚礼，又请翰林院一位同僚帮忙写了一副对联。

那位同僚对魏忠贤的专横很看不惯，写了一副讥讽魏忠贤的对联，张好古看不懂，便在魏府张挂起来，众人见了不禁暗暗惊讶。原来那副对联写的是：

昔日曹公进九锡；

今朝魏王欲受禅。

幸亏魏忠贤忙于应酬，没有细看便收了起来。

崇祯皇帝登基后，揭露了魏忠贤的罪行，魏忠贤畏罪自杀。朝廷又诛杀魏忠贤奸党，有人揭发张好古。

朝廷正要治罪，一个大臣出面替他作证，说：“张好古曾用对联嘲骂魏忠贤，是个顶好的忠臣。”崇祯帝一看对联，大悦，说：“此人敢骂魏忠贤，是有胆有识的人才。赶快释放，这样的忠贞之士应该连升三级。”

◎ 人情大过天

清朝末年，有位老者名叫王梗直，人如其名，刚正不阿，对有钱有势的人从不阿谀奉承。因此，每次府试都因得不到主考官的“赏识”而名落孙山。

70岁那年他又去应考，熬过两场，最后面试。主考官见他白发苍苍，老态龙钟，故意出联戏弄他。联文是：

上钩为老，下钩为考，老考童生，童生考到老；

上联把老、考嵌在联中，颇含讽刺之意。王梗直听出主考官的意思，沉思片刻，从容答道：

二人是天，一人是大，天大人情，人情大过天。

王梗直巧用拆字法，通过下联将科举中徇私舞弊、专搞人情关系的丑恶行为作了充分的揭露，且对仗工整，出言中肯，令人叹服。主考官弄巧成拙，自讨没趣，不得不悻悻地点了这位老秀才为举人。

◎ 联讽刘瑾

明朝成化年间，有个状元叫费宏，授翰林院修撰。他为人刚正不阿，不惧权贵。明武宗正德年间，他官至户部尚书，他的伯父与他为同袍，但职位却没他高。

官场规矩只按官职大小排列，不问年龄辈分。

有一天，某大臣宴请同僚，费宏同他的伯父一同被邀请。开宴时，主人按例请费宏上座，但费宏坐下后，却想起这是私宴，不必按官职入座，便立即与他的伯父换座。一番拉扯之后，终于坐定。

不料这番扰攘，却被刚进来的司礼太监刘瑾看在眼里。众人一见刘瑾，立即诚惶诚恐地起立相迎，独费宏仍旧坐在那里点头打招呼。刘瑾心中有气，但却又不便发作，便借方才换位之事，尖声尖气道：

费秀才以羊易牛；

费宏见刘瑾将自己同伯父比做牛羊，心中有气，却不动声色，缓缓道：

赵中贵指鹿为马。

刘瑾大怒，带手下离去。由于费宏在朝中很有威望，刘瑾也不能对他怎样。

◎ 捧嘲相对

有个大财主过生日，不少人来拜寿。当地有个善于拍马的乡绅，想借献联祝寿的机会，讨好大财主。然而他搜肠刮肚只写出上联，挖空心思也想不出下联，只好将上联献给财主，上写：

寿比南山，山不老。老大人，人寿年丰，丰衣足食，食尽珍肴美味。位尊德大，大享荣华富贵。贵客早应该来，来之是理，理所当然。

财主一看，很高兴，把它贴在大门一边，向来客广征下联。有位穷秀才，看了这令人作呕的上联，非常气愤，提起笔来，对出下联：

福如东海，海阔大。大老人，人面兽心，心黑手毒，毒如豺狼虎豹。暴病而死，死无葬身之地。地方好人莫去，去了后悔，悔之晚矣！

上下两联，一捧一嘲，针锋相对，且都采用顶针手法。上联中以谐音字“位”顶“味”，下联则以谐音字“暴”顶“豹”，对仗甚为工整。

◎ 大人明察秋毫

梁启超10岁那年，有一次随父亲到朋友家做客，刚进大门，就被庭院里一株蓓蕾初绽的杏树迷住了，他偷偷地折了一枝，并掩掩遮遮地藏在宽大的袖筒里。谁知他这一举动被他父亲和朋友的家人看到了。

宴席上，梁父为儿子偷折杏枝的事惴惴不安，一心想不露声色地暗示儿子一番。为了活跃气氛，梁父当众对梁启超说：“开宴前，我先出一上联，如果你对得上，而且对得好，方可开杯；否则，你只能为长辈斟酒沏茶，不准落座。”

小启超不知父亲的用意，毫无思想准备，略显难色，但他转念一想，凭自己的才学，相信不会出丑，于是满口答应。梁父略加思索，念出上联：

袖里笼花，小子暗藏春色；

小启超听后一惊，稍顿，恍然大悟，随口从从容容地对道：

堂前悬镜，大人明察秋毫。

众人听后，连声赞道：“妙！妙！”

◎ 穷少爷过年

从前，有个叫金志鹏的富家子弟，从小好逸恶劳、无恶不作。父亲去世后，他本性难改，很快坐吃山空，成了个穷少爷。

有一年除夕，穷少爷穷得连米都没得吃了，于是，他在自家门前写了副对子：

行节俭事；

过淡泊年。

这天夜晚，他的舅父买了肉和一些大米来到他的门前，见此对联，不禁感慨万分，便对外甥说：“你这对联的头上，还应各加一个字！”说罢，挥笔写下了一副门联。

穷少爷一看，感到羞愧万分，从此洗心革面，自力更生，最终富了起来。

原来，舅父在上、下联头分别加了一个“早”字和一个“免”字，这副对联变成了：

早行节俭事；

免过淡泊年。

◎ 职业婚联

有几位教师热爱各自的专业，新婚之际，朋友根据他们所教授的课程，撰写了几副各具特色的趣联：

1. 花好月圆有几何，谁能解析？

良辰美景无三角，岂可微分！

横额为：难解难分。

2. 恩爱乃植物，萌发生长开花结果；

婚恋贵同心，精诚团结播种育苗。

横额为：物种起源。

3. 1234567；

ABCDEFG。

横额为：OK。

上面分别为数学、生物和外语教师的婚联，每联都嵌进了他们各自所授课程的术语和符号，诙谐成趣，与新婚的喜悦气氛极为相宜。

◎ 寡人在此

一日，乾隆皇帝在京郊微服私访，见一户人家门上贴有这样一副对联：

家有万金不富；

膝下五子无儿。

横批：寡人在此。

这副对联从表面上看，完全是自相矛盾。乾隆看后，不知所云，便派人去问个明白。

一问，才知这屋里仅住着一位老妇人，老妇人生了10个女儿，女儿叫“千金”，10个就是“万金”。这个“万金”不是钱财，当然不富。

民间称女婿为“半子”，老妇人10个女婿合起来就是“五子”。但是女婿毕竟不是亲生儿子，因此还是“无儿”。女儿都出嫁了，老伴儿也去世了，这位老妇人孤身一人住在这里，这就是所谓的“寡人在此”。

◎ 刁氏巧对梅圣俞

北宋梅圣俞（尧臣）以诗知名，但浮沉30年，终不得一官职。后来受敕修书，对其妻刁氏说：

吾之修书，亦可谓猢狲入布袋矣；

妻对曰：

君于仕宦，又何异鲇鱼上竹竿耶？

夫妻对语竟成妙联，巧在自然，趣出比喻。“猢狲入布袋”，喻“钻进去易，爬出来难——憋闷煞人也”，形容编书之艰辛；“鲇鱼上竹竿”比喻“爬上去难，滑下来易——折磨煞人也”，形容仕途之坎坷。形象生动，诙谐有趣。

第七章 精彩谜语

◎ 冯班题诗谜

清代诗人孙致弥酷爱诗词，官至侍读学士，在当时颇有名气。一个叫冯班的诗人很喜欢孙致弥的诗。

一次，冯班在孙致弥的诗集上题了这样四句诗：

蚕吐五彩，双双玉童；

树发宝盖，清谈梵宫。

原来，这是一首诗谜，“蚕吐五彩”即“色丝”，合起来为“绝”字；“双双玉童”即“少女”，合起来为“妙”字；“树发宝盖”即“木”字上加宝盖头，为“宋”字；“梵宫”指寺庙，“清谈梵宫”意指“言寺”，合起来为“诗”字，四个字连起来即是“绝妙宋诗”。这是冯班对孙致弥诗集的赞美之词。

◎ 比珍珠更有价值

元朝顺帝时，财政大臣叶尚文体恤民情，辅佐朝廷有功，深受老百姓爱戴。

一天，一伙商人从西域带来了一批货物，另外还带来一颗珍珠，标价80万两银子。当朝宰相嗜好古玩成癖，对这颗珍珠垂涎三尺，暗示叶尚文将它买下。

叶尚文轻蔑地笑道："小小一颗珍珠，竟值如此价钱，买下它有什么用？"

宰相捋着胡须回答道："你可能不知道，这种珍珠放在口中会生津止渴，放在脸上按摩，会使人容光焕发，真乃稀世之宝。"

"这算不得稀世之宝。"叶尚文不以为然地说，"一颗珍珠只能供一人玩赏，天下有一种更珍贵的东西，它可以使百姓安居乐业，天下太平，比起这颗珍珠不知要贵多少倍！"说着，他提笔在纸上写了两行字：

黄布袋，包珍珠，

秋天一到遍地铺。

宰相看后，心领神会，便打消了买下这颗珍珠的念头。

原来，叶尚文说的更珍贵的东西是稻谷。

◎ 车金相报

清朝初年，金圣叹和一批江南士绅为抗议官府役赋太重，一起去文庙哭灵，结果被扣上"聚众闹事"的罪名，通通缉拿归案，听候判决。

金圣叹自知没有生还的希望，所以故意嘻嘻哈哈，整日与难友们谈笑风生。很快就到了宣布判决的这一天，他郑重其事地说：

"昨夜，我梦见关云长了。当时我正在批点《三国演义》中'千里走单骑'这一回，颇犯踌躇。想那关羽原乃好色之徒，千里送嫂，到夜里车马耽搁一处，男女同歇一屋，难免有瓜田李下之嫌吧？

岂知这念头一动，关云长竟显圣了，求我笔下留情，道是他通宵达旦在读《春秋》，不曾起过半点邪念。我说此事姑且存疑，不过你关老爷该如何报答我？老关一怔，接着便说，明天是先生听判之日，届时关某定以车金相报！"

众难友听罢，都乐了，说道："此梦吉祥，一定是皇帝予以特赦，还要发还抄没的家资，正与'车金相报'验合。"

只有金圣叹的挚友李某哈哈大笑，说道："执迷不悟。"

没多久，狱卒们抬来了许多酒菜，口称"大喜"。众难友这才明白啥叫"车金相报"。原来金圣叹是借梦出谜，所谓"车金"，非黄金之金，而是斤两之斤；车与斤相合，就是个"斩"字！

难友们酒足饭饱之后，江苏巡抚朱国治宣读了皇帝的朱笔御判，通通斩立决。

◎ 施宜生用谜泄密

南宋时，有个在金国做官的福建人，名叫施宜生。有一年，他以金翰林学士的身份来宋庆贺元旦。

当时，南宋虽已得到金国正在造船调兵准备攻打南宋的消息，但是宋主始终不信。南宋尚书张焘奉皇帝之命招待施宜生，张焘借机劝说施宜生回归故乡。

宜生想把金即将攻打南宋的事告诉他，以引起宋的重视。宜生趁随从人员不在身旁时，便用谜语说：

今日北风甚劲！

意思是形势紧张，金的力量很强。然后又拿起桌上的笔轻轻地叩了几下，说：

笔来，笔来！

此动作和言语正是“金兵必来”的谐音。施宜生使命完成后回到金国。后来，金主知道了这件事，就以泄露机密罪烹死了施宜生。

◎ 丘琼山两猜谜

明朝时，广东有位名叫丘琼山的书生，他博闻强识，被人们称为“丘书柜”。

某年八月，丘琼山前往省城参加科举乡试，途中在一家旅店住宿。店主有个名叫鹧鸪的女儿，聪明伶俐。在与丘琼山闲谈之际，她笑着说：“秀才，人皆说你解诗破谜胜洪炉点雪，今天我出个字谜考考你。”接着吟道：

二人并坐，坐到二鼓三鼓，

一畏猫儿一畏虎。

丘琼山听罢，仔细沉思：二人并坐，乃指两个字合而为一。这畏猫者，鱼也；畏虎者，羊也。想到这儿，他矜持一笑，拱手回云：“小姐请听，小生猜中了，是个‘鲜’字。”

“错了。”鹧鸪嫣然一笑说，“你再猜猜看。”

丘琼山一听未猜中，顿时面红耳赤。他急忙转换思路，苦心思索：这二鼓乃亥时，三鼓乃子时。亥时所生者肖猪，猪亦畏虎；子时所生者肖鼠，鼠亦畏猫。想到这儿，他连声称妙，笑道：“这回吾定猜中了！”接着说出了谜底。

鹧鸪听了，嫣然而笑，赞曰：“真不愧是‘丘书柜’。”

原来，这个字谜的谜底是“孩”。

◎ 老冬烘求药

古时候，有个老冬烘，平素最爱讲男女授受不亲的规矩。

有一年，他的姨太太患了一种病，坐

卧不得，痛苦不堪。老冬烘想找个郎中来替她诊疗，但怕姨太太暴露了某部位，有些不雅，就想报个病症，请药铺里的先生开药自疗，又怕被贫嘴的家仆们当笑话传出去。

想来想去，他终于想出了个两全其美的办法。

一天，某家仆手持一纸来到药铺，对老板说："我家姨太太得了这个病，老爷说请您斟酌开药吃，开准了，十倍付钱！"

老板接过纸来，只见上面写着：

佛庙盖库房——摘顶格。

老板善解谜语，按谜格要求，很快便猜出了病名。于是笑而不言，开就药方，一一配齐，发了一笔小财。

原来，姨太太得的是痔疮。

◎ 婆婆出谜考媳妇

从前，有一户姓鲁的人家，给儿子娶了个媳妇，村民们都夸赞媳妇长得漂亮，儿子听了也十分高兴。

但是，公公婆婆却说："模样长得好看，不一定就聪慧。要真聪明贤惠，那才好呢！"他们准备考考儿媳妇。

有一天，婆婆在准备早饭，对儿媳妇说："你去给我拿四样东西来！"

媳妇连忙问道："哪四样东西？"

婆婆说："四两'沉'，四两'漂'，四两'张着嘴'，四两'弯着腰'。"

儿媳妇听罢，立即转身就去拿了过来。婆婆一看，笑得合不拢嘴；公公一瞧，也连声地夸赞道："真是个聪明的媳妇啊！"

原来，婆婆叫媳妇拿来的四样东西是：盐、油、花椒和虾米。

◎ 鲁班考孔子

春秋时期，传说孔子的弟子有三千人之多，颜回是孔子最喜欢的门生之一。

一天，颜回请来当时有名的木匠鲁班为老师孔子刻书。鲁班手艺高超，他一边听颜回念，一边用凿子刻，不一会儿工夫就把竹板都刻完了。

书刻完了，鲁班说："孔子是很好，就是'四体不勤，五谷不分'，所以，我不太喜欢他！"颜回听后，立即说道："孔子博学多闻，每天讲学论道，根本没有时间来做工……"

鲁班又说道："孔子博学多闻，我刻个字他如果能认得出来，我也拜他为师。"

颜回说："现在没有竹板了，你就说怎么动凿子就行！我记下来。"

鲁班说："竖凿六下，横凿九下。"颜回听了不知所云，思索了半天也答不出来，就去请教孔子。

孔子说："要回答这个问题，他给了我多长时间？"

颜回说："临走时，他只伸了三个指头。"

孔子问："三年？"

颜回摇摇头说："不是，那也太长了点！"

"三个月吧？"

"那也太长了吧！"

孔子说："哦！那他是叫我们在三日内回答他吧！"

第三天，鲁班问颜回道："孔子猜出来没有？"

颜回把他同孔子讲话的过程从头到尾讲了一遍。鲁班说："孔子到底博学多闻啊，猜对了。"可颜回仍然不知道鲁班说的是什么。

原来，鲁班要刻的是个"晶"字，三个"日"合起来就是"晶"。

◎ 刘墉猜物谜

清朝时，刘墉辞官告老还乡。在回老家的路上，天下着滂沱大雨，他只好到路边找一户人家避雨。但是雨下个不停，刘墉急着赶路，但又没有带雨具。

主人看出了刘墉的心思，说道："客官，我有一谜，客官如若猜中，愿将此物相送。"说罢念道：

皮包瘦骨硬脊梁，几遮苍天论短长。

乐被游子挟腋下，任尔倾盆走他乡。

刘墉听罢，不禁哈哈大笑，连声说道："谢谢，谢谢，我正需要此物。"

主人知道刘墉猜对了，就把那样东西送给了刘墉。原来，主人送给刘墉的是一把雨伞。

◎ 祝枝山猜谜

明朝时，江南才子祝枝山和唐伯虎是好友。他很喜欢唐伯虎的水墨画，为此，他绞尽脑汁想请唐伯虎为他画一幅水墨观音图。

一天，夏日炎炎，祝枝山急急忙忙地登门拜访唐伯虎，并说明了来意。唐伯虎笑着对祝枝山说："祝兄要一幅画并不难，但有个条件，今日要画，先得猜一个画谜，如果猜中了，水墨观音图立刻画好送给你。"

祝枝山听罢，心里大喜，便满口答应。

唐伯虎来到书房，提笔画了一条全身长满黑毛的狗。祝枝山站在画前，仔细思虑了片刻，便提笔在纸上写了一个字。

唐伯虎看后微笑着点了点头，然而祝枝山站在那里一言不发。唐伯虎见祝枝山猜中了画谜，马上画了一幅水墨观音图送给祝枝山。

原来，这则画谜的谜底是一个"默"字，这就是祝枝山不作声的原因。

◎ 清官谜

明朝时，会稽（今浙江绍兴）有个名叫刘宠的太守，为官清廉，离任时老百姓都舍不得他。为表示感谢，乡亲们自发集资，凑够了几百文钱给刘太守做盘缠，刘太守说什么也不肯收下，但又唯恐辜负了乡亲们的一片心意，于是就象征性地收下了一文钱，然后登舟而去。

可尚未离开县境，刘宠就把这文钱投入江中，算是还给了会稽的父老乡亲。刘太守最后还是没拿老百姓的一文钱，两袖清风地走了，后人称颂他为“一钱太守”。

请根据这个故事猜一成语。

这个成语是“分文不取”。表示分别时一文钱也没有带走的意思。

◎ 王勃逛街

唐朝时，才子王勃要到交趾去看望父亲。路过南昌时，正赶上都督阎伯屿新修完滕王阁，重阳日在滕王阁大宴宾客。王勃参加了宴会，并挥毫写下《滕王阁序》，受到阎都督的重赏。

王勃走出滕王阁，漫步南昌街头，灯红酒绿，繁花似锦。王勃边走边欣赏着店铺门前的楹联。他见一家门前写道：

志在济人，饼檬广被；

功推御暴，晴雨皆宜。

王勃看完，心中不由得暗暗称好。走着走着，王勃被一副店前的门联吸引住了，他停下脚步欣赏起来，那门联是：

试倾王府千秋饮，为涤人间万古愁。

王勃禁不住赞叹不已：“妙！妙！妙！”

原来，前者开的是家伞店，后者开的是家酒店。

◎ 怎样分牛

古时候，有个老农养了17头牛。临终时，他把三个儿子叫到跟前，留下遗嘱：长子分二分之一，次子分三分之一，幼子分九分之一，但不能把牛杀掉。说完就去世了。

这下可把兄弟三人给难住了。正在三兄弟为这个问题发愁的时候，一个邻居牧牛归来，一听老农遗嘱，便帮他们把牛分好了，兄弟三人都很高兴。

原来，邻居是这样来分牛的：先牵来自己的一头牛，这样一共就有了18头牛。二分之一，得9头；三分之一，得6头；九分之一，得2头。正好分去17头，最后剩下的是这位邻居自己的那头牛。

◎ 韩信受书

大将军韩信还没有发迹的时候，生活很困苦，大家都看不起他。一日，在城楼下，他向一位老人请教上进之术。

老人从屋里拿出一捆竹简来送给他。韩信问道：“老先生，不知道这是部什么书？”老人回答说：“《九丘》《八索》，除却两头。”

韩信想了想，《三坟》《五典》《九丘》《八索》，都是传说中的古籍，读这等古书有何用？正想推辞之时，突然领悟到，“九丘八索”除却两头之后，其实是个字。

韩信赶紧翻开来看，竟然是《孙子兵法》，这本书在当时是严禁民间收藏的。韩信赶忙拜谢老人，恭敬受书，回家后发奋攻读，终于成为了一代名将。

原来，“《九丘》《八索》，除却两头”蕴含着一个字：兵。

◎ 唐伯虎评点花魁

明代才子祝枝山以擅长写字闻名于苏州，人们以拥有祝枝山的墨宝为骄傲。祝家有一花园，每到春深，满园飘香，各种花卉竞相开放，尤以牡丹为最。每到此时，喜欢诗文也爱花的祝枝山总要时不时地邀请友人吃酒赏花。

一日，祝枝山又请来几位好友，在后花园的牡丹亭旁摆下宴席。望满园牡丹，姹紫嫣红，祝枝山举杯道：“各位可谓姑苏城中名人雅士，今日请各位慧眼识花，评点园中花魁。”

一时间大家兴致大发，指指点点，甚至争得面红耳赤。有的说姚黄应是一品，有的说魏紫应该问鼎。最后是各有各的理，互不相让。在大家争论得沸沸扬扬之际，唯见唐伯虎稳坐桌前，仍浅斟慢饮，一副局外人模样。

祝枝山知道唐伯虎不但是绘画大师，也是赏花评花的高手，于是就请唐伯虎说出自己的看法。唐伯虎也不推辞：“依我之见，园中牡丹，百无一是。”

众人一听心中不禁一沉：“这唐伯虎也太高傲了，难道这满园牡丹就没有一种他看得上的？”谁知祝枝山听后却哈哈大笑：“唐兄评花，正合我意。百无一是，自无一是！”

众人听后更加糊涂，不知二人所云。后听祝枝山一说，方才顿悟，连称妙极。

原来，二人的话中暗含谜语，谜底是白牡丹。“百”字去掉上面一横成“白”，“自”字去掉里面一横也是“白”。

◎ 考官谜试汤显祖

汤显祖是明代杰出的戏剧家、文学家，自幼聪明过人，年少时遇到各种问题经常对答如流。

重阳节时，汤显祖前去拜谢考官张岳，并应邀一同前往新建县登游西山云峰寺。那考官见斯文的汤显祖傍池照影搔首，动了动脑子，捋须笑道：“汤才子，本官今日颇有雅兴，想要再考考你！”接着，他摇头晃脑吟出了几句诗：

半边大，半边小，半边跑，半边跳；

半边奔驰疆场上，半边偷偷把人咬。

汤显祖才思敏捷，稍一沉思，从禅房中向住持和尚借来爱国诗人屈原的名篇，指着封面，诙谐地说："大人，谜底便在其中。"

张岳看了看封面，拍掌大赞："真不愧是才子！名不虚传！名不虚传！"

原来，考官所赋的是一个"骚"字。

◎ 皇后捎礼盒

明朝朱元璋称帝后，不听国师刘伯温的忠告，反而听信宰相李善长的谗言，对刘伯温时时猜忌，事事疑心。

一天，朱元璋对皇后说："刘伯温饱读诗书，才高八斗，让他去当太子的老师吧。"皇后虽感到这样做有些大材小用，但想到太子能有个好先生，心里倒也欢喜。

于是，刘伯温便当上了太子的老师。

朱元璋为了摸清刘伯温的心思，便每晚都要查问小太子读什么书、写什么字，

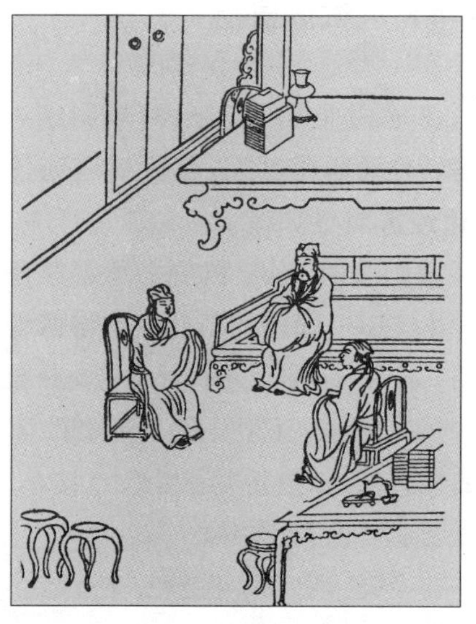

国师说过什么话，做过什么事。

一天傍晚，刘伯温带着太子散步，过了桃花溪，来到了一座村庄。太子见农夫正把一头黑乎乎、毛茸茸的活物抬到凳上杀了，便问："老师，他们这是干什么啊？"

刘伯温说："杀猪。"

太子又问："为什么要杀猪？"

刘伯温回道："杀来吃。"

太子又问："是猪都要杀掉吗？"

刘伯温说："只杀大猪不杀小猪。"

这天晚上，朱元璋闻罢，疑心顿起："朱、猪同音，岂不是暗指寡人？好个刘伯温！竟敢指桑骂槐，寡人决不饶你！"

善良的皇后悄悄在盒子里装上了一枚枣、一颗桃，让太监快把礼物送给刘伯温。

刘伯温看罢，暗暗称谢，连夜离开京城奔向南阳。

原来，皇后知道朱元璋要杀害刘伯温，于是巧送礼盒，内装枣、桃，意即国师"早逃"！

◎ 万事不求人

古时候，有个名叫李羊德的农夫，长得很结实。媳妇秋月聪明能干，小两口男耕女织，勤俭持家，过着丰衣足食的日子。

一天，李羊德靠在大门边，想着自己和贤妻凭勤劳节俭过上了好日子，于是顺手拾起土块，在大门上写了"万事不求人"几个粗犷而又雄浑的大字。

不巧知县大人乘轿路过，见这赫然醒目的五个大字，冷冷一笑道："穷鬼竟敢说如此大话，我来教训教训他！"

于是喝令停轿，将李羊德叫到轿前：“想必你有大本领，才敢夸此海口，那好，明天给我送样东西到衙门来！”

壮实的李羊德问：“大人要何物？”

知县一笑道：“你听好！”接着念道：

高山上面叠高山，高山下面毛竹滩。

毛竹滩下滚龙潭，滚龙潭下火焰山。

这下可让李羊德犯难了。听罢丈夫的叙述，秋月笑着说：“这没什么，明早准办到！”

于是，小夫妻忙了一夜，第二天一早就送去了。知县看见李羊德送来的东西，暗暗称赞道：“真了不起，果然有些本领！”

原来，知县要李羊德送的东西是馒头。

◎ 吴殿邦中计

明朝时，广东海阳有一个叫吴殿邦的名士，写得一手漂亮字，且嗜好猜谜，很多富裕人家都向他来求字，却均被他回绝了。

一天，有个富商想让他写个“福”字，唯恐被他拒绝，于是想了一个办法：出谜让吴殿邦来猜。

果然，吴殿邦一听见有人悬谜征射，立刻前往。连破数谜后，擂主请他进一书房，说是有个哑谜，需要用三个动作破一句八字俗语。

吴殿邦不知是别人设的计谋，欣然入屋。只见桌上笔砚边有一封红包，东西两壁各悬条幅一轴，一条上书个“灾”字，一条则是空白。

这时，他才明白上了圈套，可又不能让别人说自己猜不出这个哑谜。只得先取红包入怀，再将“灾”字扯碎，然后提笔蘸墨，在空白条幅上写了一个“福”字，离别而去。

擂主在一边看着他完成这取钱、撕纸、写字的三个动作，连声叫好。原来，这个哑谜的谜底是“受人钱财，与人消灾”。

◎ 李二先生买荔枝

有个名叫李二的先生，在外乡县衙以署文案为生。一天，乡亲来访，快走的时候，李二先生陪他到街上南货铺里买了几斤干荔枝作为礼物。

老板知道李二先生没有钱，就故意开玩笑说：“老先生是现在付钱，还是回头让伙计到衙门里支款？”

李二先生笑着说：

添土路不平，逢哥成曲调。

开口就有风，见谷就想要。

老板听罢，马上就猜出了这个字，只是因为平常敬重李二先生正派，所以没有说穿，只是说：“好，好！”

原来，这个字是：欠。

◎ 姜太公到此

相传，古时候有个内阁大学士是一位大孝子。有一次，他回家看望母亲，母亲说：“儿啊，为娘一生也没见过皇宫，你能让娘在自己家里看看吗？”

大学士想，这倒不难。他按照皇宫的结构布置画成一张大图纸，找来当地一位名建筑师，要他照图样兴建。

建筑师看了看图样，不禁吓了一跳，想要回绝，但又怕得罪大学士。同意吧，又怕以后被人告发。

只见他灵机一动，提笔在图上写了"姜太公到此"五个字，即将图纸卷起，交给来传达命令的大学士的家人，说此图有几处不妥，请大人再斟酌斟酌。

大学士打开图纸，一眼便看到了这五个字，先是一愣，再仔细思索了一下，知道了建筑师的意思。

原来，这是个用"摘顶格"破解的谜语，限定谜底字数在两个以上，要部首相同，将这些部首摘去后能扣合谜面。此谜之底即"山之石宫室"，摘去两个宝盖头便是"吕至"，恰能对应"姜太公到此"，因姜太公本名为吕尚。

而建筑师则是借此谜提醒大学士：私造宫室，"僭越"之罪是逃脱不了的，搞不好还会惹来杀身灭族之祸！

此谜破解之后，大学士不禁吓出了一身冷汗，打消了建宫室的念头，还厚赏了建筑师。

◎ 幽默学士苏东坡

北宋大文学家苏东坡，不但诗文豪放畅达，而且非常幽默。

有一年，苏东坡从湖北黄冈应召回京城，任翰林院学士。当时，江西才子黄庭坚能诗善文，想登门拜苏东坡为师，又唯恐他不肯接见，于是就先写了一封信，试探苏学士的反应。

过了不久，黄庭坚便接到了苏东坡的回信，只见纸笺上写了个"览"字。才思敏捷的黄庭坚一看，微微一笑，第二天便带着自己的诗稿去见苏东坡了。

后来，黄庭坚成了苏东坡最喜欢的门生之一，与秦观、晁补之、张耒三位书生共称"苏门四学士"。

原来，这则谜语用的是拆字法，"览"字拆开就是"个个见"的意思。

◎ 皇帝猜谜定年号

明朝，一位皇帝刚刚即位，正在为定何年号而犹豫不决，便召来近臣商议。其中一位大臣顺口吟道：

士本人间大丈夫，口称万岁旧山河。
一横永镇江山地，二直平分天下图。
加子加孙加爵禄，立天立地立皇都。
主人自有千秋福，月满乾坤照五湖。

皇帝听罢高兴不已，就决定启用这个年号。

原来，这首诗恰好是一则谜语，全诗影射两个字，这两个字正是皇帝欲取的年号：嘉靖。

◎ 刘老汉诉冤

从前有个忠厚老实的刘老汉，以撑船为生，但当地土豪经常坐船不给钱，使他有冤无处诉，便经常用歌声来发泄愤怒。

一日，有位扮成客商的观风肃政使乘他的船过江。船到江心时，只听见老汉放开喉咙唱道：

一条木船两根桅，九只燕子绕船飞。

六只落在桅杆上，一只直往舱里坠。

还有两只无着落，木船左右各徘徊。

肃政使认真地想了一下，便对刘老汉说："有什么冤屈，就对我说吧！"

刘老汉一听，知道今天遇上了清官，连忙翻身跪拜。

原来，刘老汉道出的是一个"悲"字。

◎ 货郎斗恶少

从前，有一个姓赵的人家境贫寒，以种地维持生计，为了补贴家用，便在农闲时当起货郎。他为人和气，货真价实，人们都愿意买他的东西。

有一天，赵货郎挑担来到张家店，这个地方他从没有来过。正准备吆喝时，突然来了一个恶少，他拨开众人站到货郎面前说："谁敢买他的货？"

"凭什么不能买？"货郎不禁怒气冲冲地问。

"凭什么？你不懂规矩。你打听打听，谁想在这个村子做买卖，不到我家点个卯行吗？"

"谁认识你啊？"货郎理直气壮地说。

"不认识老子？你听好，我用我的姓制一谜，猜中就卖，猜不中走人！"恶少说：

明月依稀云脚下，

残花零落马蹄前。

货郎随即报出恶少的姓氏。恶少为了报复，也为了给自己找个台阶下，于是又说道："我想要在你这儿买样东西，如果有，你继续卖；如果没有，你走人！"

"请讲。"货郎不卑不亢地说。

"你听好！"恶少说：

全身皮包骨头，终生精神抖擞。

乐与游子做伴，敢同苍天打斗。

货郎将恶少要买的东西拿了出来。恶少无奈，只得在众人的嘘声中灰溜溜地走了。原来这个恶少姓"熊"，他要买的东西是"伞"。

◎ 天下第一味

古时有三个举人一同赴京赶考，途中走累了，大家坐在大树下歇息。

一位四川举人心头一动，拱手笑道："二位才子，你我今日幸会，实为难得，眼下已近中午，大家肚内皆饥，小弟请问二位仁兄，何为天下第一味？"

浙江举人笑道："这还用说，当然是糖醋肉排味最佳。"

广东举人说："当然是蛇肉之味更美。"

四川举人笑道："二位仁兄皆未猜中。"接着说出了这味菜，并解释了一番。

那两个举人一听，拍手叫绝，连说："妙！妙！"

原来，这天下第一味是"大头菜"。"天下"为"大"，"第一"为头，合起来就是大头菜。

◎ 猜灯谜

有一年元宵节，一个喜欢制谜的人在一张椅子的后脚两旁各竖一根竹竿，一根上面挂着200文钱，一根上面挂着一个脸谱，中间悬有一条横幅，上面写着："以左右二物为谜面，猜一俗语，猜中者以200文钱相赠。"

一时间，猜谜者纷纷从附近赶来，但就是没有一个人猜中。这时从附近传来一阵吆喝声，叫众人闪开。一个官员模样的人走了过来，一句话也没说，伸手就去扯竹竿上挂着的200文钱，在手掌中掂了掂，转身就走。

猜谜者见状，都纷纷愤愤不平地说："哼，没本事猜，就知道抢！"

这时，设谜者微微一笑，当着众人的面大声解释说："各位，你们错怪他了，这两百文钱应该归他所有，他猜中了。"

原来，这则谜语的谜底是：要钱不要脸。

◎ 郑成功制谜招贤

传说，郑成功为了募兵举义，想了一个好办法：他吩咐手下亲兵在厦门招贤馆门前摆了一张桌子，旁边高挂一幅"招志士"的招牌，桌上分别放有一个盛满清水的玻璃缸，一盏油灯，并散置着火石、火刀、火绳等几样物品。

当时，有很多人前来围观，大家都感到很奇怪，接连三天也没有人猜中。

转眼到了第四天，一位浓眉大眼、虎背熊腰的黑大汉从人群中走了过来。只见他大步跨到桌前，用眼扫视了一下桌上的东西后，便伸手把一缸清水泼翻在地，接着拿起火石、火刀，打着了把火绳点燃。然后，从容不迫地将油灯点亮。守在两旁的士兵看得清楚，急忙入内向郑成功禀报。

郑成功高兴地说："快快有请！"

原来，郑成功的摆设是一则哑谜，谜底是四个字，即"反清复明"。

◎ 猜谜知姓

古时候，有三位赶考的秀才来到一个山村客店住宿，老板娘热情地招呼道："三位客官贵姓？"

这三位秀才自恃有点学问，喜欢卖弄才华。其中一个说道：

四个山字山靠山，四个川字川连川，
四个口字口对口，四个十字颠倒颠。

另一个秀才也摇头晃脑地说：

千字不像千，八字排两边，
有个风流女，却被鬼来缠。

第三个秀才吟了一首诗：

孔明借箭草人充，曹操北兵走西东，
一口想吞孙吴地，却遭周郎用火攻。

老板娘听后笑道："田、魏、燕三位先生，请进！"

三位秀才本想把老板娘难住，不料对方竟轻而易举地把他们的谜给破了。他们敬佩万分，拱手相问："主人尊姓？"

只见老板娘答道：

三斗三，四斗四，
二斗三升共个字。

三位秀才你看看我，我看看你，面面相觑，半天也摸不着头脑。后来，秀才经过打听，才知道这家客店的老板娘姓"石"。

因古时十斗为一石（dàn），三斗三，四斗四，二斗三，加在一起正好是一石。

◎ 半个鲁

有两个朋友是一对吝啬鬼，但又十分讲究客套。一天，甲向乙发了张请帖："明日中午请到寒舍吃'半个鲁'。"

乙接到请帖，琢磨不透"半个鲁"是啥菜。次日，乙起床也不吃早饭，饿着肚子，想做客时大吃一顿。谁知到了甲家，端上桌的却是一条很小的鱼。

甲对乙说："别客气，请吃'半个鲁'！"

乙这时才明白过来，原来"半个鲁"是条小鱼。他憋着一肚子气，饭也不吃就回去了。过了几天，乙也写了份请帖回敬甲，请帖上也写"半个鲁"。

骄阳似火的七月，特别炎热，火辣辣的太阳当空挂着。甲一大早就来到乙家，只见乙已把饭桌摆在大院的天井中，上头没有遮盖，甲只好汗流满面地坐在桌旁等待。

等呀等，晌午过了还不见乙端鱼上桌，甲心里感到奇怪，这时乙笑眯眯地从屋里走出来，对甲说："请呀，别客气，请吃'半个鲁'！"

甲这时才恍然大悟，原来乙是让甲来"吃"太阳。"鲁"的下一半就是"日"。

◎ 孔子出题

有一天，孔夫子在堂前给学生讲课。颜回和子路在灶下烧火煮饭，他们却为一个字的读音争论不休。

孔子走过来为他们作出裁决后，回到堂前，对大家说："我出个谜，谜底就是适才那两位所争的字。"

接着，便念念有词地说道："颜回喟然而叹曰是也，子路率然而对曰非也；夫子莞尔而笑曰是也而直在其中矣。"子贡、子张等人多在"是"呀"非"呀上下工夫，结果都没有猜出来。

有子却根据"是也而直在其中矣"的提示，猜出了这个字。夫子大悦，马上提拔有子担任他的助教。原来，这个字是"乜"。

◎ 秀才观灯

一年一度的灯节到了，两个秀才一起到街上观灯猜谜。他们心里谁也不服谁，背地里互相说对方的坏话。

满街彩灯，令人目不暇接，这时只见一处人头攒动，二人近前一看，原来是悬挂着一条咏物灯谜，谜面生动有趣：

珍珠白小姐，许配竹叶郎；

穿衣去洗澡，脱衣上牙床。

两个秀才冥思苦想了半天，结果还是没有猜出来，难分高下，临走时都说这谜语有伤大雅。两个人在大街上转了半天，又在一处灯谜前驻足，只见上面写道：

长脚小儿郎，吹箫入桂堂。

爱喝红米酒，拍手见玉皇。

两个秀才又冥思苦想了半天，还是没有猜出来，又闹了个平手。有人知道此情后，戏谑两个秀才是不分伯仲，难争高低。

其实，这两个谜语都很简单，第一个谜底是“粽子”，第二个谜底是“蚊子”。

◎ 老秀才出谜制胜

古时候，有个叫李三的人，略通文墨，自认为很了不起。一次，他和别人赌猜谜，谜面是：

两个幼儿去爬山，没有力气上山巅。

归家又怕人笑话，躲在山中不肯还。

李三想了很久，最后总算猜了出来，兴冲冲地拿着这个谜去考村中的老秀才。秀才一见，哈哈大笑，原来这则谜正是他出的。

秀才拍了拍李三的肩膀，说：“我这里还有一则字谜，也请你猜猜。”吟道：

老大老二和小三儿，弟兄三人逗着玩儿，

老大踩着老二的头，剩下小三儿在下边。

李三想了好几天，还是猜不出来。老秀才告诉李三，这两则谜语的谜底是“幽”和“奈”。

◎ 乾隆制谜

相传，清朝乾隆皇帝嗜好瘦辞隐语，经常要一些文人学士编制灯谜给他猜。他自己也喜欢制谜给宫廷里的人猜，射中谜底者当众赐赏。

一天傍晚，乾隆皇帝用完晚膳，谜兴突发，放出一条“文虎”，让侍候他进餐的太监、宫女试猜，言明“猜中者赏白银五十两”。

乾隆皇帝所制谜面为四句诗：

腹内香甜加蜜，心中花红柳绿。

白沙滩上打滚，清水河中沐浴。

众人绞尽脑汁想了许久，也未猜出。有位长相俊俏的太监忽然想起刚才膳食之物，笑道：“万岁爷，给银子吧！我猜中了！”接着道出了谜底。乾隆一笑，当即行赏。

原来，皇帝所吟的东西是元宵。

◎ 朱元璋写春联

明太祖朱元璋喜欢写春联，并且也号召百姓过年贴春联，以增添节日的喜庆气氛。

一年除夕夜，朱元璋同文臣一起微服出巡，查看老百姓贴春联的情况。夜深人静，他们正好经过一家姓牛的牛贩子家门口，发现这一家未贴春联，朱元璋便进屋问明缘由。原来，牛贩子因忙于生意，归来已迟，此时正请一位私塾先生为他写春联呢。

私塾先生写了几副春联，可牛贩子还

是不太满意，已经夜深人静了，两人还在斟酌。朱元璋年少时放过牛，再加之牛贩

子又姓牛，他思索片刻，马上就想出了一副佳联，然后大笔一挥就成了。

朱元璋写的是这样一副春联：

满堂生无底，全家午出头。

私塾先生在一旁连声叫好，而牛贩子却摸不着头脑。待朱元璋走后，私塾先生慢慢地说出了缘由。牛贩子听后，高兴得合不拢嘴，于是高高兴兴地将这副对联贴在了大门上。

原来，这副对联是两个谜语，上、下联的谜底都是“牛”。

◎ 张飞卖猪

三国时的张飞是个粗中有细的人。一日，他挑着两筐猪仔来到集市上卖。刚放下担子，一个红脸大汉走了过来，说道：“我要买两筐小猪的一半零半只。”

话音刚落，又过来一个黑脸大汉说：“你如果卖给他，我就买剩下的一半零半只。”

没等张飞答话，又挤过来一个白面书生，说道：“你若卖给他俩，我就买他俩剩下的一半零半只。”

张飞听罢，不由怒发冲冠，心想：小猪哪有半只半只卖的，这不是存心欺负俺老张吗？正待动武，但又仔细一想，忽然答应了。

结果张飞按照他们三人的说法卖，正好把小猪卖完。原来，张飞共卖了7只小猪，红脸汉4只，黑脸汉两只，白面书生一只。

因为猪是不能半只半只卖的，故张飞卖猪的数目必须是一个奇数，且每次卖完之后，剩下的还是奇数。又因为张飞卖了三次，故只有“7”这个数目是最合适的。

◎ 慈禧制谜皇帝猜

清朝时很流行猜灯谜，每逢新春，不仅民间到处有猜谜活动，皇宫里也如此。

慈禧太后也是一个比较喜欢猜谜的人。有一次，慈禧令太医制谜给她猜。太医做了一则“踏雪寻梅”，打中药名“款冬花”的谜，她大加赞赏。

慈禧不但喜欢猜谜，而且也能制谜。八国联军攻入北京时，慈禧与光绪帝率领宫廷后妃、大臣仓皇逃到西安。有一次，皇后说道："老佛爷，说个谜语让我们猜吧。"慈禧应道："好。"

这个谜语是：

一家好好过，怕听五更鸡；

鸡鸣三唱后，白昼失东西。

慈禧说完让光绪猜，但光绪猜了三次才猜中。这则谜语的谜底是"月亮"。

◎ 王老板请客

从前，有一位姓李的秀才喜欢边喝酒边猜谜。一日，他依照平常的习惯来到"太白楼"。王老板一见李秀才，便笑道："我出个谜你猜。"说罢吟道：

唐虞有，尧舜无；

商周有，汤武无。

李秀才马上应道："我将你的谜底也制成一谜，你看对不对。"说完吟出一谜：

跳者有，走者无；

高者有，矮者无；

智者有，愚者无。

李秀才又接着说：

右边有，左边无；

凉天有，热天无。

王老板又道：

哭者有，笑者无；

活者有，死者无。

秀才接着说：

哑巴有，麻子无；

和尚有，道士无。

王老板哈哈大笑，摆出丰盛酒菜，请李秀才开怀畅饮。原来，王老板和李秀才讲的都是"口"字。

◎ 纪晓岚难倒皇帝

一年正月十五灯会，乾隆皇帝雅兴大发，和群臣一起来到翰林院文华殿猜灯谜。走到中厅，只见一只大灯上写着一副谜联：

黑不是，白不是，红黄更不是。和狐狼猫狗仿佛，既非家畜，又非野兽。

诗也有，词也有，论语上也有。对东西南北模糊，虽为短品，却是妙文。

乾隆反复吟哦，苦思冥想，久不能破，甚为狼狈。

身旁有位文官见状，忙为皇帝打圆场，笑道："解铃还须系铃人，还是请制此谜联的纪学士自揭谜底吧。"

纪晓岚眯着眼微微一笑，朝皇帝拱了拱手，然后挥笔写了两个大字。众人俯身一看，无不称绝。

原来，这则谜联的谜底是"猜"和"谜"。

◎ 东方朔猜谜打赌

两千多年前，汉武帝有一名大臣名叫东方朔。他聪明过人，善于猜谜，很受武帝赏识。汉武帝身旁的优伶郭舍人心存嫉妒，便寻机在很多人面前对东方朔说："我有一谜你能猜吗？"

东方朔说："可以试一试！"

郭舍人说："那我们打赌，你要猜不

对，打你的板子。”

东方朔说：“我如果猜中了，打谁呢？”

郭舍人只得说：“打我的！”

东方朔说：“好，一言为定！”

于是郭舍人说：

客从东方，且歌且行，不从门入，窬我围墙，游戏中庭，上人殿堂，击之拍拍，死者攘攘，格斗而死，主人不伤。

东方朔想了想，说：

利喙细身，昼匿出昏，嗜肉恶烟，指掌所扪。臣朔愚憨，名之曰蚊。

郭舍人所做之谜的谜面，是想讽刺东方朔，而东方朔猜谜的前四句，另制一蚊谜。郭舍人听罢，理屈词穷，不得不挨板子了。

◎ 宝钗应谜

《红楼梦》中有这样一个故事。

一年元宵节，贾元春回娘家贾府省亲，其间为了增加情趣，她出了一些灯谜让众人猜。贾母、贾政见元春喜欢灯谜，便摆下筵席，举办了一次灯谜会。

其中薛宝钗做的灯谜是：

有眼无珠腹内空，荷花出水喜相逢；

梧桐叶落分离别，恩爱夫妻不到冬。

贾政看了心想：宝钗如此小的年纪，竟做如此伤感的灯谜，心中甚感凄婉。果然，这个灯谜后来成了薛宝钗的人生结局。

薛宝钗这则灯谜的谜底是“竹夫人”。原来，“竹夫人”是一种用竹篾编成的东西，圆柱形，中空，约长三四尺，有许多大窟窿，可透风，夏天睡时可抱着取凉。

◎ 老母思子

古时，一位老母亲思念远在他乡的儿子，时间长了，竟想出病来。她便给儿子去了一封信，信的内容是一首诗：

一幅花笺决不欺，交邮寄与我孩儿，

休图自己谋生计，须念高堂白发稀。

医生铺里尽皆空，修寄家书无笔踪，

船行水急帆休挂，雨过街头跌老翁。

这首诗的每一句里都隐藏着一味中药名，这八味中药名是：信石、附子、独活、知母、没药、白芷、防风、滑石。

◎ 红娘索物

《西厢记》中有这样一个故事，张生进京赶考，途中经过河中府普救寺，在这里遇到了相府千金崔莺莺，惊艳之际，还拾到了莺莺掉下的一件东西。

这天晚上，丫鬟红娘遵照小姐的命令前去讨还。张生装作不知道，反问红娘要讨何物。红娘恼道："我要的这东西呀，皇帝有，大臣无；元帅有，将军无；师傅有，徒弟无；市上有，集上无；小姐绣帷中有，秀才书房中无。你是个读书人，应该懂得我要的是什么吧！"

原来，这则谜语是红娘用包含法制的谜，顺便戏弄对方是个书呆子。

张生听后，只好认输，乖乖地将东西交给了红娘。原来，红娘要的这个东西是"巾"，即手帕。

◎ 两个书生通姓名

从前，有两个素不相识的书生在花园里游玩，一个是高个子，一个是矮个子，他们在一个亭子里见了面。

高个子问道："先生贵姓？"

矮个子答道："夏商之时夜间光。"

说罢也问高个子道："先生贵姓？"

高个子答道："颠来倒去都为头。"

两个书生会意地笑着相互施礼，在石凳上坐下后又叙谈起来。

过了一会儿，高个子又问："先生大名是什么？"

矮个子答道："小生名叫老牛过板桥。"

接着反问道："您大名呢？"

高个子答道："小生名叫大河失滔滔。"

双方互通了姓名，交谈之后，志趣相投，成了好朋友。

原来，高个子叫"王奇"，矮个子叫"胡生"。

◎ 三个木匠以谜对谜

从前，有张、王、李三个木匠在一起做活。一天，张木匠对王、李二人说："我这儿有个谜语，请你们俩猜。"于是念道：

一间房，两家住，
没房顶来缺窗户，
一家开的黑染房，
一家开的线绳铺。

王木匠听后，微微一笑说："哦，你讲的是三间房子两架梁，一头摇辘轳，一头开染房。"

李木匠听后，想了片刻，说道："两位说的谜底可是：出门呱呱叫，返回叫呱呱，无论走多远，一黑便回家。对吗？"

张、王二人连说："对，对！"

原来，他们三人说的谜底是"墨斗"。

◎ 保佑发财

太平盛世，很多善男信女来到关帝庙祈福求财。一天，一个香客来到关帝庙，他祈求关公保佑他生意兴隆，财源广进。

话刚说完，关公一反常态，须发倒竖，很是生气，"啪"地一拍桌案，大喝一声："大胆刁民，怎能有此歹意！"

香客听后，魂都快吓掉了一半，惊叫一声，拔腿就往外跑，慌里慌张地被门槛绊了一跤，"扑通"摔倒在地，爬起来也顾不得疼痛，狼狈地往家逃去。

持刀的周仓在一旁大笑道："这人定是个祸害黎民百姓的不法之徒。"

关公说："不，你猜错了，他是个正经的生意人，开的是合法的店铺。"

周仓疑惑地说："这就怪了，来祈求保佑发财的生意人中，为什么您单说他起歹意该被雷击呢？"

关公故意不说，让周仓去猜。但周仓是个急性子，他哪里猜得出？最后，关公说出了谜底：原来，这个香客开的是一家棺材铺。

◎ 陆游出谜教子

南宋诗人陆游一生忧国忧民，创作了大量爱国诗歌。陆游晚年告老还乡后，闲居在老家越州山阴（今浙江绍兴），还时时不忘国家大事。

一年，陆游的第二个儿子陆子龙赴吉州（江西吉安）任职，陆游设宴为儿子饯行。席间，他谆谆告诫儿子，要爱国爱民，自立自强。

正值酒酣耳热之际，陆游诗兴大发，吟出四句诗来告诫儿子：

头戴四方帽，身背一张弓。

问君何处去，深山捉大虫。

儿子聪慧过人，立即向父亲鞠了一躬，说："父亲，孩儿一定铭记您老人家的教诲。"

原来，陆游告诫儿子的是一个"强"字。

◎ 客商卖货

从前，有三个商人，一个姓张，一个姓李，一个姓王。由于是同年同月生，又是同县同村人，因此就结拜成生死弟兄，结伴到外乡做生意。

一日，三人来到一家客栈，饭毕，客栈老板问这三个人贩卖的都是什么货，有没有居家需要的东西。

姓张的商人说他卖的是：

远看像座亭，近看没窗棂。

上边直流水，下边有行人。

姓李的商人说他卖的是：

又圆又扁肚里空，有面镜子在当中。

老板用它要低头，摸脸搓手又鞠躬。

姓王的商人说他卖的是：

铁打一只船，不推不动弹。

开船就起雾，船过水就干。

客栈老板抚掌而笑道："各位所卖，目前市场正缺，恭喜发财。"果然如客栈老板所言，三个人确实发了一笔财。

原来，三人所卖的东西分别是雨伞、脸盆和火熨斗。

◎ 李时珍收徒

明代的李时珍很有文采，但由于没有写好八股文章，没能进入仕途。后来他凭借自己的勤奋，继承了父亲的事业，做了一名郎中。

李时珍很痛恨那些草菅人命的江湖医生，他们开的处方谬误百出。为了造福后世，他决心亲自编一本书。

要编这样一本书，必须到山林中采集草药并验证它们的药性。临走前，李时珍决定收个徒弟，跟自己一起采药。

听说李时珍要收徒，很多少年都来报

名，但听说要到杳无人迹的深山老林中去采药，很多人退缩了。最后只剩下了两个少年，他们一个姓张，一个姓李。

李时珍笑着说："到深山采药是一件充满危险的事情，经常会碰到一个字，你们谁猜到了这个字，我就带谁。"

两个少年听了，急忙让师傅说。于是李时珍说道：

左边右边全是树，中间是个麻雀窝。

大哥掏雀叉开腿，小弟伸手往上摸。

两个少年思索了很久，最后姓李的少年猜了出来，李时珍不负前言，收他做了徒弟。

原来，这个谜语的谜底是"攀"字。

◎ 宋真宗面试神童

宋朝时，江西临川有个名叫晏殊的才子，7岁就能赋诗答对，被人誉为"神童"。

在晏殊14岁那年，有个名叫张知白的朝廷大官到江南巡视，遇到了小晏殊，面试后认为晏殊文思敏捷，才华非凡，于是推荐他进京应考。

那年春天，晏殊与来自各地的千名举人同试。他年纪虽小，却从容不迫，挥笔成章。真宗皇帝看了他写的文章，大加赞赏，于是召见了他，并赋诗一首考其才智。诗云：

古月照水水长流，水伴古月度春秋。

留得水光映古月，碧波深处好泛舟。

晏殊听后，略思片刻，拱手以答："敬禀万岁，这是个字谜，汴梁城里举目可见！"接着道出了谜底。

宋真宗赵恒抚掌称好，当即御笔一挥，赐尚未到弱冠之年的晏殊为"同进士"。

原来，这则诗谜的谜底是"湖"。

◎ 徐文长出谜讽贪官

明代时有个人称"四老爷"的贪官，他仗势欺人，争田霸地，人们都很讨厌他。

有一天，他为了庙前一口池塘的所有权问题与和尚争吵起来。一个小孩儿看到后笑道：

官员与和尚口角，

官员不成官员，

和尚不成和尚。

四老爷听后，就要打他。

小孩儿躲过说："四老爷，小的正在做字谜玩儿呢！"

四老爷仍不甘休，说："既然你在玩儿字谜，那么，再出个字谜给我猜，否则就得挨揍！"

小孩儿说：

四山相会，日日相争，

非它不富，有它受累。

四老爷一听，知道小孩儿是在讥笑他，只好悻悻地离去。

原来，这个小孩儿就是人称神童的徐文长，他所说的两个字谜的谜底分别是：赏、田。

◎ 老农考孙子

古时候，有对爷孙俩一起去锄地。炎炎夏日，两人干了一会儿活，就来到地头的一棵大树下歇凉。

为了消除疲劳，爷爷提议两人来猜谜，以度时光。于是，爷爷略微想了想，便给孙子出了这样一个谜语：

忆当年，头戴彩色缨帽，身穿罗衣数套。别人见了喜悦，自己也觉俊俏。不幸老年到，衣帽被剥，悬空高吊。受尽风分离，最终还不免到那衙门走一遭。

到了该锄地的时候，孙子还没猜出来。爷爷说："你边锄地边好好想想吧！"

思考了一会儿，孙子豁然开朗。原来，爷爷的谜语谜底是：玉米棒子。

◎ 孩童难倒铁拐李

铁拐李是八仙中的一位，他经常身背宝葫芦云游四海。一天，他在峨眉山上遇见了一个孩童。

孩童问铁拐李："你葫芦里装的是什么？"

铁拐李答："治百病的灵丹妙药。"

顽皮的孩童不以为然，脱口便说："那你怎么不治一治你的瘸腿呢？"

铁拐李脸一红，生气地说："小小顽童，休得无礼！你姓什么？今年几岁了？"

孩童连忙答道："我的姓正好是我的岁数，我的岁数正好是我的姓。"

铁拐李听后大吃一惊，感到这个孩童不是一般的人，但一时又猜不出谜底，只得羞愧地腾云而去。

回去后，他把这事讲给吕洞宾听，吕洞宾连忙说出了谜底，并哈哈大笑起来，弄得铁拐李很不好意思。

原来，孩童姓"王"，11岁，读作一十一岁。

◎ 黄仲则蒙头作诗

清朝时，江苏武进县有位名叫黄仲则的少年，4岁时失去了父亲，全靠母亲教他读书。

有一年，刚满9岁的黄仲则前往江阴参加科举考试，住在一座小楼上。临考的时候，他却还在蒙头作诗。同来应试的书生以为他还在睡大觉，就上前用手推醒他，黄仲则不耐烦地说："我刚刚想到'江头一夜雨，楼上五更寒'两句诗，正要作下去，不要打扰我！"

主考官听说后，感到很有趣，于是就召见了这个诗才非凡的神童，并诙谐地吟了四句小诗考他。诗云：

一个懒书生，睡到日当顶。

鸡在旁边叫，他才把眼睁。

黄仲则笑了笑，蹦到主考大人的书案

前，挥笔写了个字。

主考官一看，捋须赞叹：“天资聪慧，日后必成大材！”

原来，黄仲则在纸上写的是一个“醒”字。

◎ 项橐拦车考孔子

春秋时期，孔夫子周游列国。一天，他来到燕国，刚进城门不远，只见一少年拦住马车道：“我叫项橐，素闻孔老先生博学多才，特拦路求教。”

孔夫子微微一笑道：“小孩儿，你遇到什么不能解开的难题啦？”

项橐马上站起来说道：

什么水里无鱼？什么火没有烟？

什么树没有叶？什么花没有枝？

孔夫子听后说道：“无论江河湖海，什么水里都有鱼；不管柴草灯烛，什么火都有烟；至于植物，没有叶不能成树，没有枝难于开花。”

项橐晃着脑袋直叫：“不对！”接着说出四物。

孔夫子道：“后生可畏！后生可畏！老夫拜你为师！”

原来，这四句话的谜底是：井水没有鱼；萤火没有烟；枯树没有叶；雪花没有枝。

◎ 孔子劝顽童

孔子和众弟子周游列国，有次来到一个地方讲学，只见前方有两个顽童坐在路中间玩耍。子贡连忙停住车，大声嚷道：“你们这两个顽童快把路让开，我们要过去！”

孔子连忙喝住子贡，下车对顽童客气地说：“我们有重要的事要办，你们能借个路让我们过去吗？”

一个顽童问：“你们有何重要的事啊？”

孔子捋须笑答：“周游列国，讲学传道。”

另一个顽童接口说：“那你这个老先生一定很有本事了？”

“岂敢，岂敢。”孔子连声谦道。

那个顽童接着说：“我问你四个字！”说罢吟道：

一点一点分一点，一点一点合一点，

一点一点留一点，一点一点少一点。

孔子博学多闻，区区顽童岂能难倒他，很快就答出来了。

然后，孔子笑道：“老夫也回敬二位小才子四句，但只能猜一个字。”旋即而吟：

一横一横又一横，一竖一竖又一竖，

一撇一撇又一撇，一捺一捺又一捺。

孔子见二顽童抓耳挠腮答不出，劝道：“还是回学堂读书去吧，别在路上玩耍。”说罢乘车而去。

原来，这两则谜语的谜底分别是“汾”、“洽”、“溜”、“沙”和“森”。

◎ 吴承恩讽粮商

明朝文学家吴承恩自小家贫，他的父亲因屡试不中转而从商，但又改不了读书人的敦厚，钱赚不到，还被地痞流氓所欺，得了个外号“吴戆”。吴承恩却聪明伶俐，博览群书，有“神童”之称。

当时有个恶霸叫张皇兴，开的是粮行，用的是大斗进，小斗出，又仗着老婆有几分姿色，和官府扯上了关系。有了财势，更加为非作歹，仗势欺人。

一天，他路过吴承恩家门前，想起吴承恩被称为神童，心中不服，便找了吴承恩出来，说道：“听说你是神童，给我写副对子试试。”

吴承恩早就想治治他，大好机会岂能放过？立即提笔写下：

皇兴大粮行；

慈夙楚城扬。

横批：去四首。

张皇兴还以为吴承恩说他的生意大，将城中四大富豪都比了下去。于是欢天喜地地带着对联回家贴上，还沾沾自喜。

不久，有一秀才路过，看后哈哈大笑。张皇兴不明所以，问之，秀才说道：“‘皇兴’及‘慈夙’去了四首后，不就成了‘王八’及‘心歹’了吗？”

张皇兴一听，气得暴跳如雷。

◎ 萨都刺咏伞言志

元代诗人萨都剌曾做了一首咏物的诗谜，收在他的诗集《雁门集》中，诗曰：

开如轮，敛如槊，剪纸调胶护新竹。

日中荷盖影亭亭，雨中芭蕉声肃肃。

晴天则阴阴则晴，晴阴之说诚分明。

安得大柄居吾手，去覆东西南北人。

原来，这首诗咏的是伞。谜面有条不紊地叙述了伞开与关时的不同形状以及材料制作，还有晴天与雨天的不同作用。

最后两句借谜咏志，表达了“安得大柄居吾手，去覆东西南北人”的抱负，显示出诗人的高超手笔与政治理想。

◎ 白居易巧训武官

唐朝长庆二年，已年过半百的白居易来到杭州担任刺史，刚上任不到一个月，就下起了纷纷扬扬的大雪。

一天，听说两名武官被大雪封锁在城外山寺中受冻挨饿，他心里十分惭愧，立即准备了两件棉大衣和酒饭，又从自家书房取出一盒精致玲珑之物，并在这盒玲珑之物上附了一首幽默小诗：

两国打仗，兵强马壮。

马不吃草，兵不征粮。

派人一道冒雪送往城外寺中。

两武官一见甚喜，穿上了厚厚的棉大衣，边吃边乐呵呵地摆开阵势，相互“斗”了起来。原来这是一则诗谜，谜底是“象棋”。

◎ 唐伯虎遇伯乐

明代江南才子唐伯虎从小饱读诗书，酷爱绘画。其父在苏州街头开了家酒店，常有文人骚客前来开怀畅饮，吟诗作赋。

一天，才子祝枝山前来酒店饮酒，见四壁贴的画山清水秀，花鸟灵活，连声称赞：“店老板这公子有才气！”

他拉过小伯虎，拍着他的头说：“我再去帮你找位高人来指点指点！”于是，祝枝山匆匆而去，即刻把当地著名画师沈周找了来。

沈周捋了捋胡须，细细看了看唐伯虎画的画，又见他文质彬彬，很有礼貌，心想：这酒家少年看来是个可造之才，但不知其才能如何。于是略一思忖，吟了一首诗来让唐伯虎猜答。诗云：

解落三秋叶，能开二月花。

过江千尺浪，入竹万竿斜。

才思敏捷的唐伯虎当即挥笔写了一个字，双手奉上。沈周一看，点头微笑，收他做了徒弟。

原来，这首诗所咏的是风。

◎ 项羽长叹喻字

秦朝末年，楚霸王项羽被沛公刘邦围困垓下，项羽全军覆没，悲痛欲绝，单枪匹马杀出重围，仓皇来到乌江边上。一位船家想接他渡江，希望他东山再起，卷土重来。

但是，此时的楚霸王悔恨交加，深感无脸见江东父老，不肯上船。他含着泪将坐骑赶上小船。小船划至江心，坐骑不舍主人坠水而亡。

项羽望着阴云惨淡的长天和浊浪翻滚的乌江，顿觉万物皆空，禁不住仰天长叹，吟诗曰：

忆当年八千子弟，到如今只有孤人立，美人名马，化作两点伤心泪，眼前是江水横流，扁舟一叶！

这首诗生动地反映了项羽当时的心情，而这种心情又通过这首诗体现在一个字上。这个体现项羽心情的字就是：愁。

◎ 杜甫赠联

唐代诗人杜甫晚年时，一场秋风吹毁了他的成都草堂，于是，他便带着家人来到四川奉节县靠开中药铺维持生计。

当时，奉节县有位医术高明的郎中名叫刘玉霍，他不仅救死扶伤，而且还解囊济贫，救助百姓。杜甫十分感动，连说：“真是一位善良的老人啊！”

第二年春节，杜甫送给刘郎中一副自己写的春联：

阿斗过桥到蜀地；

昭君出塞去异乡。

横额是：立起沉疴。

在这副对联里，暗含了四味中药名，一位汉将名，杜甫用此谜联巧妙地赞誉了这位老中医。精通文墨的刘郎中一看，便知道了谜底，连忙道谢，当即摆酒宴请杜甫。后来，他和杜甫成了很好的朋友。

原来，这副谜联的谜底分别是“使君子”“独活”“王不留行”“生地”和“汉将霍去病”。

◎ 难分伯仲

宋朝时，苏轼和苏辙是一对亲兄弟，儿时两人不分彼此，形影不离，关系甚笃。

一年春节，两兄弟在书房背书，只觉头昏脑涨，索然无味，就骑马来到野外散心。此时下了一场大雪，茫茫大地一片雪白。

少年苏轼见到此情此景，马上巧制字谜让苏辙猜射：

雨余山色浑如睡。

苏辙思索了良久，终于猜中了谜底，暗暗佩服兄长的过人之才，但他没有说出来，而是口占一诗，以谜猜谜：

此花自古无人栽，一夜北风遍地开。

近看无枝又无叶，不知何处长出来。

听罢，苏轼对苏辙说：“你能猜中我的谜底，为兄实在佩服。可对于这个谜面，为兄实在不敢恭维。”

苏辙听后，对兄长更加敬佩了。原来，苏轼和苏辙谜语的谜底都是“雪”。

◎ “园”内为何字

清代江南才子袁枚隐居随园时，曾喂养一头山羊。一日，山羊入邻人园内，吃了邻家种的青菜。

老菜农出来责问袁枚，袁枚对老农说：“你知道‘园’字是怎么写的吗？必须在外边筑上一圈篱笆才可种菜。”

其实，这老农并非一般村夫，也是个不满现实隐居此地的饱学之士。他反唇相戏道：“你知园内为何字？筑篱笆仅能防围外，不能防围内，君住在园内且又养羊，筑围又有何用？”

原来，“园”字繁体应写作“園”，方框内的“袁”字，正是袁枚之姓。

袁枚听罢，赞叹不已。此后，二人谈诗论文，成为好友。

◎ 徐文长解谜

每年的元宵节，为了增加节日气氛、

吸引游人，杭州西湖总宜园都要举行灯节灯谜晚会。

一天，江南才子徐文长路过园门口，看见一群人正在昂首观看高高悬挂的一首诗谜，大家议论纷纷，苦苦猜测。这首诗

是这样写的：

二人抬头不见天，一女之中半口田；

八王问我田多少，土字上面一千田。

徐文长读完后，微微一笑说："这有什么难的！"听到这话，大家纷纷围上前来请他快讲。徐文长只是说了句"但愿人间家家如此"，便匆匆而去。

众人思索了很久，也没有找出答案，都说徐文长是个狂人。后来，一位学究经过细细品味，终于领悟了其中的奥妙，大声叫道："妙！妙！世间竟有如此高人，能够遇到真乃三生有幸啊！"说完便去追徐文长，最后和徐文长成了密友。

原来这首诗的谜底是：夫妻义（義）重。其中"義"是"义"的繁体。

◎ 王安石巧写"用"字诗

王安石曾写有一首关于"用"字的字谜诗，诗云：

一月又一月，两月共半边，

上有可耕之田，下有长流之川，

一家有六口，两口不团圆。

谜语按笔形把"用"字拆成多个零部件，再以不同形式重新组合而制成，既形象又生动。

◎ 秦少游的字谜画

有一次苏轼到秦少游家中赴宴，酒至半酣，秦少游提笔泼墨作了一幅字谜画，为助酒兴，并题道：

我有一物生得巧，半边鳞甲半边毛。

半边离水难活命，半边入水命难保。

苏轼看了，微笑而不作答。少顷，他一边说着"妙妙妙"，一边随手写下一个字谜：

我有一物分两旁，一旁好吃一旁香，

一旁嵋山去吃草，一旁岷江把身藏。

此时，苏小妹正提着壶给哥哥斟酒，信口说道：

我有一物长得奇，半边身上生双翅，

半边身上长四蹄，长蹄的跑不快，长翅的飞不起。

说罢，三人不约而同地笑了。

原来，他们三人出的是同一个字谜，谜底是"鲜"。

◎ 以礼相待

有一天，某秀才有事到朋友家去。一进门，他就双拳一抱，彬彬有礼地念了一首字谜诗：

寺庙门前一头牛，二人抬个哑木头，

未曾进门先开口，闺房女子紧盖头。

朋友稍一沉思，明白了秀才的意思。他也用字谜诗相答：

言对青山不是青，二人土上在谈心，

三人骑头无角牛，草木丛中站一人。

秀才听罢，与自己说的完全对上了，双方都忍不住捧腹大笑。原来，秀才字谜诗的谜底是"特来问安"，朋友字谜诗的谜底是"请坐奉茶"。

◎ 王安石的藏谜诗

某年元宵节，王安石去参加好友的婚礼。这位好友不仅诗写得好，而且书法造诣也很深，王安石对他颇为敬重。

这位好友人缘很好，来参加婚宴的人很多。王安石两手空空地来到了婚宴上，这令一些来宾十分诧异。然而王安石面不改色地坐在了宴席的上座，与大家谈笑风生。

在表演了精彩的歌舞节目之后，来宾们此时都已有几分醉意。王安石微笑着站了起来说："我今天没带什么厚礼，刚才急就了一首诗，权当礼物，祝愿新人夫妻恩爱，白头到老。"

接着念道：

十八妙龄定情缘，两相倾心结为伴；

白头到老长相依，珠联璧合堪为范。

聪明的新郎听完王安石的诗后不禁大笑，马上知道这是王荆公作的一首藏谜诗，随即说出了谜底，王安石在一旁微笑着点了点头。

原来，王安石这首诗的谜底是"楷"。

◎ 背后有人挑

从前，一位年轻媳妇到村头井边提水，忽听有人问道："大姐，哪条是去县城的路啊？"

原来是一位英俊的书生在问路。她没

有说什么，只是用手指了指道儿，便挑起水桶回家了。不巧，这事被小姑子看见了，便将此事告诉了母亲。婆婆不分青红皂白，狠狠打了媳妇一顿。

年轻媳妇心中充满了委屈，含泪写了一首诗：

打奴奴知晓，背后有人挑。

心中明似镜，只为路一条。

写完后，就悬梁自尽了。原来，年轻媳妇的诗是一则谜语，其谜底是“灯笼”。谜面第一句中“打”字，即“提、举”之意。

◎ 老秀才买布

古时候，松江府华亭县有个织布娘聪明伶俐，她不仅有一手织布绝技，而且很有文才。临近乡里有个老秀才，听说织布娘很有文才，便想考考她。

一天，他见织布娘的丈夫在集市上卖布，灵机一动，计从心来。他走上前去说：“你这布织得确实不错，老夫要买一匹。无奈我身边没带铜钱，烦你明日跑一趟，把布送到我家里来，你看行吗？”

织布娘的丈夫说：“跑一趟可以，不知先生姓啥叫啥，家住哪里？”

老秀才一本正经地说道：

鄙人姓氏西北风，家住正南屋高耸。
屋旁船儿常出洞，屋里嚷嚷众儿童。
屋后有棵倒头树，门前有个倒烟囱。

丈夫回到家后，把老秀才买布的事如实讲给妻子听。织布娘听后说：“这好办。”就凑近丈夫耳朵说了一番话。

第二天，丈夫按照妻子的嘱咐，很快找到了老秀才。他一面施礼，一面说：“韩先生，我给你送布来了。”

老秀才一听，惊奇地问：“你怎么知道我姓韩？又如何知道我住在这个地方？”

“是我家娘子告诉我的。”丈夫说道。

老秀才惊奇不已，佩服得五体投地，用双倍的价钱买下了织布娘的布。

原来，织布娘是这样知道老秀才姓韩和他的家庭住址的：西北风象征“寒”，“寒”谐音“韩”；“正南”指庙宇，因庙宇都是正南方向的；“船出洞”指船从拱形石桥下面经过；“嚷嚷众儿童”指学堂；“倒头树”即杨柳树；“倒烟囱”则是一口井。

老秀才的意思是：我姓韩，住在拱形石桥旁的庙宇里。庙宇内有私塾学堂，庙宇后有一棵杨柳树，门前面有一口井。

◎ 李白题诗谜赐名

唐代诗人李白有个朋友名叫李谟，他很擅长吹笛子。有一年，李谟喜得一外孙，感到很高兴，就抱着刚满月的外孙来到李白家中，请李白给外孙取名。

当时，李白刚喝完酒，他带着醉意，写了这样一首诗：

树下彼何人，不语真吾好。
语若及日中，烟霏谢成宝。

李谟不懂这首诗的含义，就说：“你

又喝醉了！我来你这里是给外孙取名，你却写了首叫人难懂的诗。”

李白笑道：“仔细看看，你外孙的名字就在诗中哩！‘树下人’是木子，合起来是‘李’字；‘不语’是莫言，合起来是‘谟’字；‘好’是女子，女儿的子即‘外孙’；‘语及日中’是言午，合起来是‘许’字；‘烟霏谢成宝’，‘烟霏’是云，‘成宝’即封中，乃‘云封’也。这四句诗连起来，即‘李谟外孙许云封’。”

李谟听后感到很满意，正式为外孙取名为“许云封”。

◎ 贵在一个字

一天，鄂比拜读了曹雪芹的手稿，顿时感叹良多，赞美道：“老兄之作，不但以生花妙笔传达出悲凉之雾，遍布华林，又描绘出灵秀之气，钟于心窍。”

曹雪芹连连拱手：“不敢当！不敢当！”

鄂比抿了口酒，说道：“在我看来，老兄笔下男女生动自然，活灵活现，乃贵在一个字！”

曹雪芹捋须问道：“请赐教，我愿洗耳恭听。”

鄂比一笑，也不直说，提笔写了唐朝诗人吴融的一首七绝：

依依脉脉两如何，细似轻丝渺似波。

月不长圆花易落，一生惆怅为伊多。

曹雪芹看后，含笑点了点头。原来，鄂比说曹雪芹的《红楼梦》贵在一个“情”字。

◎ 唐伯虎赴宴

明代才子唐伯虎和文徵明是好朋友。一天，文徵明为了庆祝自己的寿辰，邀请唐伯虎到府上一聚。

祝寿应带贺礼，可唐伯虎分文没带就兴冲冲地赴宴去了。当时，先到的祝枝山正和文徵明谈一些闲闻逸事，看到唐伯虎什么礼物也没带，不禁取笑道：“不知唐兄准备了什么礼物？”

唐伯虎拱着手对祝枝山和文徵明说：“君子之交淡如水。”话毕即索来笔墨，即赋诗一首：

绿蓑烟雨江南客，白发文章阁下臣。

同在太平天子世，一双空手掌经纶。

二人看后，同声叫好，于是三人入席畅饮。不知不觉太阳西坠，有些醉意的唐伯虎说：“此行祝寿，实在没有厚礼可赠，只有一则诗谜，猜中即赠。”

于是说道：

打开半个月亮，收起兜里可藏。

五黄六月君子爱，秋风一吹不吃香。

祝枝山听罢，对文徵明说：“唐贤弟所赠你必须猜中，否则就让他白吃了一顿。”

文徵明听后，马上就知道了这首诗的谜底，随即唐伯虎送给了他一把纸扇。

◎ 巧讽张璁

明朝皇帝朱厚照膝下无子，皇位由其族弟朱厚熜继承。朱厚熜要追尊自己的父亲为皇考，群臣均认为不合礼仪，要求他追尊朱厚照为皇考，由此在统治集团内部引发了一场大辩论。

有一个名叫张璁的人，尚未被正式授予官衔，为了迎合皇帝，他力斥众臣，因而受到皇帝的赏识，赐名“孚敬”，并予以越级提拔，升为渊阁大学士。

有一个对他很不满的人，用他的本名和赐名为底，做了一首诗谜云：

这长弓，心匆一，佐王不正，除非撇了头，夷三族，灭绝子孙，方泄万民之愤，亏了这篇歪文字，苟就了功名。

这首诗很快传遍京师。张璁闻后，想报复这个出谜的人，但却查不出是谁写的。

◎ 李调元写斗方

清朝乾隆年间，四川才子李调元高中进士，先入翰林院为庶吉士。江南才子张立德与之同榜登科，因阿谀权相和珅，经常被李调元当面奚落，张立德为此怀恨在心。

这年除夕，同僚们各写对联斗方，互相赠送。张立德送了一纸斗方给李调元，上书一个“獨”（“独”的繁体）字。

他人见了奇怪地问道：“斗方上的字，不外乎福、禄、寿、喜这些吉字，为何写个‘獨’呢？”张立德嬉皮笑脸地说道：“此乃谜也。”

李调元想了一会儿，明白过来，这个“獨”，暗含四川人李调元是犬之意。他也不动声色，回送了张立德一纸斗方，上书一个“鸿”字。

旁人见了更是奇怪。张立德心里明白，这个“鸿”，暗指江南人张立德是鸟（南方骂人的话）。这是自取其辱，张立德有气只好闷在肚子里。

◎ 高爽出谜讽孙抱

从前，南朝广陵有个人名叫高爽，他才华横溢，和一个名叫孙抱的人很要好。后来，孙抱当了县令，高爽去问候他，可是做了官的孙抱和以前不同了，对高爽十分冷淡，没有一点老朋友的情意。

高爽十分生气，出来之后正好经过县衙，就顺手拿起笔来，在县太爷的堂鼓上题写了四句诗：

徒有八尺围，腹无一寸肠。

面皮如许厚，受打未渠央。

这是四句诗谜，谜底为“鼓”，但是人们一看就猜出写的是孙抱。原来，孙抱是东莞人，形体肥壮，腰带十围，脸粗皮厚，待人无情。因此高爽是一语双关，表面上是写鼓，实际上是在讥讽孙抱。

◎ 孔明作谜激张飞

三国时，张飞虽是个粗人，但也有细心的时候。有一次，孔明与张飞在帐中闲聊，孔明说张飞头脑简单，张飞听着很不服气。

孔明说："我这有一个谜，你猜一猜。"

一物生得怪，有身没脑袋。

从来不穿衣，常把高冠戴。

孔明说罢，张飞苦苦思索了半天，也没有猜出来。孔明见状，便将谜底告诉了他，并向他说明，应该怎样猜破这个谜。

接着又说道："猜谜有猜谜法，打仗也一样讲究打法，不能见着敌人就打，要先想一想，应该怎样打才能克敌制胜。"

听孔明说完，张飞心想，军师说的话在理呀，看来，我以后做什么事都要三思而后行了。

果然，从此以后，张飞爱动脑筋了，在军中也开始有"张将军粗中有细"的传言了。

原来，孔明给张飞出的谜的谜底是"帽筒"。

◎ 梁上君子

清朝时，湖北汉阳有位姓梁的太守，巧取豪夺，鱼肉百姓，老百姓无不痛恨他。

当地有位才子见此十分气愤，于是，他想出一副拆字联讽刺太守。那才子先借其姓套用成语写了个横额"梁上君子"，直斥那太守是个盗贼，然后用其名字制成对联骂之。上联是：

一目不明，开口便成两片；

下联为：

廿头割断，此身应受八刀！

真可谓痛快淋漓，令人拍案叫绝。原来，这位贪官姓"梁"，名"鼎芬"。

◎ 拆字互嘲

江南无锡县令卜大有善于戏谑，听说新任宜兴县县令姓方，年纪不大而有口才，便与同僚武进县县令商议，某天有公宴，预先拟好一套酒令，要以此难为姓方的。

入席后，卜大有首先开口说："我有一酒令，不能续对的要罚饮一大杯。"于是念道：

两火为炎，此非盐酱之盐，既非盐酱之盐，如何添水便淡？

武进县令接着说：

两日为昌，此非娼妓之娼，既非娼妓之娼，如何开口便唱？

方县令道："令不难遵，只是冒犯卜老先生了。"

众人道："你且说出来无妨。"方县令道：

两土为圭，此非乌龟之龟，既非乌龟之龟，如何添卜成卦？

众人大笑，都佩服他思维敏捷。三人同用拆字法和谐音法。而方县令之令，直指卜大有，以"龟"相嘲，是双关法。

◎ 李时珍开药方

相传，明代有个县令横行霸道，鱼肉百姓。县令奢想延年益寿，特叫李时珍为他开药补养。李时珍想捉弄这个狗官一番，便挥笔写道：

柏子仁三钱，木瓜二钱，官桂三钱，柴胡三钱，益智二钱，附子三钱，八角二钱，人参一钱，台乌三钱，上党三钱，山药二钱。

写罢药方，李时珍拂袖离去。

县令欣喜异常，忙派人去按方抓药。药房先生颇通文墨，把药秤完，方琢磨出来这药方里有文章，便把药方的奥秘告诉县令，说："这药方是咒你快死……"

原来这副药方用的是谐音双关法，读来便是："薄木棺材一副，八人抬上山。"那贪官一听，气得七窍生烟，连呼上当。

◎ 过日子的诀窍

古时，有兄弟二人成家后分开过日子，哥哥为人勤劳、踏实，而且精打细算，量入为出，日子越过越好。弟弟由于大吃大喝，有钱就花，到青黄不接时竟无米下锅，日子越过越差。

有一天，弟弟登门向哥哥求教过日子的诀窍，哥哥听后笑了笑，出了个字谜让弟弟猜：

一人站立一人卧，床底两人并排坐。

中间还有人两口，这个日子怎么过？

弟弟一听，便知道了谜底。他说："哥哥说的是，往后我一定按照你说的办。"

不久，弟弟改正了花钱大手大脚的毛病，日子一天天好了起来。

原来，这个字谜的谜底是"儉"（俭）。"儉"是"俭"的繁体字。

◎ 妙评戏吴栋

古时有个名叫吴栋的人，很喜欢文学，稍通文墨，却总是自以为了不起。一次，他将一篇作品寄给一个有名的诗人评点，并附言道："如果这篇佳作万一有点不当之处，请您改正。"

诗人看完他的作品和附言，提笔批道："无一非议，如何改正？"吴栋见此批语，以为是赞扬自己的文章，心里十分得意。

又一日，一位书法家正好路过此地。吴栋想趁机炫耀一下自己的作品。书法家看完他的作品后，感慨地说："为了表示我对你作品的评价，我还是送你两个字吧！"

说完，书法家挥毫写就"长城"二字，便急忙上路了。望着书法家远去的背影，吴栋如坠云里雾里，百思不得其解。

原来，作家和书法家的评语都是谜语，谜底才是对作品真正的评价。作家的评价是：一无可取。“无一非议”系成语“无可非议”之误，“如何改正”过来呢？“一”字无，“可”字取也；书法家的评价是：离题万里。离题，在这里别解作“离别时题写”之意。

◎ 懒汉寻找摇钱树

古时有个懒汉，身强体壮，整天无所事事。有一天，他听人家说，世上有一种树，一摇就有钱，只要找到它，就不用愁吃愁穿了。

懒汉听后十分高兴，到处去找摇钱树，每看到一个人就问摇钱树。他找了很久也没有找到，但仍不死心。

最后，他问一个农夫：“摇钱树到底在什么地方？”

农夫沉思了一会儿，对他说：

摇钱树，两枝杈，
两枝杈上十个芽，
摇一摇，开金花，
创造幸福全靠它。

懒汉听后，恍然大悟，说：“我明白了。”于是高兴地跑回家干活去了。

原来，农夫说的摇钱树就是人的“双手”。

◎ 施耐庵茶馆相面

晚年的施耐庵常出门会友，吟诗作赋，谈古论今。

一日，他受几个友人的邀请，在茶馆讲述他潜心编著《水浒传》的经历和书中有关故事。这时，一个赴京赶考的举子走了进来，见到此情此景，就认定施耐庵是个占卜先生，心想图个吉兆，便高声唤道：“诸位且退，让我先相，能否金榜题名。说得好，本公子重重有赏。”

施耐庵见此举子这般高傲，便想奚落他一下。他问道：“请问这位公子，是文举还是武举？”

举子问：“文举怎样，武举又如何？”

施耐庵答道：“观你气色人品，这次赴考，我看会是：文如智多星下凡，武似玉麒麟降生。”

举子闻之大喜。谁知众人哄堂大笑起来，举子一愣，细细琢磨了半天，顿时垂头丧气，悻悻而去。

原来，施耐庵这两句诗的言外之意是：落地（第）。

◎ 金圣叹大义骂亲

清代文人金圣叹有个舅父名叫钱谦益，为人奸诈狡猾，老百姓都不喜欢他。

一年，金圣叹来到常德，当时正逢钱谦益寿诞，舅父多次打发人去请他，金圣叹听说老母也在舅舅家中，为了不担不孝之名，还是到钱府走了一遭。

只见钱府上下一片忙碌，大堂之内挤满了阿谀奉承之徒。人们见金圣叹到了，急忙请他入席，并请他为今日寿宴赋诗助兴。

金圣叹见以舅舅为首的贪官污吏如此卑微，不禁随口成诗四句：

大将军披头散发，二将军黄袍花甲，

三将军肥头胖脑，四将军瘦瘦刮刮。

说完就扬长而去，到后堂拜见老母去了。

原来，这是一首骂人的诗谜，其谜底分别是：狮、虎、熊、狼。

◎ 两个黄鹂鸣翠柳

从前，有一位后生写了一篇文章，前去向纪晓岚请教，纪晓岚读后，在文末批曰：

两个黄鹂鸣翠柳，

一行白鹭上青天。

后生满以为纪老先生借用杜甫的诗句夸其文章写得好，甚是得意。有人却笑他受了嘲讽，后生不解，便前去向纪晓岚请教。

纪晓岚说："'两个黄鹂鸣翠柳'，是说你的文章不知所云；'一行白鹭上青天'，是说你的文章不知所往。"

后生听完，顿觉无地自容。

◎ 薛综智斗张奉

三国时，蜀国派张奉出使吴国。在招待宴会上，张奉拿吴国尚书阚泽的姓名开玩笑，以羞辱吴国。

吴国大臣薛综为人机敏，善于言辞，任五官郎中。在宴会上他当场气愤地还击，拿起酒壶到张奉面前劝酒说："蜀者何也？有犬为獨（独），无犬为蜀；横目苟身，虫入其腹。"

实际上，这是一则"蜀"字谜。薛综从字形上离合了"蜀"字，即"横目苟身，虫入其腹"，而且还把"蜀"字同狗联系在一起，"有犬为獨，无犬为蜀"，以嘲讽蜀国使臣。

张奉听后，知道这是在奚落蜀国，生气地问道："那吴国的'吴'又该怎么解释呢？"

薛综应声答道："无口为天，天口为吴。君临万邦，天子之都。"他通过增损"吴"字的笔画，将"吴"字解释得完美而堂皇。

吴国的大臣们听后，不禁拍手叫好，张奉无言以对，悄悄地回国了。

◎ 刘伯温画谏朱元璋

朱元璋登基不久，首先要解决的是封官行赏的问题。对于那些立下汗马功劳的文臣武将封赏比较容易，可对自己的亲戚朋友，朱元璋却犯愁了，因为沾亲带故的人数众多，如果都封个一官半职，岂不成了见者有份，无功受禄？如果不封，势必落个六亲不认的骂名。为此，朱元璋进退两难，不知所措。

军师刘伯温觉察到了他的矛盾心理，想直言进谏，但又怕惹怒了朱元璋。想来想去，就画了一幅画进献给朱元璋。朱元璋仔细观赏着这幅画：一个男子头发蓬乱如麻，一束束的头发上戴着一顶顶小帽子，除此之外，并无其他。

朱元璋想来想去，也不懂刘伯温送画的意图。很晚了，朱元璋仍在灯下仔细琢磨着，最后终于猜出来了。

朱元璋当机立断，只封有功之臣，不封亲戚朋友为官。

原来，刘伯温送此画的意思是：冠（官）多发（法）乱。

◎ 怕后生笑话

北宋文豪欧阳修善于利用零星时间写作，他的文章多数是利用“三上”进行构思、打好腹稿的。所谓“三上”，就是马上、枕上、厕上。

他的写作态度也很严谨。他每写完一篇文章都会把它贴在卧室的墙上，随时看，随时改，直到自己满意了，才肯拿出去，他把这称之为“改壁稿”。

老年时，他又拿出自己以前写的文章，一篇篇修改。他的妻子劝他说：“你呀，为什么这样自讨苦吃？又不是幼时读书，难道还怕先生生气不成？”

欧阳修笑了笑，很认真地说：“我这不是怕先生生气，而是怕后生笑话啊！”

◎ 吕公雅量

宋人吕蒙正，少有才名，太平兴国二年举进士第一，六年后授参知政事（副宰相）。当时朝中有人不服。

一日入朝，某大臣在隔帘后指戳吕公，与旁人道：“这黄口小儿居然也立朝参政！”口气亦颇尖酸。

吕蒙正耳边刮过此语，却佯为不闻。同列中，有人愤愤不平，诘问帘内诋毁吕公者：“敢问阁下何人？”吕蒙正急遽制止。

退朝时，其同僚心犹未平，深悔未追问到底。吕公则曰：“何须追问，一知其人姓名，恐终身耿耿于怀。莫如不知，倒于己无损。”时人皆服其雅量。

◎ 中等水平的皇帝

东汉末年，一个有名的儒官叫爰延，他为人正直，深受皇帝信任。

一天，汉桓帝在后花园散步，爰延陪伴其左右，汉桓帝不时地向他问话。

“我是个什么样的皇帝？”汉桓帝突然问道。

“回陛下，您是汉代中等水平的皇帝。”爰延答道。

“为什么这样说？”汉桓帝不解地问。

爰延说：“您用中常侍黄门时，朝政紊乱；您用尚书令陈蕃时，政通人和。由此我知道陛下可以做坏事，也可以做好事，所以我说您是中等水平的皇帝。”

汉桓帝听了，不但没有生气，反而重赏了他。

◎ 应　变

明成化年间，王恕任南京兵部尚书。一日出巡，路遇一疯子，拦舆狂呼“万岁”。王公一时惶然无措，回府告之众幕僚。

属下娄某进言：“此事有例可循。北宋张咏镇守成都时，巡阅军旅，三军亦向公呼‘万岁’，张公应措甚善。”

说到此，即为王公阻止：“暂勿透底，待我自己想来。”

是夜，王公谢绝一切宾客，闭门静思，排出数条对策。次日，一一询之娄某。娄某笑而不答。

王公问：“当时张公究竟如何应对？”

娄某答之：“当即下马，亦呼‘万岁’。”

王公喟然叹曰：“吾辈真不及古人，张公仓猝间应对有策，我整夜想来也未得之。”

附注：王恕，字宗贯，明正统十三年进士，成化中职守留都（南京），政绩显著，时为谣曰：“两都十二部，独有一王恕！”弘治初召入为吏部尚书。

旧时，外臣受人呼“万岁”，有叛立之嫌，是为大忌。张咏瞬间将自己从作为对象的角色中摆脱出来，堪称应变敏捷。张咏，字复之，自号乖崖，北宋名臣，官至礼部尚书。

◎ 刘邦功狗论群臣

汉高祖刘邦平定天下，论功行赏的时候，萧何分封到的土地城邑特别多。那些穿着铁甲，执着兵器，出生入死，在沙场上苦战的将士功臣不服气。

他们说：“仗是我们打的，功是我们立的，我们为国家可以抛头颅、洒热血，立下了汗马功劳，分封行赏我们当然要名列第一；而萧何居帷幄之中，只知舞文弄墨，发号施令，动动嘴皮子而已，他既没有上过战场，也没有立过半次战功，而分起土地、论起功劳来，反而比谁都多，这是什么道理？”

高祖说：“你们先别激动，我举个例子。你们懂得打猎吧？追杀野兽的是狗，在后面发号施令、指挥方向的却是人。你们的能力，只是能追捕那些野兽罢了，是功狗！至于萧何，懂得发号施令，善于指挥，则是有功之人啊！”

众大臣听罢，都哑口无言了。

◎ 白马不是马

公孙龙是赵国平原君的宾客，特别善

于辩论。他有一个著名的观点就是“白马不是马”。

有人奇怪地问他：“白马为什么不是马？”

公孙龙反问他：“可以说马是白马吗？”

“好像不能这样说。”那人迟疑地摇了摇头。

公孙龙说：“既然不能说马是白马，又怎么能说白马是马呢？”

“可是，白马明明是马呀！”

“不一样，”公孙龙说，“白马是由白色和马两部分组成的，它不仅含有马，还含有白，所以既不能说白马是白，也不能说白马是马。”

那人总觉得“白马不是马”这样的说法有点不对头，可是又说不过公孙龙，只好摇摇头走了。

◎ 曹商得车

春秋时，有个叫曹商的宋国人，宋王派遣他出使秦国。他临去之时，得到了宋王给他的几辆马车。到了秦国，秦王十分喜欢他，又送给他马车一百辆。

曹商返回宋国后，在庄子面前，自我炫耀说：“我从前和你一样，住在穷困狭窄的街巷里，生活潦倒，依靠织麻过日子，饿得脖子枯瘦，面色蜡黄，这是我的短处；一旦得到了大国君王的喜欢，就有上百辆马车跟随着，这就是我的长处啊！”

庄子说：“我听说秦王生了病，对给他诊治的医生论功行赏。能替他破除毒疮的，可以得到一辆马车；愿意替他舔痔疮的，可以得到马车五辆；治病症越下贱，得到的马车就越多。你难道治了秦王的痔疮吗？不然，为什么得到那么多马车呢？你还是离我远点吧。”

◎ 所闻所见

魏晋时著名诗人嵇康耿直刚强，不与世俗同流合污，隐居山林。

一天，他正在大树下打铁，钟会来拜会他。这钟会是司马氏集团的心腹，出身世家大族，趾高气扬，骑着高头大马来到嵇康跟前，摆出贵人的架子，等着嵇康上前迎接。嵇康呢，打铁不歇，旁若无人。僵持了一会儿，钟会觉得没趣，生气地掉转马头要走。

嵇康觉得好笑，就问：“何所闻而来，何所见而去？”（听见什么了，到这里来？看见什么了，离这里而去？）

钟会回答了两句话，自己摆脱了尴尬场面：“闻所闻而来，见所见而去。”（听见我所听见的就来了，看见我所看见的才离去。）

◎ 吃鱼之辩

公仪休爱吃鱼是出了名的，他几乎每天都要吃鱼，达到了无鱼不欢的地步，因此家里人天天都去给他买鱼。

公仪休吃鱼不断地变换花样。他吃过的鱼很多，既有淡水鱼，也有海里的鱼；既有南方的，也有北方的。鱼的品种也不断变化。他还特别讲究烹鱼方法，他挑选厨师的标准，主要就看他烹的鱼滋味美不美，花样多不多。

这一年，公仪休当了鲁国的宰相。于是，上上下下认识他的人，以及那些有求于他的人，都争着买鱼去送给他。出人意料的是全都被公仪休拒之门外。

公仪休的学生觉得很奇怪，问道："既然先生这么爱吃鱼，那为何不接受别人送的鱼呢？"

公仪休说："正因为爱吃鱼，所以我才不接受别人送的鱼。假如我接受了的话，办事的时候就会徇情枉法，我若徇情枉法，就会有被革去宰相职务的危险。到那个时候，就是我想吃鱼，这些人也不会给我送鱼了。

我没了俸禄，自己又买不起鱼，那就不可能天天吃鱼了。与其这样，我不如现在不接受别人的鱼，做个廉洁奉公的好宰相。虽然不能吃别人送的鱼，但我自己的俸禄能保证我天天有鱼吃。"

◎ 一屋不扫何以扫天下

东汉有个人叫陈蕃，有一天，他父亲的好友薛勤来访，见他独居一室，室内杂乱，龌龊不堪，当时薛勤就对他说："屋里这般杂乱，你为何不打扫打扫呢？"

陈蕃说："大丈夫活在世上，要不拘小节，心里应该想着干轰轰烈烈的大事业，扫除天下之不平，哪里会去扫除一室之污秽呢？"

薛勤则说道："你连自己屋子的污秽都不扫除，哪里还能去扫除天下的不平呢？"

陈蕃顿时被驳得无言以对。

◎ 禽兽不如

魏晋时期的思想家、文学家阮籍与嵇康、向秀等七人被称为"竹林七贤"。阮籍在担任步兵校尉的时候，一次，朝廷接到了一件凶杀案的奏报，说是一个大逆不道的儿子把自己的母亲杀了。

"哎！把父亲杀了还可以，怎么能够杀死母亲呢？"阮籍禁不住大发感慨。

此语一出，朝中大臣感到非常惊诧，魏文帝也很纳闷，不解地问："杀死父亲是十恶不赦的大罪，你怎么说可以呢？"

"禽兽只知道母亲而不知道父亲，杀死父亲，就如同禽兽一般。杀死母亲，则连禽兽也不如呀！"阮籍答道。

◎ 庄子喻鸟

惠施在梁国当了宰相，他的老朋友庄子去看望他。有人对惠施说，庄子这次来并不是要看望他，而是想争夺他的官职。惠施就派了很多手下，到处搜寻庄子，要把他赶出梁国，结果搜了三天也没有找到。

庄子听说惠施要把他赶走，却偏偏跑去见惠施。他说："我这次到梁国来，在路上听说了一件可笑的事，你想听听吗？"

惠施说："那你说吧。"

庄子说："有一种叫渊雏的鸟，这种鸟很爱干净。它从南方飞往北方，一路上，不是梧桐它不栖息，不是竹米它不去吃，不是清泉它不喝。有一天，猫头鹰找到一只腐烂的死老鼠，连撕带扯地正吃得津津有味，恰巧鹓雏从它头上飞过，它以为鹓雏要抢它的死老鼠，就愤怒地大叫一声：'吓！'准备同鹓雏打架。你说可笑不可笑？"

听了这个故事，惠施羞得面红耳赤。

◎ 吃盐和吃醋

清代山东人张映玑，性情宽厚，诙谐多智。他任两浙都转盐运使时，有一次外出公干，遇上一位妇人拦轿告状，哭诉多时，张映玑总算听明白，原来她丈夫宠爱新娶的小老婆，对她这位正妻不理不睬。

张映玑哭笑不得，只得对妇人说："我是盐务官员，不是地方有司；只管吃盐的事，不管吃醋的事。"

◎ 屡战屡胜故亡国

战国时期，魏国有一位大臣名叫李克。一天，魏文侯问他："吴国灭亡的原因是什么？"

"是因为屡战屡胜。"李克马上回答说。

"屡战屡胜是吉利之事，怎么会使国家灭亡呢？"魏文侯大惑不解地问道。

"屡战，人民就要疲困；屡胜，君主就会骄傲。以骄傲的君主，去统治疲困的人民，这就是灭亡的原因。"

魏文侯信服地点点头，对李克的远见卓识大加赞赏。

◎ 梁山泊

刘攽，字贡父，宋庆历六年进士。熙宁初任同知太常礼院，因反对王安石新法出为地方官。元祐时起为中书舍人。有诗名，曾助司马光修《资治通鉴》。

北宋熙宁二年，王安石拜参知政事，推行新政。当年，颁布农田水利法，号令各地起堤堰，决陂塘，垦辟滩涂荒地。

一日，王公与同僚坐议诸事。有人进言，曰："若将梁山泊湖水排出，可得良田八百里，其利大矣。"王公一时心动，曰："此策甚善，然不知湖水往何处排出？"

其时，刘攽亦在座，谑言讽曰："可于梁山泊近旁另凿八百里湖泊，以盛梁山泊之水。"王公恍然悟及，笑而作罢。

◎ 不说别人过失的人

高缭在晏子那里做了三年官，从来没有做错什么事，晏子却把他辞退了。

人们都觉得很奇怪，就对晏子说："高缭为你做了三年事，从来没有出过错，你不给他奖赏也就算了，还要把他辞退，这也太说不过去了吧！"

晏子说："我是一个经常犯错误的人，就像一块弯弯曲曲的木料，必须要用规矩来画出方圆，用斧头削，用刨子刨，才能做成一件像样的器具。但是，高缭和我一起做事已经三年了，却从来没有说起过我的过失，这对我有什么好处呢？所以我把他辞退了。"

◎ 许衡用人

元人许衡，字仲平，号鲁斋，今河南焦作人，至元中任中书左丞（副宰相）。

许公初入中书省时，应酬频繁，拟雇用一仆役，办理迎来送往诸事。是时，都城专有牙侩（经纪人）包揽夫役雇佣之事，许公交托物色。特意叮嘱曰："须忠厚老实之人，愚呆且无妨。"

隔数日，牙侩领来一人，只见其蓬头垢面，一脸呆相。一问，果然愚呆。许公欣然录用。牙侩大惑不解，问："何以偏用此下等角色？"

许公笑曰："俗谚道，'马骑上等马，牛用中等牛，人使下等人'。上等马跑得快，中等牛肯出力，下等人易驯服。他若是聪明过人，我岂不被他使唤？"

附注：许衡这般汰优选劣的"人才学"，说出来令人瞠目，却是历代官僚用人常例。流弊所及，至今尚随处可见。有曰"武大郎开店"，其实武二郎开店，亦多半选择武大郎以下人物。

如许衡本人就并非庸常之辈，在元代汉族士大夫中尤称佼佼者。曾上书《时务五事》，提出"北方之有中夏者，必行汉法乃可长久"的主张。至元六年参与制定朝仪、官制，并教习蒙古子弟，对稳定元朝开国后的政局起到重要作用。

◎ 安知鱼之乐

一天，庄子和惠施二人外出散步，走到濠水的一座桥上。俯身向水里望去，庄子看见一条条鱼在水里自由自在地游来游去，就说："你看，鱼在水里游来游去，多么快乐！"

惠施回答说："真奇怪，你又不是鱼，你怎么知道鱼很快乐呢？"

庄子反问道："你又不是我，你怎么知道我不知道鱼的快乐呢？"

惠施回答："我不是你，固然不知道你的感觉如何，可是你也不是鱼呀，你怎么知道鱼快乐不快乐呢？"

庄子微微地笑了笑，解释说："让我们把道理详细地谈一谈吧。刚才你问我怎么知道鱼的快乐，可见你已经知道我是晓得鱼的快乐的。至于我为什么会知道，那是因为我到了濠水的桥上，看见鱼在水中游来游去，自由自在，所以觉得鱼很快乐。"

◎ 有用和无用

庄子在山中行走，看见一棵大树。一些伐木工人坐在树下休息，却不砍那棵树。庄子就问："眼前就有一棵大树，你们为什么不砍呢？"

"大是大，却没什么用。"伐木工人说，"它长得弯弯曲曲的，做栋梁不合适，做家具也不合适。"

庄子感叹道："看来，没有用才能够活得长久。"

下了山，庄子去拜访住在山脚下的一位朋友。朋友见了庄子十分高兴，就叫仆人去杀鹅招待庄子。

仆人问主人："两只鹅，一只会叫，一

只不会叫，杀哪只？”

主人说：“会叫的留着看家，不会叫的没什么用，就杀它好了。”

◎ 衡阳老人

衡阳城外有一老翁，每日挑担赴集市卖生姜。三十余年，从无间断。一日，集市将散，老翁正欲收担回家，一道人邀他往茶肆小坐。

言谈间，道人告曰：“我患绝症，将不久于人世，唯自幼学得炼金之术，欲传授有德之人。我见你数十年含辛茹苦，操守如一，愿以此术传授于你，未知意下如何？”

老翁不言，当即从筐中取出生姜一块，含于口中，少顷，取出递与道人，竟然已成黄金。老翁笑曰：“我有此术，从来不用，何况其他生财之道！”围观者皆惊叹不已。老翁飘然出肆，旋而不见。

可见，做人一应自食其力，不从左道生财；二是藏而不露，乃为人生至境。其中体现了庄子所谓“不用”之人生哲学。

◎ 长江有多宽

张之洞新任湖北总督时，抚军谭继洵特地在黄鹤楼设宴接风庆贺，并请了鄂东诸县的县官作陪。

席间，张、谭二人为长江究竟有多宽而争执起来。谭说五里三，张说七里三，二人互不相让，争得面红耳赤。

于是，张、谭二人命江夏知县陈树屏回答。陈略作思考，便朗声答道：“水涨七里三，水落五里三，二位说得都对。”

张、谭大笑，赏了陈树屏20锭银子。

◎ 文王葬尸骨

周文王派人去修整池塘，人们挖出了一具尸骨，官吏将此事报告了周文王，请求将其弃之荒野。

周文王摇摇头说：“不能丢弃，要重新安葬它。”

“这可是一具没有主人的尸骨啊！”官吏说。

“我难道不是它的主人吗？拥有天下的人是天下之主，而拥有一国的人是一国之主。”周文王一脸严肃地说。

“这个……”官吏顿时哑口无言了。于是，周文王下令用衣棺将这具尸骨改葬在别的地方。

天下人听到这件事后都说：“文王真是贤明的君王啊！就连死人的尸骨都受到了他的恩泽，更何况是活着的人呢？”

◎ 齐庄公给螳螂让路

齐庄公要到郊外去打猎，正准备上马车，发现车轮前有一只虫子举起前臂，要同车轮搏斗。

“这是什么虫呀？”齐庄公问赶车人。

赶车人回答说：“这种虫叫螳螂，它总以为自己很厉害，只知道前进不知道后退，现在要同车轮搏斗，真是不自量力。”

说完准备赶车前进，把那只螳螂轧死。

“慢着！”齐庄公制止了赶车人，“这虫子是个勇士啊！如果它是个人，必定是天下最勇敢的人了。”于是命令把车子退回去，给那只螳螂让路。

后来，齐国的士兵们听说了这件事，就议论说：“国君连勇敢的虫子都那么尊重，更何况勇敢的人了。”

从那以后，齐国的士兵打起仗来都勇猛无比。

◎ 眼睛看不见睫毛

楚王要派军队去攻打越国。庄子问他：“你为什么要去攻打越国呢？”

楚王回答说：“越国兵力很弱，国家也治理得一团糟，现在攻打它正是时候。”

“唉！”庄子说，“人有时候就像我们的眼睛一样啊！”

“你这话是什么意思？”楚王问道。

庄子说：“眼睛能够看见几百步以外的东西，却看不见紧挨着它的睫毛。大王，请你想想，你的兵力真比越国强吗？你以前跟秦国、晋国打仗都输了，这不是说明楚国的兵力弱吗？楚国的强盗在国内横行霸道，官府不但不管，还和他们勾结在一起，这不是说明楚国治理得也是一团糟吗？越国的弱点楚国同样有，你却还要去打越国，这不就像眼睛看不见睫毛吗？”

楚王听了这番话，就不去攻打越国了。

◎ 小时了了，大未必佳

“建安七子”之一的孔融，10岁那年随父亲到洛阳。见名人李元礼时，他能对答如流，语不相让。

李元礼很是赞叹，说：“可惜我快要死了，不能见到你富贵发迹啊。”

孔融说：“您不会死的。”

李元礼说：“为什么？”

孔融回答说：“古语云：‘人之将死，其言也善。’您刚才所言不善。”

这时，大夫陈韪后到，听了这话，就说：“小时了了（聪明），大未必佳。”

孔融说：“想必您在小的时候，必当了了。”

◎ 雪夜访戴

晋人王徽之，字子猷，是书法家王羲之的儿子，初为桓温参军，官至黄门侍郎，后弃官东归，隐居山阴（今浙江绍兴）不出。《晋书》本传称其“性卓荦不羁”“雅性放诞”。

一日，大雪弥天，王徽之夜半起身，四望皎然。孤闷中独坐饮酌，咏左思《招隐》诗，彷徨有感。忽忆名士戴逵，亟欲一见。此念既生，竟不能自休。其时戴逵栖身剡县（今浙江嵊州），徽之当夜乘小船溯剡溪往访。

天亮时，船抵彼处，戴逵屋墙已在眼前，徽之却命船夫回棹而返。随从仆者问：“为什么未见戴先生便返？”

徽之曰：“我本乘兴而行，兴尽而返，

何必见戴!”

附注：戴逵，字安道，东晋孝武帝时多次征召，辞命不受。《晋书》本传记云：“太宰武陵王曦闻其善鼓琴，使人召之，逵对使者破琴曰：‘戴安道不为王门伶人！’”

“雪夜访戴”历来是为人称道的千古佳话，徽之造门不前而返，似不为目的所羁，可见晋人潇洒通脱之处。

不过，此事或亦可作另解。王、戴二人雅性虽同，却并非同道。一个任诞傲达，一个却是规矩人。《晋书》称戴“常以礼度自处，深以放达为道”。如此说来，徽之既抵戴门又不想拜晤，是不是不敢见他呢？

◎ 宠辱不惊

唐高宗总章初年，卢承庆任吏部尚书，主持例行的官员政绩考核。有一官员押运漕粮，途中遭遇狂风，船队损失颇重。

卢公考评曰：“监运损粮，考中下。”其人神态自若，从容退下，并无半句辩解、开脱之词。

卢公见其气度温雅，暗生敬意。于是重召回，改为：“监运损粮，非力所及，考中中。”然而，该官既无喜色，亦无逊谢之意。卢公更为钦服，又改评为：“监运损粮，非力所及，宠辱不惊，考中上。”

卢承庆此事被唐人举为宽谅弘恕的一个典例。不过，更令人钦服的，倒是那位宠辱不惊的下级官员。做人能做到这等境界，真是将一切都看轻了，很不容易。

◎ “射”字与“矮”字

据说，唐朝女皇武则天有一次与臣子们共宴，席间谈文论字，气氛活跃，雅兴浓烈。

武则天极富才学，对文字也颇有研究。她忽地灵感一动，对群臣说：“我发现，‘射’字由身、寸构成，一个人身高只有一寸，这不是‘矮’字吗？‘矮’字由矢、委构成，‘委’原是发放之意，把矢（箭）发放出去，这不是‘射’吗？所以，‘矮’‘射’两字的意思应该互相掉换，大家说对吗？”

群臣听了，无不齐声称是。

无独有偶，在清人沈起风的《谐铎》中也有一个与之类似的故事。

锦屏地方有个女孩，7岁时从师读书，勤学好问。有一次，她对塾师说：“古人造字，会意象形，有时误处也多。”

塾师问她有何根据，她回答说：“‘矮’字明明由委、矢二字组成，自然应读作射；而‘射’明明由寸、身组成，自当读作矮。现在完全弄颠倒了，这不是古人之误是什么？”塾师一听，十分惊讶，竟无言可对。

其实，“射”在金文中是由弓、矢、手三部分组合成的会意字，意即箭搭弓上，以手发射，故其本义是射。

“矮”字右边的委旁，甲骨文的形体是一个跪在地上的奴隶手拿一蔸干枯蜷曲的禾，禾稻枯萎蜷缩，比盛长挺拔之时显得矮小，矢加委，表示枯萎的禾只有一箭之长了，故本义为矮小。

◎ 温公觅婿

温峤，字太真，东晋名流。《晋书》称其“标俊清澈，英颖显名”。初为刘琨谋士，助琨北伐中兴。建武元年南下，受朝士推重，明帝时任中书令。

温峤丧妻后，闲来常往姑母刘氏家走动。其时正值离乱之际，刘氏家道衰败，身边只剩下一个女儿。一日，刘氏嘱托温公为其女择觅夫婿。

温公见该女姿色不错，人也聪慧，倒想自己娶之为妻。故称：“佳婿难觅，倘如贱下这般状况，您看如何？”

姑母劝道：“如今这年头，马马虎虎过得去就行，只求小女有个托付，老身也就放心了。可是哪敢企攀你这等身份！”

数日后，温公禀报刘氏：“已找好一处人家，门第尚可，夫婿本人名位也不低于贱下。”并送来玉镜台一座，作为聘物。

刘氏大喜，当即定下亲事。成婚之日，大礼既毕，新娘撩开面纱，拍手大笑，说：“我早就怀疑是你，果然不出所料！”

◎ 诸葛子瑜之驴

三国时，东吴谋士诸葛瑾的脸酷似驴脸。一次，孙权设宴，诸葛瑾受邀，把儿子诸葛恪也带去了。

有好事者想取笑诸葛瑾，于是牵来一头驴，驴面上写着“诸葛子瑜”（诸葛瑾，字子瑜）。诸葛瑾当众受窘。他儿子诸葛恪则不动声色，拿笔在后面添了“之驴”二字。宴罢，他就将此驴牵回家了。

◎ 扁鹊怒责秦武王

名医扁鹊拜见生病求医的秦武王，秦武王把自己的病处指给扁鹊看，扁鹊要求动手术进行根治。

这时，武王身边的一名侍臣说：“大王的病在耳朵前面，眼睛下边，动手术不一定好得了，而且将会使耳朵变聋，眼睛变瞎。”

武王把侍臣们的话告诉扁鹊。扁鹊气愤地把医具扔在了地上，说：“大王跟懂医术的人商量治疗，却又让不懂医术的人来坏事。假如用这种办法去管理国家的政事，那么，大王一次失当的举动，就足以叫秦国灭亡啊！”

◎ 白居不易

唐代大诗人白居易，年轻时赴都城长安拜谒大诗人顾况。顾况闻听他自报姓名叫“白居易”，开玩笑说：“长安米贵，白居大不易呀！”

当他打开白居易的诗卷，读到“野火烧不尽，春风吹又生”时，即赞叹道：“有诗如此，居亦易矣！”

白居易受到顾老先生的夸奖，从此名声大噪。

◎ 白头母与鹦父

诸葛恪是三国时期吴国名臣诸葛瑾的长子，他能言善辩，名气很大。

一天，一只白头翁停在殿前休息，孙

权问诸葛恪："这是什么鸟？"

"白头翁。"诸葛恪答道。

张昭银丝满头，年纪最大，认为诸葛恪这是在以鸟取笑他，于是以挑衅的口吻说："恪欺蒙陛下，从没听人说过有叫白头翁的鸟，你能找出白头母吗？"

"可是有种鸟叫鹦母，您能找出鹦父吗？"诸葛恪反问道。

张昭听后，无言以对。

◎ 鼻子上的灰

楚国的国都郢城有一个人，鼻尖上溅了一点像苍蝇翅膀一样薄的白灰，他请一个姓石的木匠为他砍去这点白灰。

只见石木匠抡开锋利的大斧，"呼"的一下砍过去，把那人鼻尖上的小白点砍得干干净净，而那人若无其事地站在那里，鼻子一点儿也没受伤。后来，宋国的国君听说了这件事，把木匠召来说："请你为我也砍一次。"

木匠说："我确实为别人砍过鼻子上的白灰，但是，现在能够让我这样砍的人已经死了很久了。"

◎ 访友题"凤"

"竹林七贤"之一的嵇康，年少时勤奋好学，才华出众。出仕后，官拜中散大夫，世称嵇中散。

嵇康与当时的吕安一样，性格任性、傲世、清高，因而二人十分友好，每逢想念对方的时候，尽管相距千里之遥，也要即刻乘车去看望。

有一天，吕安前去看望嵇康时，嵇康正好外出不在家。当时，嵇康的哥哥嵇喜出门相迎，请客人到屋里就座。吕安认为嵇喜庸俗，不肯进去，只在门上写了个"鳳"（凤的繁体）字，就回身走了。

嵇喜不理解"鳳"字的含义，以为吕安把自己比做神鸟凤凰，感到十分高兴，一直将其保留着。直到后来有人告诉他，吕安所写的是一个字谜，意在讽刺他是个"凡鸟"，嵇喜这才恍然大悟！

"凤"字其繁体字为"鳳"，拆开即为"凡鸟"，有庸才之意。吕安自命清高，不但不领他人好意，还刻意讥讽他人，很失礼仪！

◎ 卒子过河往前攻

明人唐忻，中原名士。小时，他到他父亲教的学馆里去玩，父亲很高兴，做了一碗猪肝汤，蒸了一碗葱花鸡蛋，以此来招待儿子。

开饭的时候，父亲先尝了一口蒸蛋，觉得盐搁少了一点，便笑着对唐忻说道：

鸡蛋少盐蛋淡；

唐忻先尝了一口猪肝汤，觉得味道很好，但可惜汤水少了，便也笑着对父亲说道：

猪肝缺水肝干。

父亲疼唐忻，但并不娇惯他。一般人让吃让喝，只要儿子吃得下去，宁可自己不尝一口；只要看到孩子吃得津津有味，反而比自己吃了还舒服。父亲偏不这样，他拿起筷子，把蒸蛋划成两半，然后认真地对儿子说道：“喏！这可是‘楚河汉界’哟！”

父子两个吃碗蒸鸡蛋，还分得这么清楚，这个父亲真够怪的！唐忻见这碗猪油葱花蒸鸡蛋黄绿相间，色香味诱人，便很快把自己的一半吃光了。他还想吃，便从碗底往父亲的那一半挖去。父亲发觉后，不让他钻这个空子。

唐忻笑着说道：“爹，你既然说这是‘楚河汉界’，那么，我这便是‘卒子过河往前攻’哩！”

◎ 困与囚

东汉末年，有个十多岁的小孩聪明且有才气。一日，有位老先生邀请他去家中做客。小孩见到老先生正指挥仆人砍伐院中一棵大树，便说：“老先生，这树枝叶茂盛，夏能遮阴，冬能挡风，砍掉岂不可惜？”

老先生摇头晃脑地说：“近日看了一本书，书中云：‘庭院天井四方方，方方正正口字状，庭院当中如有树，木在口中不吉祥。’你想，木在口中，不是一个‘困’字吗？”

小孩听罢，一本正经地说：“我最近也看了一本书，书中云：‘房屋造得口一般，千万莫要把身安，如若硬要住进去，准会降临大灾难。’您想，人在口中，不就是一个‘囚’字吗？是不是您也要把人杀掉呢？”

老先生折服，保留了院中大树。

小孩以其人之道还治其人之身，以望文生义的会意方法，驳倒老先生望文生义的会意方法，真可谓有“智”不在年高。

◎ 海瑞报恩

海瑞在嘉靖四十三年调往京城任职后，由于得罪了明世宗被判死刑，关在牢中。当时内阁首辅大臣徐阶知道海瑞是耿介之士，就为海瑞说了许多好话，海瑞才幸免一死。世宗去世后，徐阶又保举海瑞为官，海瑞对徐阶的救命知遇之恩一直铭记在心，希望有朝一日能够报答。

后来徐阶退休回松江，路过南京，海瑞在南京任上亲自去迎接。徐阶对海瑞说：“我退休后日子怕不好过。松江知府蔡国熙为人奸诈，对我家百般刁难，还望你多加关照。”海瑞不明了情况就说：“凡是不平之事我一定会管。”

当海瑞任应天巡抚后管辖松江时，他记起恩人徐阶的叮嘱，就在松江贴出布告，叫百姓申冤告状，想看看知府蔡国熙到底有多少劣行。

然而他万万没有想到的是，叠满书案的状纸，竟篇篇都是状告徐阶之子不法之事的，而告知府蔡国熙的状纸一份都没有。面对这些状纸，海瑞一份份仔细阅审，渐渐地他对徐阶的话产生了怀疑。

再一调查，徐阶之子是当地有名的恶霸，蔡国熙不过稍微有所触犯，他们就对蔡国熙进行诬陷和刁难。

海瑞坐轿到徐阶府拜访，他开门见山讲了徐阶儿子的种种违法行为，提出要进行严惩。徐阶一听，赶忙向海瑞作揖替儿子求情，希望得到饶恕。

海瑞也向徐阶深深施礼说："老相爷救命之恩，学生时刻不忘相报。老相爷救我，是让我为朝廷百姓多办好事。我秉公执法，不正是报相爷的救命之恩吗？"

徐阶无以回答，只是叹气不已。海瑞惩处了徐阶之子，得到松江百姓们的普遍称赞。

◎ 妙言驳使者

庾杲之是南朝齐新野人，善于言谈。历任黄门吏部郎、御史中丞，曾兼侍中，在皇帝左右当差。

一次，齐武帝大宴群臣。席间，他禁不住问道："我死后应当得什么谥号？"

群臣听后，相视无言，谁也不敢妄加回答。尚书左仆射王俭望着杲之，希望他能够出来为大家解围。

果然杲之没有让大家失望，他不慌不忙地答道："陛下寿比南山，与日月齐明，千年以后的事情，哪里是我们这些凡俗之辈能知道的！"

皇帝听了龙颜大悦，当即重赏了杲之。

又有一次，杲之以主客郎的身份接待北魏使臣。

"怎么这里的百姓门上都贴着变卖房屋的帖子？"魏使挑衅地问道。

杲之见其话中有刺，便毫不客气地加以回击："朝廷既然想扫荡京都洛阳，收复神州，百姓自然没有必要久留在此，所以家家只好将房子卖掉。"

◎ 操刀宰天下

宋人胡旦文辞敏丽，见推一时。早年颇有志向，出语亦惊人："应举不作状元，仕宦不作宰相，乃虚生也。"果然于太平兴国三年举进士第一。

胡旦后来仕途上并不顺利，官至直史馆、秘书监而已。他是宋代重要史家之一，著有《汉春秋》《五代史略》《唐乘》等。真宗时曾任史馆修撰，晚年失明，闭门闲居。

一日，史馆朋僚计议为某公卿修传。彼公出身微贱，早年为屠户，以杀猪卖肉为生计。此节若为避讳，即有违史笔；而照实直录，又怕言之不恭。故左右踌躇而未能下笔。于是，请教胡旦。

胡旦说："这容易，何不如此写来：'某公少时操刀之际，即示有宰天下之志云云。'"闻者莫不绝倒。

◎ 大公无私

晋平公问大臣祁黄羊："南阳县缺一个县官，你认为派谁去当合适？"

祁黄羊立刻回答说："叫解狐去最合适。"

"解狐不是你的仇人吗？你为什么要让他去做官呢？"晋平公惊奇地问。

"您只问我派谁去合适，并没有问我解狐是不是我的仇人呀！"

晋平公听了祁黄羊的话，派解狐去做了南阳的县官。果然，解狐在南阳办事很公正，为那里的人民做了很多好事。

过了一段时间，晋平公又问祁黄羊：“现在朝廷里缺个大法官，谁来当合适呢？”

“祁午可以做好。”祁黄羊说。

“可是，祁午不是你的儿子吗？”晋平公感到很意外，心想：“让你儿子做大法官，也不怕别人说闲话。”

祁黄羊说：“您只是问我谁可以胜任，并没有问我他是不是我的儿子呀！”

于是，晋平公派祁午去做大法官。祁午当了大法官以后，也替人民做了很多好事，老百姓十分拥护他。

孔子听说后，称赞道：“祁黄羊说得太好了！他推荐人，完全是拿品德和才能做标准的。既不因为是自己的仇人就不推荐他，也不因为是自己的儿子怕人议论，就不推荐。祁黄羊这样的人，才真正称得上是大公无私！”

◎ 两个“第一”

晋代王羲之的四世族孙南齐王僧虔，继承祖艺，行、楷书法，名著当朝。南齐高帝萧道成也擅长书法，而且不高兴臣下的书法高于自己。

有一天，高帝硬要同王僧虔比试书法高下。两人书写完毕，高帝逼王僧虔表态，问：“你说谁的书法第一啊？”

王僧虔当即微微一笑，从容答道：“臣的书法，人臣中第一；陛下的书法，帝王中第一！”

高帝听了，笑道：“你很会为自己打算啊。”

王僧虔答得巧，巧就巧在一分为二，暗中转移了比试的对象，无形中把“君臣比”分化成“帝王比”和“人臣比”两比，自然改变了“第一”的范围，从而回避了他同高帝的胜负之争，以两个第一摆脱了险境。从逻辑上分析，王僧虔是偷换了概念，改变了“第一”的外延。

◎ 三人成“犇”

清代江苏巡抚丁日昌有位幕僚擅长弹奏古琴。一天，丁日昌请了俞曲园、潘玉泉、吴介山三位好友到自己家里来欣赏琴乐。

俞曲园是位著名的训诂学家，平生博览群书，著作颇丰，但却不懂音律。他听琴师弹过数曲后，问潘、吴两人：“二位懂得音律吗？”

潘、吴都摇了摇头说：“不懂。”

俞曲园笑着说：“俗语云：‘三人成众。’今天我们三个人合成一个‘犇’了。”

潘、吴两人有点疑惑不解，俞曲园说：“有句俗语，叫‘对牛弹琴，牛不入耳’。今天我们都不会欣赏这么高妙的琴乐，不是三头牛是什么？”

◎ 三角三角几何几何

新中国成立前，北京某大学考试，有如下一道数学题：

三角几何共八角三角三角几何几何？

此题看似以古文做文字游戏，实则是以一词多解法考学生的语文阅读能力。若加上新式标点符号，小学生也能做出来。

即：《三角》、《几何》共八角，《三角》三角，《几何》几何？答案是：《几何》五角。加书名号的“三角”“几何”是书名，没加书名号的“三角”是价格，“几何”是疑问代词，即多少钱。

◎ 落地与及地

从前，有个读书人带着书童进京赶考。路上，他的帽子被风吹落在地上。书童对他说：“相公，帽子落地（第）了。”

书生听了很不高兴，叮嘱书童说：“以后东西掉在地上，不许说落地，要说及地。”

书童依从了，挑起行李，准备上路。书生关照说：“要小心地挑。”

书童顺口答道：“相公放心，无论如何也不会及地（第）的。”这位书生听完哭笑不得。

◎ 你是君子，我是小人

一次，国画大师张大千和京剧艺术大师梅兰芳共赴宴席。席间，张大千对梅兰芳说：“你是君子，我是小人，我敬你一杯酒。”

梅兰芳和众人都莫名其妙。张大千解释说：“你唱戏，动口；我画画，动手——君子动口，小人动手。”

众人听了大笑。

◎ 王次公借驴骂僧

建安南陵王次公，一日放驴，不慎误入贵安寺和尚的麦园，踩倒和尚不少麦子，和尚大骂不已。王次公的仆人听到了，回家告诉了王次公。

第二天，王次公便跨上毛驴，带着仆人找到那和尚。王问僧人：“夜来秃驴吃了和尚多少麦？此驴在家本无事，才出家便无理！”

随即叫他的仆人过来，说：“去却鞍辔，牵那秃驴进来打，且看我打它下唇和上唇也动。”

王次公话中的“秃驴”明指毛驴，暗骂和尚；“出家”明指毛驴离开王家门，暗指和尚出家为僧；“和上唇也动”的“和上”，谐音指“和尚”。

◎ 风马牛不相及

马子春尝撑舟入剡，访其友人牛舜初。渡曹娥江，遇逆风，舟不得前，停了一天一夜。等到了剡地，不巧牛舜初因访友已于前一天外出，遂未得相见。

马归，对他的夫人说：“此真所谓‘风马牛不相及也’。”

此借成语“别解”。“风马牛不相及”，语出《左传·僖公四年》：“君处北海，寡人处南海。唯是风马牛不相及也。”风：牲畜公母相追逐；及：碰头。此句意指两方距离很远，马、牛发情追逐也不会碰到。

马子春借此说“因逆风阻遏，误了舟行，使我马某与牛舜初未得相见”，可谓风趣之极。

◎ 项羽拿破仑

清末以前，科举考试盛行，考试时都要出题写文章，参加考试者的水平也参差不齐。相传有次出了个“项羽拿破仑合论”的题目，要考生比较比较这两位中外名人。

有位考生连拿破仑是谁也不知道，误以为拿破仑就是手拿破车轮，便这样写道：“项羽力能拔山举鼎，焉有遇破轮而不拿者乎？”成为科场一大笑话。

还有一次考试出了个“李广程不识治军宽严论”的题目，要考生比较汉代名将李广和程不识两人不同的治军方法。考生中仍有孤陋寡闻的人，把题目理解为李广程这个人不懂得治军方法，并据此胡乱解释一通，同样留下一个大笑话。

◎ 苏东坡挨骂

宋朝大文学家苏东坡有时好逗笑骂人。有一天，他到一个寺院里闲游，一进寺院大门，他就喊：“秃驴何在？”

老和尚在屋里隔着窗眼往外一看，见是苏东坡，便大声笑着答曰：“东坡吃草。”

◎ 州官放火，百姓点灯

宋代有位叫田登的州官，忌讳别人说自己的名字，下令凡是遇到“登”字都要避开，甚至连与“登”读音相同的字也不许说，结果闹出了不少笑话。

在他到任后的第一个元宵节，按传统，百姓要点上灯笼过节三天。由于“灯”与“登”同音，百姓不敢说，衙门办事的人不敢写，只好用“火”代替“灯”字。

结果，衙门里贴出的布告，“灯”字全部变成“火”字，出现了“本州依例放火三日”等句子，意即可以按惯例放灯三天。

百姓们一看布告都议论纷纷，都说“只许州官放火，不许百姓点灯”，此俗语一直流传至今。

◎ 可以清心也

相传，江南某镇有家小茶馆，生意极其冷清。一天，一位外地书生路过此地，走进这家茶馆。

品茶间，书生觉得洁白的壶盖上面似乎可以写点什么。于是，他灵机一动，请人拿来笔墨，绕壶盖写下“可以清心也”五个字。

老板一见高兴之极，拍案叫绝：“妙！太妙了！”自从壶盖上添了这五个字，来茶馆品茶看字的人多了，生意也逐渐兴隆起来了。

这五个字的绝妙之处是不论从哪个字开始读，都是一句令人愉悦的句子：“可以清心也”“以清心也可”“清心也可以”“心也可以清”“也可以清心”。不论怎样读，都是赞美这茶馆的茶好，劝人来喝茶。

宋代大文学家苏轼也曾为一位开茶铺的老太太在碗上题了“可以饮茶也”五字，使其生意大发。这五字可以读成：“可以饮茶也”“也可以饮茶”“茶也可以饮”“饮茶也可以”“以饮茶也可”。与“可以清心也”如出一辙。

◎ 孤注一掷

北宋真宗景德元年，契丹入犯，迫近澶州（今河南濮阳），京师上下震动。

朝中大臣纷纷奏请御辇南迁，唯宰相寇准力主抵抗，说服真宗率师亲征。跸至黄河岸，真宗踌躇不前。寇准又力请渡河督战，命骁将护卫御骑渡过舟桥。三军将士遥见皇上伞盖，大呼“万岁”，声动原野，士气大振。

未久，迫使契丹议和，双方遂签订“澶渊之盟”。真宗回京后，每每对人言及寇准之功，叹曰：“幸亏朕御驾亲征！”

然而，有佞臣向真宗进谗，称：“陛下可知赌博一事？钱将输尽之际，余者倾囊而出谓之‘孤注’。寇准此举为孤注一掷，而陛下不啻成了他的赌注！”真宗闻之大惊，此后寇公渐失宠遇。

据司马光《涑水纪闻》载述，进此谗言者为王钦若，时任参知政事。“孤注”一说果能奏效，亦乃有其见地。

北宋朝阁中，奸佞之辈多半倒是才识不凡者。如这位王钦若，就曾主持辑纂北宋“四大书”之一的《册府元龟》。

◎ 尽　忠

纪晓岚是清代的著名学者，深受乾隆皇帝的宠爱。

一天，两人在野外散步聊天。乾隆突然问道：“爱卿，你是怎么理解‘忠孝’一词的？”

纪晓岚回答：“禀告皇上，所谓‘忠’，就是君要臣死，臣不得不死；所谓‘孝’，就是父要子亡，子不得不亡！”

“好，说得不错，那我现在想要你尽忠。”乾隆说。

纪晓岚吃了一惊，过了一会儿，回答说：“臣遵旨！”

说完以后，纪晓岚就走了。没过多久，他又回来了。乾隆问道：“你不是说要尽忠吗？怎么没死呢？”

“我本想跳河向皇上尽忠，可是却在河边碰到屈原了，他不让我死！”

“你能不能说得更明白一些？”

“我到了河边，正准备跳时，屈原从水里向我走来，说道：‘纪晓岚，你为什么跳河啊？我那时跳河自尽，是因为君主昏庸无能；而你现在，听说是开明盛世啊！这样吧，你先回去问问你们的皇上，看他承不承认自己昏庸无能，如果承认，你再跳河也不迟，我等你！’这样，我就回来问您了！”

乾隆听后，笑着说道：“好你个纪晓岚，真不愧为当今雄辩之才啊！”

◎ 一桶（统）姜（江）山

相传乾隆皇帝寿诞，百官进献的礼品列满金殿，包括各种奇珍异玩。宰相刘墉却提着一桶生姜献给皇帝。

众臣哗然，乾隆大惑不解，问刘墉是何用意。刘墉道：“请皇上细看这生姜是何形状？”

乾隆仔细看了一会儿，说：“朕看这生姜好像层层叠叠的山啊！”

刘墉道：“正是，臣以为臣所献礼品最为贵重。臣所献乃是‘一桶（统）姜（江）山’。愿皇上永镇大清天下。”

乾隆听了，龙颜大悦。

“一桶姜山”音谐“一统江山”，刘墉之所以能拿平常之物换取皇帝的喜悦，是因为他抓住了统治者的心理，而不仅在于修辞的妙用。

◎ 马如飞巧妙补错

相传，现代演唱家马如飞才思敏捷，极具应变之才。某日，他在弹唱《珍珠塔》时，一不小心，把“丫鬟移步出了房”误唱成“丫鬟移步出了窗”，听众大哗。

马如飞发觉将唱词念错了，接着自己补上一句：“到阳台上晾衣裳。”于是“起死回生”，听众马上报以掌声。

谁知唱着唱着，又不慎将“六扇长窗开四扇”误唱成“六扇长窗开八扇”，这更糟，按理是“不可救药”了。可是马如飞并未惊慌，他灵机一动，接唱道：“还有两扇未曾装。”听众大加喝彩，台下一片掌声。

误唱的戏词虽都不合逻辑，荒唐可笑，然而经马如飞两句补救，又皆顺理成章，达到了“化腐朽为神奇”的效果。

◎ 东坡鱼

宋代大文豪苏东坡，不仅文章写得好，而且很会烹调，至今传有东坡肘子、东坡肉、东坡鱼等名菜。

一日，苏东坡自己做鱼，刚刚做好，他的朋友佛印和尚就来了。这位和尚不受戒律约束，不戒酒肉，极喜好诗文。苏东坡听说他来了，不想让佛印吃荤，于是把做好的鱼放到书阁顶上。

佛印进来后闻到鱼香，边说话边用眼找鱼，终于在书阁顶上发现了鱼，便说：“今日小僧来请教一个字。尊姓苏（蘇）字，有人在草头下把鱼写在左，有人在草头下把鱼写在右。鱼到底是搁在左边对，还是搁在右边对？”

东坡一听，只好将鱼端出来。

◎ 纪晓岚释“东西”

据说，一次纪晓岚随乾隆皇帝出巡江南，乾隆在市集上看见一个专卖竹篮的小摊，便随口问道：“此物有何用？”

纪晓岚答：“盛东西。”

乾隆又问：“为何不叫做盛南北？”

纪晓岚答：“东方甲乙木，西方庚辛金。这木和金都能装入篮中，所以叫盛东西。而南方丙丁火，北方壬癸水，竹篮盛火，必被焚烧；竹篮盛水，水会漏光，所以不能叫作盛南北。”

乾隆听了，点头称是。

◎ 不同的笑

一次，大臣刘墉陪着乾隆皇帝来到避暑山庄，他们看到了一尊弥勒佛像。

“他为什么对朕笑？”乾隆突然指着佛像问道。

“皇上是文殊菩萨转世，是当今活佛，佛见佛，自然也就笑了。”刘墉答道。

“那他为什么也要对你笑？”乾隆突然又问。

“佛笑臣不能成佛。”刘墉答道。

◎ 出汗与不出汗

三国时期，钟毓、钟会兄弟两人被魏文帝传进宫中，由于两人是第一次见皇帝，心中非常紧张，钟毓还没说话，就已出了一额头的汗。

“你怎么出汗了？”皇帝笑着问钟毓。

钟毓一边擦汗一边回答：“战战惶惶，汗出如泉。”

“既然如此，你怎么没出汗？”魏文帝又问钟会。

钟会答道：“战战栗栗，汗不敢出。”

魏文帝笑着点了点头。

◎ 聪明的媳妇

古时候有个员外，小名阿九，给儿子娶了个聪明、漂亮的媳妇。日子长了，他发现媳妇很有礼貌，在任何情况下都绝对不提“九”这个字音。

员外非常得意，经常在人前夸赞媳妇极具孝心和美德。员外的几位好友不以为然，有意要考察一下这媳妇的才能。他们私下与员外商定，如员外所言不实，就罚他请大家喝酒。

阴历九月初八这天，九个老头拎着酒壶，拿了韭菜，到员外家邀员外于九月九日登高喝酒。员外故意回避，叫儿子媳妇出来应答。

媳妇送走客人后，是这样来禀告员外的：

来了四双一单的白头翁，左手提着玉浆壶，右手拎着扁茎葱，明天恰逢重阳节，邀爹前去喝几盅。

这里的“四双一单”，就是“九”，“重阳节”是“九月九日”，“玉浆”指代“酒”，“扁茎葱”指“韭菜”，“几盅”也指的是几杯酒。几个发“九”音的字眼儿，这个媳妇全都巧妙地避开了。

◎ 推　敲

唐代有位苦吟诗人名叫贾岛。有一次，他到京城去考举人，骑着毛驴想出了两句诗：“鸟宿池边树，僧敲月下门。”他又想把“敲”字改为“推”字，反反复复拿不定主意。他不住地在驴背上吟诵这两句诗，还用手比画着推与敲的姿势。

由于想得入了神，没注意到眼前来了大官。当时京兆尹（京城长官）韩愈正带着车马随从迎面而来，贾岛竟撞了韩愈的仪仗，一连过了三节，他还在用手比画。

韩愈的随从气愤地把贾岛推到韩愈面前，禀报说：“此人冲撞仪仗，冒犯大人！”贾岛如梦初醒，只得如实说他在思考两句诗，拿不准用“推”字还是用“敲”字，以至于神游天外，不知回避。

韩愈听了很感动，不但没有治他的

罪，还思索了很久，告诉他说："用'敲'字好。"说完还约贾岛一同回到官府谈论做诗，并留贾岛住了许多天，二人成了好朋友。

贾岛听从了韩愈的意见，在诗中用了"敲"字。后来人们就用"推敲"表示深入研究考虑的意思。久而久之，意思固定下来，"推敲"就成了一个词。

◎ 钱眼儿里坐

南宋绍兴年间，大将张俊戎马倥偬，却不忘搜刮钱财，数年内赫然已成富翁。其事渐露，官场上下传至甚广。

一日，朝廷宴飨文武百官，席间演出歌舞百戏。有一伶人自称善观天文星相，可据星相测知贵人命属。内宦即搬出浑天仪，请其一试身手。伶人曰："用浑天仪观相，只见星，不见人。若据星相测算人事，须从铜钱方孔中窥之。"

言语间，从袖中取出一枚铜钱，宦官命其窥测皇上星相，伶人举钱张视，曰："此乃帝星。"又命其窥测秦桧，曰："此乃相星。"继而换至韩世忠，曰："将星。"待看张俊，却道："不见星宿。"

众人大惊，命其再看。稍久，伶人指钱孔叹曰："确无星宿之相，只见张大帅在钱眼儿里呆坐。"此语甫出，满座大噱。

附注：张俊，字伯英，南宋四大将之一，官至枢密使。绍兴间，力赞与金人议和，并参与秦桧谋害岳飞一事。

◎ 宣嗣宗不为钱所动

明人宣嗣宗，居官廉正，性情温雅恬淡。宣德年间，初入阁办事，经手制诰文书。

一日，皇上驾临文渊阁，无聊中偶生一念，作法要弄臣僚取乐，命人取银钱往地上抛撒，让众官争夺。顷刻间，诸臣蜂拥而上，扭作一团。此际眼疾手快者大占便宜。混乱中，唯嗣宗岿然不动。

皇上讶然发问："卿为何不前？"

嗣宗俯身，从容拾取一枚，朗声奏曰："臣也拾得一枚！"

附注：在金钱面前，许多人不能保持自己的人格，终是未参透得此失彼的道理。宣德皇帝深谙人之疾患，故以此法娱弄臣下。宣嗣宗未敢违抗上意，却以此独特方式维护了自己的尊严。其实，这也是对皇上那种荒唐之举的一种讽谏。

◎ 吃 醋

唐太宗李世民时期，人民富足，国家兴旺。出于关怀臣下之心，唐太宗对几位大臣各赐给几名美女做妾。受赐大臣都高高兴兴地接纳，唯独房玄龄推辞不受。

唐太宗想，这一定是房夫人从中作梗。于是便派太监带着一壶"毒酒"去向房夫人传达圣旨，那圣旨是：如果她同意房玄龄接受美女便罢，如果坚持反对，就以违抗圣旨论处，必须立即饮下那壶"毒酒"。

房夫人是个烈性女子，听了圣旨后面无惧色，她毫不犹豫地接过"毒酒"一饮而尽。谁知喝下去后竟安然无恙。原来那壶里装的并不是毒酒，而是醋。

唐太宗只是想吓唬和考验一下房夫人，同她开个玩笑。后来，人们就把爱情方面的嫉妒心理叫作“吃醋”。因为醋是酸的，所以又用“酸溜溜的”来形容。

◎ 目不识丁

在前秦苻坚当政时，有个叫姜平子的官员。一次，苻坚让群臣赋诗。姜平子做的诗中有一个“丁”字，但他为了升官拜爵，极尽阿谀奉承之能事，特意将“丁”写作“下”，“下”边没有钩。

苻坚问他为什么这样写，姜平子说：“曲下者不正之物，未足以献也。”苻坚听了，很是高兴，于是给姜平子升了官，封为“上第”。

人们看到姜平子投苻坚之所好，竟因一字而登天，都笑话苻坚愚蠢粗鲁，不知道“丁”和“下”的区别，说他“目不识丁”。

后来，在“目不识丁”这个成语的运用中，有人由于不知其来历，把“丁”看做简单汉字的代名词，“目不识丁”的意思就成了连最简单的字也不认识。它原先的意思反而鲜有人知了。

◎ 足　下

古文中，常将人尊称为“足下”。为何“足下”会作为尊称呢？这里有一个故事。

晋公子重耳（后来的晋文公）即位之前，由于受到父亲晋献公的宠姬骊姬的谗害，曾被迫颠沛流离于国外19年。

在这漫长的逃亡生活中，随臣介之推始终对其不离不弃。在重耳饥饿难忍时，介之推曾将自己腿上的肉割下来给重耳吃。后来重耳做了国君，在封赏跟随他的有功之臣时，介之推偏偏被忘了。

介之推便和母亲一起隐居山林。后来，晋文公想起了他，派人召见，但介之推就是不出山。晋文公无奈，便下令放火烧山，想迫使介之推出来。但介之推仍然不出来，最后紧紧抱住一棵树被烧死了。

晋文公对此非常伤心，他把介之推抱木而死的那棵树砍下，做了一双木屐穿在脚上，每当走路木屐一响，他就想起介之推，常常潸然流涕，俯视木屐说：“悲夫足下！”

“足下”原本是晋文公怀念介之推的称呼，后来逐渐演变为对人的尊称。

◎ 老头子

纪晓岚身肥体胖而特别怕热，夏日汗流浃背，衣服尽湿。当时，他在内宫南书房供职，每次当班，到了值班房后，即脱衣纳凉，久之而后出。

乾隆从内宫太监处知道了他的这一特点，某日，欲戏之。恰好赶上纪与同僚数人赤裸着身子在谈笑，乾隆突然从内宫走出来，众人皆张皇失措，急忙披衣。纪晓岚是个近视眼，乾隆到了面前，他才看见，当时已经来不及穿衣服了，便急忙跪伏在御座之下，喘息不敢动。

乾隆坐了两个时辰不走，也不说话。纪晓岚因为酷热无法再忍，便伸出头来向外偷看，问道：“老头子去耶？”

乾隆笑，诸人亦笑。乾隆说："纪晓岚无礼，何得出此轻薄之语，有说则可，无说则杀。"

纪晓岚道："臣未衣。"

乾隆乃命太监帮他穿衣，纪晓岚匍匐在地，乾隆厉声责问："'老头子'三字何解？"

纪晓岚从容地免冠磕头拜谢道："万寿无疆之为'老'，顶天立地之为'头'，父天母地之为'子'。"

乾隆乃悦。

纪晓岚急中生智，不愧饱学之士，他巧妙地把三个字拆开来分头"别解"，释之为"万寿无疆""顶天立地""父天母地"，竟将轻君之罪悄然开脱，确是奇才！

◎ 文徵明鉴画

文徵明精于书画，尤擅长鉴识真伪。当时苏州一带收藏书画之家，常有鉴定之事向他求问。

而外人不知，文氏鉴画有自家一套规矩。通常所遇赝品，一概告称"此真迹也"。亲近者多不解此意，有人劝言："这般糊弄人家，岂不毁了自家名声？"

文徵明却道："收购书画者必是富裕人家，没有闲钱不会往这上边扔。而出卖这些东西的人家想必是要等着用钱，抑或尚等米下锅，若是因为我一句话而断了交易，弄得举家受困，我何忍心？这种事情上是讲不得名声的。"

"劫富济贫"也是古义士风范，文徵明不惜"名声"，而终于名满天下。中国文人于"名节"一事上多有用心，唯深浅各自不同而已。

◎ 妙批考卷

古时八股考试，答卷怪谬百出，由此也引出不少绝妙诙谐的批语。

有位考生将试卷中的古语"昧昧我思之"误写为"妹妹我思之"，阅卷先生评曰："哥哥你错矣。"

又有以《事父母》为题之文，有考生承题曰："夫父母，何物也？"

阅者评曰："父，阳物也；母，阴物也。阴阳配合，而乃生此怪物也。"

又有以《鸡》为题的文章，有考生文中曰："其为黑鸡耶，其为白鸡耶，其为不黑不白之鸡耶？"阅者评其曰："芦花鸡。"

考生乏才，谬语百出，先生因其谬而作怪批，讽刺绝妙。

◎ 你家兄不聪明

周通为官贪污受贿被人告发，监察官核实，就将周通降职处分，调他到一个小县城去当知县。

县里有一个狡猾的吏员，专摸上司的脾气爱好。周通上任没几天，这个吏员就用银子铸造了一个一斤重的银孩儿，放在周通客厅的桌上，然后告诉周通："我家兄在老爷客厅等您去取。"周通来到客厅，一看是个银孩儿，便明白了吏员的用心。

成公绥的文章《钱神论》有句说："见我家兄，莫不惊异。""家兄"，就是代指钱。周通知道吏员是给他送礼，便二话不说，把小银孩儿收了起来。

吏员见周通收了他的银孩儿，办事便毫无顾忌。他想：钱能通神，俗话说，“吃人嘴软，拿人手短”，县官大人既然收了贿赂，就得事事替我担待。一些小小违法的事儿，周通确也为吏员进行了遮掩。可是吏员得寸进尺，以至无法无天，终于有一天被人告发。

周通审案将要判决时，吏员发现县官大人似乎近于铁面无情了，便大喊：“请老爷看家兄面上宽恕。”

周通回答说：“你家兄不聪明，一去之后，再不来与我相见，这次实在不能替你担待了。”

◎ 国泰民安

旧戏文中，说到“风调雨顺”，必连举“国泰民安”，此语常用以称颂为政者之治绩，本来是阿谀颂扬的套话。

某县令在任期间作威作福，却一无建树。去任之日，衙署中三班六役列队送行。县令问众人：“本官来此地三年，外间议论如何？”

众答曰：“自大人到此，风调雨顺。”

县令面露喜色，十分自得。又问：“今我去离此地，外间议论又如何？”

众答曰：“如今大人去此，却也国泰民安。”

先说一句好听的，转过来一个“反手巴掌”，敲打得很妙。

◎ 方口与尖口

唐代有个姓“單”（简体为单）的进士，主考官就试时，误将“單”中的方形“口”写成了尖口“厶”。

单生告诉他说：“我单氏虽然卑微，但姓氏不愿被人转换。”

主考官轻率地说：“方口、尖口有什么值得辨别呢？”

单生回答说：“如果不值得辨别，那么把‘台州吴儿县’改作‘吕州矣儿县’，可以吗？”主考官无言以答，露出一副窘态。

清代著名才子纪晓岚，于乾隆二十四年担任山西乡试主考时，发现一个考生将“口”写成“厶”。出于关心，纪晓岚便找那考生谈话，指出他的书写不规范。

那考生不知厚薄，极力狡辩，硬说“口”与“厶”可以通用。纪晓岚于是将那考生呵斥出去，并附给一纸，上书16个字：

私和句勾，吉去吕台，
汝若再辩，革去秀才！

“口”与“厶”显然不相同，不可随便混淆。若将汉字部首张冠李戴，语言文字系统的规范化势必会被破坏。

◎ 孔子之后有孔明

桐城张廷玉的侄子张若霈健谈善论，以部郎的身份出任山东济南府知府。当时有个姓阿的藩司，胸无点墨，好以门阀自矜。

一日，阿某在府衙中演剧，遍邀同僚宴饮。当时演的是《孔明借箭》，阿某笑着对在座的宾客们说："孔子之后，乃有孔明，可见善人自有善报。"

众人自知其谬误，可是没有谁敢指出来。唯独张若霈起身道："岂独善人有善报？试观秦始皇之后，乃有秦桧，岂非恶人亦有恶报乎？"

藩司阿某再三点头称是。

把孔明说成是孔子之后，实是可笑。而借其话题，硬把嬴姓的秦始皇与秦桧扯为同姓以归其谬，真是妙语！

◎ 县官审盲人

一个盲人被无辜地牵涉到一场官司中。开堂审判的时候，盲人被带到县衙堂上。

他辩解道："我是一个盲人，怎么可能去干这事？"

县官厉声责问道："混账！看你好好的一双清白眼，怎么能说没有眼睛呢？"

盲人回答："虽然我有眼睛，老爷看小人是清白的，小人看老爷却是糊涂的。"

◎ 而已而已

从前，有位塾师不管授课还是批卷，都好用"而"字，有时也真用得出神入化，相当巧妙。他的学生见了，也在作文中乱用一通，老塾师在学生的卷上批道：

而不知而可而而不而不可而而而而而今而后而已而已。

学生见了莫名其妙，只好拿着卷子去问老师。老师告诉他，应该这样读：

而不知而：可而而不而，不可而而而而。而今而后，而已而已！

第一、第七个"而"字是"尔"的假借字，同"你"；第二个"而"是名词，指"而"的用法；第三、第五、第六和第九个"而"字用如动词；第四、第八个"而"是转折连词；第十、第十一个"而"是陪从连词；第十二、第十三个"而"是语气词。

在短短的二十三个字中，用了十三个"而"字。意思是：你不知道"而"字有多种用法，应该用"而"的地方你不用"而"，不该用"而"的地方你却用了"而"。从今以后，罢了罢了！

老师问学生："你明白了吗？"

学生一琢磨，说："懂了。"

◎ 请到我贵府做客

古时候有个财主，才疏学浅，却偏爱假充斯文，人们投其所好，寻求开心，故称其为斯文财主。

有一次，斯文财主到一个新认识的朋友家去做客，朋友在门前迎接他说："今蒙先生光临敝舍，顿觉蓬荜生辉。"

斯文财主对于这一文雅的谦逊之词感到恍恍惚惚，闷了一会儿才说："你家敝舍不错，我能光临敝舍，实在感到荣幸！"朋友一听，不觉哑然失笑。

进屋坐定后，财主与朋友共话家常。朋友说："听说令郎在外求学，前途无量！老夫无能，犬子也不求上进，实在惭愧！"

斯文财主似懂非懂，只好顺着朋友

的话意答道："听说老夫的犬子聪明伶俐，我家令郎哪能比得上？"朋友一愣，暗自好笑。

不一会儿，饭菜上桌。朋友谦虚地说："很是寒酸，唯有便饭小菜而已。"

斯文财主尝了两口，连忙应声说："哪里，哪里，这些而已鸡、而已鱼不酸不咸，非常好吃！"

朋友不禁大笑："过奖，过奖！"

斯文财主临别时，握住朋友的手说："打扰了，改日请到我贵府做客！"

◎ 囊萤和映雪

晋朝的时候，有个穷书生名叫车胤，家贫买不起灯油，夜里读书，就把萤火虫装在纱袋里照明。还有一个人名叫孙康，冬天常常站在雪地里，利用白雪的反光读书。

后来，这两个人苦学的名声被人们到处传颂，大家都把囊萤和映雪作为学习的典范。

有一天，孙康去拜访车胤，正好车胤不在。

孙康问其家人："主人到哪儿去了？"

家人回答："到河边捉萤火虫去了。"

过了几天，车胤回拜孙康，只见孙康背着双手闲站在庭院中。车胤问："你怎么不读书呢？"

孙康仰头看天说："我看今日这个天色，不像要下雪的光景。"

附注：名和实应该是统一的，但有些人做出了某种成绩以后，在名誉面前飘飘然，变得只图虚名、不务实际了，这就是人们常说的"盛名之下，其实难副"。

◎ 人不知而不愠

有一位村学究放年假回家，把所得束脩摆放在桌上，向他的妻子炫耀说："此乃从'学而时习之，不亦说乎'得来者。"

妻子闻言，也从柜中取出钱若干放在桌上，与他相互炫耀。学究见妻子所摆的钱比自己的束脩多十倍，问她从何处得来。

妻道："此乃从'有朋自远方来，不亦乐乎'得来者。"

学究大怒，与其妻争吵起来。其父在门外听了，就说："此细事，何必争，'人不知而不愠，不亦君子乎'！"

附注：古时教书，学生所奉的干肉，即学费，叫束脩。学究炫耀其束脩来自"读书"，是借用"学而时习之，不亦说乎"一句；妻言其所得钱来自"朋友"（暗示非正当男女关系），是借用"有朋自远方来，不亦乐乎"一句。其父亦借用同篇之句，来"劝解"儿子儿媳夫妻争端，息事宁人，妙语解颐。

◎ 不宦的伪君子

春秋时，有个齐国人去见田骈，对田骈说："我听说先生品格清高，宣称不愿做官，而愿替人服役。"

田骈答道："您从哪里听说的？"

那人回答道："我是从我邻居女儿的事推断出来的。"

田骈不解，问道："您这话是什么意思？"

那人解释说："我邻居的女儿宣称不出嫁，但刚满30岁，就生了7个孩子。不出嫁是不出嫁，但比出嫁过分得多啊！如今先生宣称不愿做官，却有俸禄千钟，仆役百人。没做官是确实的，但财富比不做官多了很多啊！"

田骈自命清高，声称不做官，却暗中猎取名利，远胜于当官者。齐人采用隐喻的手法，对其虚伪的行为进行了讽刺。

◎ 灵丹妙药

中英鸦片战争时期，清政府屈膝投降，丧尽民族尊严，全国人民尤其是广州人民对此深为不满，于是有人撰写《狐媚药方》予以讽刺。

余黄堂号（谐音"荒唐"）精制此方，服用的人可以延年益寿，润身肥囊，固宠求荣，加官晋爵，实在是偷生得福之妙药。药方如下：

柔肠两根，黑心两个，厚脸皮两张，舌头一根，媚骨一副，屈膝一对，叩头虫不拘多少，笑脸三分。

以八味药材，用笑里藏刀切碎，口蜜为丸，藏于乌龟壳内，临用时以狼心两个，狗肺一副，煎成糊涂和药送服。

这剂药方包括八味药材和狼心、狗肺，与之相配的有"两根、两个、两张、一副、一对、三分"等数量词，连珠炮似的将卖国贼厚颜无耻、媚敌求荣的奴才嘴脸剖析得入木三分。

◎ 抬杠大王

有个文人不懂道理，最喜欢跟别人抬杠。有一天，他问艾子："很多大车下面或者骆驼的脖子上都要挂一个铃铛，这是为什么？"

艾子告诉他："大车、骆驼都是体积很大的东西，又常在夜间行走，如果突然相遇，就很难互相让路回避，挂个铃铛，发出响声，好让别人事先知道。"

"哦！"文人说，"这么说，佛塔上面挂着铃铛，是因为夜间行走叫人回避吗？"

"佛塔上挂铃铛，是因为鸟喜欢在高处做窝，容易把佛塔弄脏，所以要挂上铃铛来吓走鸟儿，怎么能跟大车和骆驼比呢？"

"猎鹰的尾巴上也挂着小铃铛，难道小鸟会在猎鹰的尾巴上做窝吗？"

"你这话说得真怪！"艾子又好气又好笑，"猎鹰追猎物，有时候要飞到树林里去，它的爪子上系着丝绳，如果丝绳被树枝挂住，猎鹰挣扎时铃铛就会响，猎人听到声音好过去把它解下来，这怎么是为了防止小鸟做窝呢？"

文人说："我曾经见过送葬的时候，挽郎摇着铃铛唱歌，一直没弄明白这是为什么，现在才知道，是因为怕脚上的绳子被树枝挂住。"

艾子面带怒色地说："挽郎是引导死人的，他摇铃铛唱歌，是因为死人活着的时候总喜欢跟人抬杠、争论，现在终于闭嘴了，他心里感到高兴！"

跟胡搅蛮缠的人讲道理，正好落入他

的圈套。遇到这种情况，最好的办法就是马上停止争论。

◎ 口音之误

某地新来了一位巡抚，他不是本地人，口音不同。有一天，他操着家乡话对差役说：“你给我买根竹竿来！”

差役误听为“猪肝”，立即去市集买来猪肝，还自作主张地买了一个猪心贿赂巡抚，满以为巡抚会高兴的。

谁料巡抚一见，不由哈哈大笑，责怪他做事不动脑筋，责问道：“你的心在哪里？”

差役忙从衣袖里拿出猪心，回答说：“大人，心在这里。”

清朝的时候，有个县太爷，夏天怕热，想买一张竹床，便吩咐仆人道：“你到市场给我买一张竹床来，让老爷凉快凉快！”说着，给了仆人一块银元。

没有料到的是，仆人将“竹床”听成了“猪肠”。他径直跑到肉店，把钱往肉案上一搁，大声道：“给我称副猪肠！”

老板见是衙门里的人，赶忙拣了副猪肠，上秤一称，还差二两，便多补了两只猪耳朵。仆人喜笑颜开，暗想：老爷只叫买一副猪肠，现在却多了两只耳朵，这小小外快正好供我下酒。于是将猪耳朵塞进了自己的裤腰袋里。

仆人即刻回衙门交差。县官见仆人拎着猪肠，不由大怒，斥骂着：“你这个浑蛋，叫你去买竹床，偏偏买来猪肠，耳朵到哪里去了？”

仆人吓得面如土色，慌忙摸出两只猪耳朵颤抖着呈上，哆哆嗦嗦地说：“老爷……明察，耳朵……在这里啊！”

◎ 裁缝量官

明嘉靖年间，京城有一个裁缝，手艺出众，他所裁制的衣服长短宽窄无不合身。名声传开，常有官宦人家召他去做活。

其人有一习惯，凡给官员本人裁衣，必先跪问：“老爷任官几时？”

官者多不解其意，斥曰：“你只管量体裁衣，何必打听这个！”

裁缝回道：“这个很有关系。老爷若初任高职，必是意高气盛，公堂上更见尊体雄仰，衣裳前长后短方能合体；若是任职将半，意气已平，衣裳当前后如一；而若在任已久，意气消磨殆尽，遇事唯唯，肩背随之前倾，衣裳又当前短后长。小人若不知这些，不敢下手也。”

此言一语道出古代官场中的弊端。

◎ 在人脸上打草稿

明代，苏州有一个判官叫陈东，有一次审案判一个犯人充军远方，命令手下人给那个犯人在额上刺字。手下人问陈东刺什么字，陈东回答说：“特刺配某地。”

手下人依照陈东吩咐在犯人额上刺好了，正在这时，州府的师爷进来，他一眼看见犯人额上所刺的字样，忙问：“是谁叫这么刺的？”

陈东马上说：“是我，怎么了？”

师爷一看是判官吩咐的，马上走到陈东跟前，附耳小声说："凡是说'特'，意思就是罪不至于判成这样，而是出于皇上一时特旨，'特'字不是地方官所能用的字样。"

陈东一听才恍然大悟，知道自己险些铸成一个大错。他马上命令手下人立即把"特刺"两字改掉，重刺"准条"两字。"准条"就是依据法律条文发配某地。

手下人心里不满，嘴上也不敢说，他们想，这判官没一点准稿子，把人脸当成什么了，刺在脸上的字能随便改来改去吗？可是判官叫改，他们也不能不改，一边改，一边替犯人叫苦。

这件事一传十十传百，传到了京城朝廷中。后来有人说陈东有才干，推举他到京城做官。朝廷中的人听说了就互相打听："是不是那个在人脸上打草稿的陈东啊？"然后就互相点点头，哈哈笑起来。

◎ 江山入画卷地皮

明代官宦贪婪嗜财者甚多，故而民间流传这些贪官的笑话也多。

有一位王知府在任上极意搜刮，等他离任时，府库为之一空。百姓们为他送行，说要歌颂他的政绩，这位知府很高兴。在城外，老百姓不知由谁所教，见了王知府出城来，竟一起说道：

来时萧索去时丰，官帑民财一扫空；

只有江山移不去，临行写入画图中。

王知府听后，方知百姓在讥讽而不是歌颂。他本要发作，然而想到自己已经卸任，只好悻悻离去，但是早有人把他的劣绩传到京城。

这位王知府到了京城，将财物贿托公门，希望能进一步高升，或调任更富庶之地。他拜见皇帝后，皇帝赐宴，他满心欢喜。

在饮宴上有优伶作戏。只见一个优伶扮作土地神模样，表演一番后，人们问他为何不在原地而跑到京城来了。这位土地神说："王知府离任到京，把地皮一起卷来，我只好随行到京。"

众官员哄然大笑，王某张口结舌，面红耳赤，在众官面前也不能发作，只好也讪讪地笑道："地皮是卷不动的，这只是拿我开玩笑，给各位大人开开心而已。"

◎ 是狼是狗

某尚书请纪晓岚至其家参加宴会，座中有某御史，亦是个滑稽之辈，见一狗从厨房前走过，就假装问道："是狼是狗？"

纪晓岚连忙答道："是狗。"

尚书又问："因何知之？"

纪晓岚说："狗与狼有不同者二：一则视其尾之上下而辨之，下垂是狼，上竖是狗；一视其所食之物而辨之，狼所食皆肉，狗则遇肉吃肉，遇屎吃屎。"

纪晓岚与尚书两人在此以官职相谑。"侍郎"与"是狼"同音，意思是指纪晓岚。"上竖"与"尚书"同音，"遇屎"又与"御史"同音。利用"同音双关法"互嘲，兼得修辞之妙。

◎ 能言鸭

唐末陆龟蒙以文章名满天下，曾任苏州刺史幕僚，他喜好鸭子，曾养有斗鸭一栏。

有一个宦官从长安到南方办事，一路倚仗权势作威作福。到了苏州，见陆龟蒙养的一栏鸭子十分可爱，便恶作剧地用石头向鸭子掷去，引得鸭子嘎嘎乱叫，逗得他哈哈大笑。

突然，他的一块石头掷中了一只绿头鸭子，这只鸭子立时毙命。陆龟蒙觉得应该教训教训这个宦官。

他对宦官说："此鸭子不同寻常，它会学人说话。这是暂时养在苏州，要专门上贡给皇帝的。您今天把它掷死，我只得写表上奏皇帝。"

宦官一听，十分害怕，便把身边袋中的银子全部倒出，愿赎鸭命。陆龟蒙佯装做不得主，非要呈表。宦官一再哀求，来时的威风一扫而光。

陆龟蒙这才把表章收起说："让我再想想办法。"

等陆龟蒙点了头之后，宦官才陪着小心问："这只绿头鸭能学什么样的人说话？"

陆龟蒙说："它能呼自己的名字。"

宦官一听，知道陆龟蒙在戏耍他，又怒又笑。说鸭子能自呼其名，就是说鸭子能嘎嘎叫，叫自己是鸭子。

◎ 万岁阁老

明朝成化辛卯年（1471年）十一月，天上出现彗星。朝廷众臣都说是因为君王不理政事，与朝臣互相隔阂，情意不通所造成。于是，入阁办事的大学士彭时等就恳请皇帝召见，要面议国事。

由于彭时等阁老是国家重臣、朝廷的依靠，他们联合求见，宫内之臣谁也不敢隐瞒不报。皇帝知道后，立刻答应了彭时与其他阁老的要求，约定了相见的时间。

等到彭时等人见到皇上时，只是讲"天变可畏"，皇上问："不是有国事相议吗？"彭时等人仍是回禀"天变可畏"，皇上有点不耐烦了，说："朕已经知道了。"彭时、万安、商辂等阁老连忙一再叩头，同声呼："万岁，万万岁。"

皇上看阁老们没有什么话说，只是呆呆地跪着，就赐他们在宫中饮宴，这些阁老一个个吃饱喝足，离开皇宫回家了。

宫中的太监因此对人们说："总说皇上不召见，一再吵着要见皇上，等到皇上真召见了，竟一个个没有半句忠言奇谋，只会呼万岁，万万岁，这就是阁老！"

从此，人们就把徒有其名的入阁大臣称为"万岁阁老"了。

◎ 东楼诈术

严世蕃，别号东楼，明代嘉靖时内阁首辅严嵩之子。平素倚仗父势横行天下，贪赃枉法，作恶多端。其人亦颇狡黠，擅玩心计摆弄别人。

一日会客，言谈间，世蕃忽伸腰放屁。其客借机谀媚，问："何处飘来异香？"世蕃说："放屁何来香味？"客称："您老贵人贵体，放屁就是不臭。"

世蕃佯作诧色，慨叹："非也。人言'放屁不臭，病在肺腑'，这般说来我是活不长久了。"旋即，其客又作耸肩状，说："此刻闻着，却也有些臭味。"世蕃大笑。

后告知亲朋好友属僚，人皆传为笑谈。

附注：马屁拍到如此地步，可见严氏当日气焰何等灼人。东楼行此诈术，是让对方全然不存己见，从心理上将其彻底摧垮。此当为世人所戒。

◎ 一文钱传奇

明季士大夫中有吝啬之名者竟还不少，曾为东林党人的钱启新亦属此辈。

钱启新，明万历进士，官至广西巡按，因万历立储事获罪，削籍归乡。后于东林书院与顾宪成分主讲席。

尝闻其家厨房锅灶上方用绳子悬吊一块猪油，绳子另一端在隔壁书房，每当炒菜烹锅时，厨子嚷喊一声"下锅了"，钱生在书房里操纵绳子把猪油放下。油爆声乍响，即又将绳子拽起，但恐耗油太多。

出外旅居，专设簿册记日用账目，而每日所记不过"豆腐一文，青菜一文"。同学魏某见之，取笑说："你这样记又费纸又费墨，不如总的记一笔：'自某日至某日，每日买豆腐、青菜各一文。'"钱生点头称是，竟不知是在讥诮自己。

其可笑之事多类此。有人编戏文《一文钱传奇》，叙其事以做开心话题。前述谑闻未必实有其事，然东林党人虽饱学之材而未成大器，亦当察之。

◎ 无豕不成家

明太祖朱元璋一次微服私访，看见一个民妇喂猪，无意中微笑了一下，随从小太监误认为是皇上看上了这位女子。

回到宫内，孝慈皇后询问皇上私访情况，小太监就把他所见之事如实禀报。皇后赐给他金帛，让他把那妇人召来侍奉皇上。

皇上看了又看，摸着头说："这女人好像见过。"

皇后说："就是前天在村里喂猪的那个女子，我以为皇上喜欢她，所以就召进宫来侍奉皇上。"

皇上笑着说："误会了，我看这妇人喂猪，就明白了古人造字的意思。家字从豕，就是说无豕不成家，应该家家养猪。我是为这事笑，并非有意于妇人而笑。"

于是赐给妇人许多东西，让她回去了。

附注：古时生产力低下，人们多在家里养猪，因而室内有猪便成了"家"的标志，体现了古人造字的智慧。

◎ 白吃又何妨

从前有四个人，分别卖韭菜、蒜、葱和白菜，四人交往甚密，每天收市之后，便在一处饮酒叙谈，但卖白菜者十分吝啬，从来不请客，可谓滴水不漏。

有一天，卖韭菜、蒜、葱的三人凑在一起商议，想让那卖白菜的出丑，欲让他破费一次。于是他们又相约去饮酒。

席间，卖韭菜的提议行酒令，各吟诗一首，要求每句首字必须是本人所卖的东西。卖蒜、葱的都表示同意，只见那卖白菜的先饮尽一杯酒，然后抹了抹嘴说："我也无异议，谁先说？"

首先是卖韭菜的从座位上站起来，说道：

久（韭菜）饮他人酒，

接着卖蒜的说：

算（蒜）来不应当。

卖大葱的紧接着说：

聪（葱）明人自晓，

最后该是卖白菜的人了，他知道三人是在挖苦自己，但他脸不红，心不跳，气定神闲地夹起一块肉放进嘴里，边嚼边潇洒自如地说：

白（白菜）吃又何妨！

◎ 真假曹操

明朝初年，有一位知府姓曹，自称是三国时曹操的后代。一日，他去戏院看戏，正逢演出《捉放曹》。

扮演曹操的演员姓赵名生，演技高超，把曹操的奸诈、阴险表演得惟妙惟肖。曹知府见自己祖先被侮辱，不觉大怒，当即派公差传赵生进府治罪。公差欲带赵生，赵生不明其故，公差遂以实告之。赵生微微一笑，即随公差进府。

曹知府见赵生昂然而来，拍案喝道："下等小民，见本府怎不下跪？"

赵生瞪眼答道："大胆府官，既知曹丞相前来，怎不降阶而迎？"

曹知府气得脸色铁青："你，你，谁认你是曹丞相？你是唱戏假扮的！"

赵生冷笑一声："哼！大人既知我是假扮者，那又何必当真，为何要带我进府治罪呢？"

曹知府张口结舌，无话可答，忙赔礼送赵生出门。

◎ 县令的智慧

明朝初年，有一个县令很有才干。

有一商人出外做买卖，他把货物装了船，在船上等着仆人到来出发。不知什么缘故，仆人迟迟未到，船工看商人一人带很多财物，周围又没有人，于是乘机就把商人推入水中，把船上财物藏了起来。

而后，他匆匆赶到商人家中，问商人为什么还不到船上装货。商人妻子赶紧叫人去找，仆人说主人去了河边，可是哪里也找不到，商人的妻子就把这事报了官。

县官接案，审问了船工、邻居、仆人，可是谁也不知商人和财物到哪里去了。一连几任县官都问不清这场官司，直到这个有才干的县令到任，他一接这案子，就单独问商人的妻子："船工到你家时什么表情？说了什么话？"

商人妻说："我丈夫走了好久，船工来我家敲门，门没开，他就着急地喊：'娘子，为什么你家官人这么久还不下船？’就说这么一句话。”

县令点点头，又单独叫来船工，船工说的和商人妻一样。

这时，县令一拍公案，大声说：“杀人犯就是你！你自己已经招供，不需别的证人了。”船工跪在地上，又是摇着双手，又是连连叩头，大叫：“冤枉！我哪里招供了？”

县令笑着，不慌不忙地说：“你分明知道她丈夫不在家，所以敲门才直接喊‘娘子’，哪里会不见人来就知道他不在家，不去招呼他本人的道理呢？”船工一听，目瞪口呆，只好认罪。

◎ 儿子不嫌母丑

从前，一农妇在路旁的田间除草，路上走来五个秀才，都觉得她长得难看，就用“丑”字取笑她。

第一个秀才说：“甲子乙丑。”

第二个秀才说：“丙子丁丑。”

第三个秀才说：“戊子己丑。”

第四个秀才说：“庚子辛丑。”

第五个秀才说：“壬子癸丑。”

农妇听后，知是借音取笑她，便说：“还有一子一丑呢。”

秀才们惊异地问：“哪里还有一子一丑？”

农妇说：“常言道：儿子不嫌母丑。”

秀才所说的“一子一丑”，是天干配地支，别指农妇长得丑，是“双关法”。农妇反唇相讥，用俗语“儿子不嫌母丑”补说“一子一丑”，是“异类并列法”，并借双关法骂秀才是“儿子”，不要嫌“母”（农妇自指）丑。巧妙之极。

◎ 苏轼扪腹

一天，苏轼退朝回家，吃完饭，用手摸着肚皮慢慢地行走，忽然，他回头望着婢妾们问道：“你们说我这肚子里装的是什么东西？”

一名婢女马上抢着答道：“装的都是文章。”苏轼不以为然。

又有一名婢女说：“装的都是见识。”苏轼还是认为没说到点子上。

轮到朝云，她回答道：“学士装了一肚皮不合时宜的东西。”

苏轼听后，忍不住捧腹大笑。

◎ 怒目与低眉

隋朝时，吏部侍郎薛道衡曾经游览钟山的开善寺，他问小和尚说：“金刚为什么要怒目而视？菩萨又为什么要低眉顺眼呢？”

小和尚回答说：“金刚怒目，所以能降妖伏魔；菩萨低眉，所以能普度众生。”

◎ 先下后补

有一个新中进士的人想学作诗，孙继芳和他开玩笑道：“如果你想学作诗，首先得服用巴豆、雷丸、泻药，把肚中的那些八股文全都排泄掉，然后再以《楚辞》、

《文选》为冷粥补养一下。等到那时你才可以学诗。”

后来，此事在文士中被传为笑谈。

◎ 覆巢之下岂有完卵

东汉末年，孔融被捕，朝廷内外惶恐不安。当时，孔融的大儿子9岁，小儿子只有8岁，孔融被捕时两人依旧在玩着琢钉戏，脸上毫无惧怕的神色。

前去抓人的官吏问他们为什么闻讯不站起来，他们回答：“大人，难道倾覆的鸟巢之中还会有完好无损的鸟蛋吗？”仆人送来肉汤，大儿子口渴就把汤喝了。小儿子说：“今天的灾祸，我们岂能逃过，又何必知道肉汤的味道呢？”不久，孔融的两个儿子也被抓走了。

行刑时，弟弟对哥哥说：“如果死人也有知觉，能够见到父母，不正好是我最盼望的吗？”于是伸直脖子受刑，脸色不变，见到的人都替他们感到悲伤。

◎ 蜘蛛不如蚕

北宋王禹偁早年居住在济州，父亲是开磨坊的。当时毕垓为州从事，王禹偁七岁那年，一次替父亲送面到毕垓家，站在庭下，应对不慌。

毕垓正在命几个儿子对句：“鹦鹉能言宁比凤？”

儿子不能对，他转头对王禹偁说：“你这小孩子吵吵嚷嚷，这个句子能对吗？”意思是讨厌王禹偁不守本分而讥讽他。

王禹偁昂首应声道：“蜘蛛虽巧不如蚕。”同样以讥讽回报毕垓。

毕垓感叹道：“你精神满腹，将来定能名扬四海。”

◎ 廉者不求，贪者不与

东晋人庾法畅有一次跟在太尉庾亮身后，手中握着的麈尾非常精致。庾亮看见后说：“这么精致的麈尾，怎样才能够长久拥有呢？”

庾法畅回答说：“廉洁的人不会向我要，贪婪的人我不会给他，这样就能够长久拥有了。”

◎ 生当封侯，死当庙食

后汉人梁竦从小在京城里长大，他对自己的才华很自负，但是郁郁不得志。他曾经登高望远，叹息着说：“大丈夫居世，生当封侯，死当庙食，不然，闲居可以养志，诗书足以自娱。州郡之职，徒劳人耳。”

这句话的意思是说：大丈夫在世，活着的时候应当封侯，死后应当受人供奉祭祀，否则可以闲居涵养志趣，或以诗书自娱。州郡之类的官职，不过白白地使人劳神罢了。

◎ 见屈原

唐代民间艺人高崔嵬，一次在表演

时，唐太宗让人把他抛到水池里，过了好长时间，高崔嵬从水中抬起了头，仍然面带笑容。

唐太宗问道："你在水里看到了什么东西？"

他回答说："我在水里遇见含冤而死的三闾大夫屈原，他对我说：'我生逢昏庸无道的楚怀王，才自沉汨罗江，你生逢英明的圣主，为什么也来了？'"

◎ 学生为何称"桃李"

中国人喜欢在赞颂老师弟子多、贡献大时说他（她）"桃李满天下"。为何将学生称为"桃李"呢？

《韩诗外传》载，春秋时期，魏国有一个大臣叫子质，他得势的时候曾培养和保举过不少人。后来他失势了，免官失职一落千丈，由他推举入朝做官者却都视而不见，没一个人帮他的忙，他只好一个人逃到北方去了。

在北方，子质遇见一个叫子简的人，就向他发牢骚，说受过自己恩惠的人忘恩负义，在他落难时无动于衷，不来帮助他。

子简笑着回答说："你听我慢慢分析，如果你在春天种下桃树和李树，夏天就可以在树下休息纳凉，秋天还可以吃到果子。可是如果你春天种下的是蒺藜（一种带刺的植物），夏天长出刺还会刺人，到秋天也不能利用它的种子。你提拔的人都是不应提拔的。所以君子培养人才，要像种树一样，应该选择对象，然后再加以培养。"

此后，人们便把培养人才称为"树人"，把提拔起来的优秀人才称为"桃李"。如果一个老师教的学生非常多，就称之为"桃李满天下"。

◎ 六一居士

欧阳修被贬到滁州后，自号"醉翁"，后年老体衰，退休居住在颍州，又改号为"六一居士"。

有人问他："六一是什么意思？"

欧阳修说："家有藏书一万卷，集录三代以来金石遗文一千卷，有琴一张，棋一局，还常置酒一壶。"

客人又问："那也只有五一呀。"

欧阳修说："我一个醉翁，老于这五物之间，不正好是六一吗？"

客人笑道："你是想逃名吗，所以才屡屡改换名号？这就是庄子所说的走在太阳底下而害怕影子的人。你将追着它飞跑，大口喘气，最后干渴而死。你终究是逃避不了的。"

欧阳修说："我本知名不可逃，也知大丈夫不必逃。我取这个号，只不过是用来表示我的乐趣罢了。"

◎ 孔雀为何不往西北飞

20世纪30年代，我国著名的文学家、史学家陆侃如教授曾在巴黎留学，以勤奋好学著称。在1935年他的博士论文答辩会上，几个主考官听说这个学生才思敏捷，应变能力相当强，所以就想出几道难题考考他。

其中他们问到这样一个怪题：《孔雀东南飞》为什么不说孔雀西北飞？旁听的人知道这是有意刁难陆侃如，都不禁暗暗为他捏了一把汗。

陆侃如稍加思索，就从容回答道："《古诗十九首》第五首头两句云'西北有高楼，上与浮云齐'，楼这么高，孔雀怎能飞得过去呢？"

所有的人都为陆侃如精彩的回答所折服，几个主考官更是伸出大拇指，给陆侃如打了最高分。"孔雀不往西北飞"从此也被传为佳话。

参考文献

[1]曾爱仕.中华国学知识全读本[M].北京：中国纺织出版社，2011.

[2]蒙旷.写给青少年的国学语文读本[M].哈尔滨：哈尔滨出版社，2010.

[3]郝乐.新编国学知识全知道[M].北京：海潮出版社，2010.

[4]张静怡.中华国学语文课本趣读本[M].北京：中国纺织出版社，2011.

[5]吕思勉.国学知识大全[M].南京：江苏人民出版社，2014.

[6]张志英.国学知识全鉴[M].2版.北京：中国纺织出版社，2015.